鉄のカーテンをこじあけろ

NATO拡大に奔走した米・ポーランドのスパイたち

From Warsaw with Love
Polish Spies, the CIA, and the Forging of an Unlikely Alliance
John Pomfret

ジョン・ポンフレット

訳◆染田屋茂

朝日新聞出版

鉄のカーテンをこじあけろ

——NATO拡大に奔走した米・ポーランドのスパイたち

ジョン・ポンフレット
染田屋茂訳

ダリ、リーヤ、ソフィーに

ポーランド人がいなければ独立はなかった……彼がここにいることが絶対不可欠だった。
彼がいなければ、光も——花火も——馬鹿騒ぎもなかった。

——マイケル・ジャクソン大佐
大陸軍第八マサチューセッツ連隊、一七八三年

目次

序　9

第一部　冷戦下の悪党たち

第一章　虚飾の街の諜報活動　12
第二章　誰かテニスを？　22
第三章　米国の熊　33
第四章　告白　47
第五章　スパイの橋　58

第二部　およそありそうにない同盟

第六章　密通　76
第七章　熊がドアを叩きにくる　95

第八章　踊りませんか？　110
第九章　ヘマをするな　126

第三部　危険な協力

第十章　バグダッドの不意打ち　144
第十一章　出口なし　166
第十二章　まさかそんなこととは　182
第十三章　堰が切られる　197
第十四章　ＮＡＴＯへのすり寄り　210
第十五章　首相がスパイだ！　227
第十六章　消えたビンラディン　246
第十七章　テロ容疑者収容所協約　258
第十八章　裏切り　271
第十九章　仲間を犠牲にして　285

第四部　カバとの結婚

第二十章　同床異夢　296
第二十一章　何をなすべきか？　304

後記　311
謝辞　315
訳者あとがき　321
解説（吉留公太）　325
原註
参考文献

装丁　日下充典
図版　鳥元真生

凡例
日本の読者の理解のため、訳者による註を〔　〕に入れて示した。
Foreign Intelligence は分脈に応じて訳出した。

本書に登場する主な情報機関関係者（ファミリーネームの五十音順）

ウェブスター,ウィリアム…(米)CIA長官
キシチャク,チェスワフ…(ポ)内務大臣
キタ,ヤツェク…(ポ)GROM指揮官
ククリンスキ,リシャルド…(ポ)陸軍大佐(CIAスパイ)
コジミンスキ,イェジ…(ポ)駐米大使
コズウォフスキ,クシシュトフ…(ポ)UOP長官
ザハルスキ,マリアン…(ポ)SB第1局スパイ
シェミォントコフスキ,ズビグニェフ…(ポ)UOP長官
シコルスキ,ラドスワフ…(ポ)国防副大臣、外務大臣
シャリカシュヴィリ,ジョン…(米)統合参謀本部議長
シュワルツコフ,ノーマン…(米)中央軍司令官
スモレンスキ,クシシュトフ…(ポ)駐シカゴ現地担当官、UOP米国担当副部長
スリック,マイケル…(米)CIAワルシャワ支局長
ソコウォフスキ,ヴォージミエシュ…(ポ)UOP局員、別名ヴィンセント
ターコウ,フレッド…(米)CIA局員
ダウンズ,ハンター…(米)CIAクウェート支局長
チェムピンスキ,グロモスワフ…(ポ)SB第1局員、UOP作戦部長
デイヴィス,ジョン…(米)駐ポーランド大使
デルラトカ,アンジェイ…(ポ)「統一作戦」立案者、対外情報局副局長
トマシェフスキ,リシャルド…(ポ)駐リスボン第1局大佐、別名リカルド
ニェムチク,ピオトル…(ポ)UOP局員
ノーヴィル,ビル…(米)CIAワルシャワ支局長
ハート,フレッド…(米)陸軍少佐、クウェート米国連絡事務所駐在
パヴィット,ジェイムズ…(米)CIA秘密作戦部部長
ハウウェル,W・ナサニエル…(米)駐クウェート大使
パレヴィッチ,ジョン…(米)CIA局員
ビアデン,ミルト…(米)CIA局員
ヒル,クリストファー…(米)駐ポーランド大使
フィーリー,ジョン…(米)陸軍大尉
フリード,ダニエル…(米)クリントン政権のNSCメンバー
ブレジンスキー,ズビグニュー…(米)国家安全保障担当大統領補佐官
ブロフヴィチ,ヴォイチェフ…(ポ)SB第1局法律顧問
ヘイル,ダン…(米)国家安全保障局通信技術者
ペテリツキ,スワヴォミル…(ポ)GROMの初代司令官
ベル,ウィリアム…(米)ヒューズ社兵器技術者
マコフスキ,アレクサンデル…(ポ)SB第1局員、UOP局員
マチェレヴィチ,アントニ…(ポ)内務大臣
マロンデ,アンジェイ…(ポ)駐バグダッド現地担当官
ミレル,レシェク…(ポ)内務大臣、首相
ミルチャノフスキ,アンジェイ…(ポ)UOP長官、内務大臣
ヤクブチャク,ズジスワフ…(ポ)SB第1局員
ヤシク,ヘンリク…(ポ)SB第1局員、UOP対外諜報部門責任者
ヤルゼルスキ,ヴォイチェフ…(ポ)統一労働者党第一書記、大統領
ラホーダ,ニック…(米)CIA通信技術員
リード,ジェームズ…(米)FBI捜査官
リベラ,ボグダン…(ポ)SB第1局員、UOP長官
レイ,ニコラス…(米)駐ポーランド大使
レドモンド,ポール…(米)CIA局員
ロズビキー,カレン…(米)CIA対テロ分析官

序

一九九〇年十月末、イラク北部の山岳地帯に延びる埃《ほこり》っぽい幹線道路の路上で、ポーランドの情報員が肩から下げたかばんからジョニー・ウォーカー・ブラックラベルの罎《びん》を四本取り出して、初めて顔を合わせたばかりの六人の米国人に配った。

飲め、と指示が出た。

一日中何も食べていなかったが、米陸軍士官二名、情報機関の暗号分析官三名、CIA支局長一名の計六人は指示に従い、その強い酒を喉に流しこんだ。酒とカーキ色の安物のオーバーオール、六枚の偽造パスポートは、米国人たちを中東の建設現場から帰国途中のポーランド人の酔っぱらいに見せかけるために用意された。ウィスキーの効果はほとんどなかった。まったくのしらふで冷たい汗をかきながら、六人の男は夕闇に包まれたイラクとトルコの国境へと近づいた。

ウィスキーにまみれたこの冒険行こそ、湾岸戦争における特筆すべき秘密作戦の最後を締めくくるものだった。それは、その後世界を股にかけて行われることになる、ワシントンとワルシャワの同盟と共同諜報作戦の皮切りの任務として重要な意味を持つ。

この同盟に至るまでの曲がりくねった道の起点は、ソビエト連邦の解体によって、昨日の敵が今日の友になった時点までさかのぼる。それ以前の冷戦時代は、ポーランドのスパイが米国に侵入して国家機密を盗んでいた。さらに前の第二次世界大戦の瓦礫《がれき》のなかでは、戦力を日本に向けるというスターリンの約束と引き換えに、米国はポーランドをロシア人に投げ与えた。

このおよそありそうにない同盟が頂点をきわめたのは、一九九九年にポーランドの先導でチェコ共和国とハンガリーがＮＡＴＯに加盟したときで、それは二分されたヨーロッパの境界線が消滅する地政学的大変動だった。むろんポーランドとの同盟はその時点で終わったわけではなく、現在まで継続している。

本書は、同盟国が米国のためにどれほどのことをしてきたかを思い出すよすがになるはずだ。彼らは工作員の、兵士の、そして無辜《むこ》の国民の命まで危険にさらした。モラルをねじ曲げ、法を破った。すべて米国の友人になるチャンスをつかむためだった。友人に対して米国は、安全保障と助言と技術と巨大なマーケットを提供する。だが同時に、本書を読めば米国が友人に嘘をつき、盟友を軽視し、裏切ることがあるのも明らかになるだろう。

ポーランド人政治家でジャーナリストのラドスワフ・シコルスキがいみじくも見抜いたとおり、米国との同盟はカバと結婚するようなものである。最初は愛情豊かな、思わず抱きしめたくなるような存在だが、やがてくるりと背を向けると、相手を押しつぶし、それに気づきもしないのだ。

第一部　冷戦下の悪党たち

第一章　虚飾の街の諜報活動

一九七七年二月一日、ポーランド人ビジネスマン、マリアン・ザハルスキは妻と娘をポンティアック・カタリナに乗せて午後遅くロスアンジェルスに到着した。冬のシカゴから四日かけた旅の目的地は、ロスアンジェルス国際空港にほど近い瀟洒《しょうしゃ》なアパートメント群だった。

強烈なサーブと屈託のない笑顔が持ち味の、手足の長いテニス・プレイヤーであるザハルスキは、カリフォルニア・ドリームの魅力に惹かれてやって来た新参の移住者らしく、事業家的なふてぶてしさを漂わせていた。とはいえ、ザハルスキは米国人にはならなかった。代わりにスパイになった。ソビエト連邦主導のワルシャワ条約機構の工作員として、最も厳重に秘匿された機密情報を米国から盗み出した。スパイの仕事をするあいだに、彼を追跡するＦＢＩ捜査官やＣＩＡ局員から伝説的存在へと祭り上げられることになる。

もっとも、ポンティアック・カタリナをクロスクリーク・アパートメンツの駐車場へ乗り入れた時点では、ザハルスキはまだスパイ技術の熟達者ではなかった。それどころか、諜報員でもなかった。米国に派遣されたのは、旋盤の販売という平凡な仕事をするためだった。彼はＰｏｌａｍｃｏ（ポーランド・米国機械会社）という企業を代表していた。この会社は、一九七五年にポーランド政府が不安定な国家経済を資本主義世界への輸出によって安定させる目的で設立したものだ。一九七〇年から七九年のあいだに、ポーランド政府は国民のポケットに金を満たし、空っぽの棚に食料を詰めこもうとして失敗し、西側諸国の銀行や機関に二百億ドルの借金があった。借金返済のためにも、Ｐｏｌａｍｃｏのような国営企業を通して輸出を増加させることに望みをつないでいた。

　Ｐｏｌａｍｃｏは機械製造省の通商を担当する下部機関、メタルエクスポートの子会社だった。ザハルスキはワルシャワ大学を卒業して法学の学位を得たのち、一九七三年にメタルエクスポートに就職した。薄茶色の髪、百八十八センチの長身、いくらかナルシシストのきらいはあるが愛嬌《あいきょう》のある性格で、なりふりかまわず出世を目指す人物という印象を上司の脳裏に焼きつけた。

　自分では、「れっきとした」家柄の出であると語っていた。父親のヴァツワフは、第二次世界大戦でドイツ国防軍と戦った地下レジスタンス組織でＡＫの略称で知られた国内軍《アルミア・クライヨヴァ》に加わっていた。一九四四年にワルシャワで起きたナチス・ドイツの支配からポーランドの首都を解放しようとする戦い「ワルシャワ蜂起」にも参加した。

　ワルシャワ蜂起が頓挫すると、ドイツ軍は何千もの兵士を処刑してＡＫを壊滅させた。ドイツ軍はソ連の赤軍がヴィスワ川の東岸で様子見をしているあいだに、ワルシャワを根こそぎ破壊した。戦争が終わるまで、ヴァツワフら捕虜数千人はバイエルン地方にあった強制労働収容所に拘禁された。連合国が勝利すると、ヴァツワフはポーランドに帰還した。ワルシャワが瓦礫と化していたので、彼はバルト海沿岸のグダニスク近くの小さな町を選び、そこでのちにザハルスキの母親となるチェスワーヴァと出会う。

ソ連の肝いりで生まれたポーランド人民共和国は、反共産主義組織であるAKに属していた人々に不信感を抱いていた。何年ものあいだ、ヴァツワフは秘密警察の監視下に置かれた。それでもほどほどの規模の製造会社を築き上げ、そのおかげでチェスワーヴァは専業主婦としてマリアンと弟のボグダンを育てた。小さな私営農場のような小企業がポーランドの社会主義経済の基盤を成していた。お隣のソ連とは違って、ポーランドの土壌には一度も共産主義が根づいたことがなく、それはカトリック教会の影響力やポーランド農民の頑固さのせいにされることが多い。かつてソ連の指導者ヨシフ・スターリンは「牛に鞍を置くようなものだ」と皮肉った。また、ポーランドの共産主義者同志を「ラディッシュ」と呼んで馬鹿にしたこともある。赤いのは外側だけ、というわけだ。

ザハルスキの両親は息子に、他の多くの子どもなら夢に見るしかないチャンスを与えた。英語を学んだおかげで、彼は流暢に英語を話せるようになった。また、ヨーロッパ中をバックパッキングしたこともあった。そのためもあって、一九七五年にPolamcoは、米国で営業を始めるにあたり、若干二十四歳のザハルスキを会社の販売代理人の一人に選んだ。ザハルスキの妻バーシャは二歳の娘マウゴーシャを連れて、一九七六年の秋に米国で彼と合流した。

ポーランド政府はシカゴのオヘア国際空港からほど近いエルク・グローヴ・ヴィレッジに拠点を置いた。大都市圏に住む百五十万のポーランド系米国人の愛顧を期待できる場所だった。だが、七六年の冬はシカゴ史上三番目の冷え込みで、寒さに苦しめられたザハルスキはこの地域を離れたいと思うようになった。「風の街」でワルシャワ同様の凍える寒さを味わうために、わざわざ米国まで来たわけではないし、Ｐｏｌａｍｃｏの製品を西海岸の航空会社に売りこむための有望な手がかりも見つけていた。それに、テニスをやるならロスアンジェルスのほうが向いていた。

一九七七年一月末、ザハルスキの一家は家財道具をポンティアックに目一杯積みこみ、西を目指した。出発した日のシカゴは強風が吹き荒れ、体感温度は零下五十度にも感じられた。ザハルスキはそんな大雪を見たことがなかった。バルト海沿岸出身のポーランド人はおしなべてそんなものらしい。ネブラスカ州とワイオミング州では車の姿などほとんどなく、ただ広大な中西部の大平原《グレートプレインズ》の白い空間がぽっかりと広がっているだけだった。ユタ州に入ってようやく気候が一変した。プロボ郊外のガソリンスタンドで給油したとき、幼いマウゴーシャはなかなか車に戻ってこなかった。最後に太陽を見たのが、永遠の昔に思えたからだ。シカゴに別れを告げてから四日後、一家は太平洋岸からゆっくり歩いて三十分ほどの距離にある、プラヤ・デル・レイのレッドランド・ストリート沿いのクロスクリーク・アパートメンツに到着した。「カリフォルニアだ！」。二〇一八年にいたり、ザハルスキは当時住んでいたジュネーヴのレマン湖を取り囲む緑の丘を眺めながら、そう言った。「あれ以来、ぼくはずっとカリフォルニアを探し続けてきた」

ポーランドに戻ると、さまざまなものの不足で経済は息も絶え絶えの状態だった。西側の銀行の融資によって生活水準は引き上げられたが、度重なる共産主義政府の判断ミスによって、事態は以前より悪化していた。ソ連に肉を輸出しているのに、なぜか国内の店では肉が手に入らなかった。一九七六年に政府が主要食料品を値上げし、配給制を施行すると、ウルススとラドムという二つの工業都市で労働者のストライキが起きた。食料暴動が勃発し、ストライキ参加者はクビを切られ、暴行され、監獄に送られた。反体制派の一団が労働者防衛委員会を組織して、労働者階級と西欧志向の知識人の連係をつくり上げた。一九七九年六月、ポーランド出身の新ローマ法王、ヨハネ・パウロ二世が祖国を訪問、熱狂的な歓迎を受けて、国民の政治変革への期待をかき立てた。一九八〇年八月、市民的不服従を教えこまれ、自分たちの基本的人権への意識も高めた七十万もの労働者が、造船所や製鉄所、炭鉱、工場でストライキを継続し、のちに「連帯」という名で知られるようになる独立系の労働組合の設立を共産政権に認めさせた。

地球の反対側では、ザハルスキが南カリフォルニアの会社重役の生活に徐々に慣れていきながら、故郷の両親にせっせと仕送りしていた。車も会社お仕着せのポンティアックから、クライスラー・コルドバに乗り換えた。自宅を沿岸地域に構え、そこからダウンタウンに通勤すると、往復ともにまぶしい日差しを浴びるので避けたほうがいいと友人に忠告されたが、ザハルスキはプラヤ・デル・レイを動かなかった。「ぼくには海が必要だ」と、彼は言った。「海のそばで生まれたのでね」。引っ越す代わりに、サングラスを買った。

Ｐｏｌａｍｃｏの機械はアメリカに販路を見いだした。技術の水準もそこそこだったし、値段が安かった。ザハルスキは米国資本主義の「名士」たちに商品を売りつけた。マクドネル・ダグラス、ユナイテッド航空、スタンダード石油。ロッキードは米国防総省の秘密研究開発計画のための機器を買い入れた。Ｐｏｌａｍｃｏの販売する機械は潜水艦発射型弾道ミサイル「トライデント」の製造に用いられ、核兵器を製造していたＥＧ＆Ｇにも採用された。これらはどれも、ワルシャワ条約機構加盟国の製品を米国の兵器産業で使うことを禁じる法令に違反していた。一九八一年にはB‐1爆撃機の製造を再開するにあたり、ロックウェルの経営幹部はザハルスキを入札に参加するよう誘った(1)。

ザハルスキは西海岸のポーランド系米国人のネットワークに入りこんだ。スタンフォード大学の物理学教授やロスアンジェルスの技術者と友人になった。ポーランド系米国人で、第二次世界大戦では英国空軍に加わって空で戦い、いまはロケット燃料の専門家になった人物と付き合った。ガラガラヘビ除《よ》けの杖を突きながら、有名な金属技術者と南カリフォルニアの深い峡谷を歩きまわったこともある。ザハルスキの顧客は彼をマリアンかマリオン、あるいは舌を嚙みそうなミドルネーム「ヴォジミエジ」を英語風にしたウォルターとかウォルトと呼んだ。

米国、それも南カリフォルニアに住むポーランド人は、ポーランドが外交活動を行っている場所から何百キロも離れていたから、米国在住のソ連人や他の東欧諸国の人々に比べてFBIの監視の目がゆるかった。米国人はポーランド人を敵と考えていなかった。ジョークでからかわれることはよくあったが、敵としては扱われなかった。FBIはこの怠慢を許されてしかるべきだろう。なにしろ、一九七六年十月六日、挑戦者ジミー・カーターとの二度目の大統領選候補者討論会で、ジェラルド・フォード大統領は間違ってポーランドが自由主義世界の一員であると明言してしまったのだ。そのしくじりのせいもあって、フォードはホワイトハウスを失うことになる(2)。

クロスクリークでは、ザハルスキとバーシャが八組の夫婦のグループに加わった。彼らは全員、海外出身者か外国人の配偶者を持ち、自分たちを「小さな国連」と呼んでいた。バーベキューやディズニーランドへの旅、テニスやカクテルの催しが行われた。テニスコートでも、そのあとの飲み会でも、ザハルスキはなくてはならない存在になった。子どもの頃、ザハルスキはサッカーをやりたかったのだが、父親に禁じられ、スポーツなどせずに勉強しろと言われた。ただし、「まともな」人々のスポーツであるテニスをするのは許された。マリアン、バーシャ、マウゴーシャの三人は南カリフォルニアにしっくりと溶けこんだ。だが何の事前予告もなく、一九七七年六月、一家は帰国することになる。

　ザハルスキがワルシャワに戻って数日後、機械製造省に勤務する同僚から電話があり、六月十一日土曜日の朝にコーヒーでも飲みに来ないかと誘われた。カフェに行ってみると、呼び出した人物はズジスワフ・ヤクブチャクと名乗った。ぼんやりとだが記憶にある機械製造省の職員だった。ヤクブチャクはザハルスキに近づくと、声を落として、実は自分は公安部《スージュバ・ベスピエチェンツヴァ》、通称ＳＢの対外諜報部門「第一局」の大尉だと打ち明けた。ＳＢはソ連のＫＧＢのポーランド版である。

　ザハルスキはそれまで一度もスパイに会ったことがなかった。諜報活動に関する知識はせいぜい、スパイ小説の大ファンで、息子にもその情熱を伝えた母親から学んだ程度だった。第二次世界大戦時のナチ占領軍に反抗したポーランド情報員の英雄的行為や、ドイツのエニグマ暗号機を最初に解読したのがポーランドの数学者たちだったという話を聞きながら成長した。ヤクブチャク大尉はザハルスキがどれくらい諜報活動に精通しているか探りを入れてきた。「まったくの無知だった(3)」と、ヤクブチャクは第一局の上司に宛てた報告書に書いている。

　ヤクブチャクは提案を持って来ていた。ポーランド情報部はロスアンジェルスにおけるザハルスキの存在感に関心を抱いている、とヤクブチャクは説明した。そして、ポーランドのためにスパイをする気持ちはないだろうかと尋ねた。ザハルスキの顔が紅潮した。相手が省から特別任務を与えられた秘密情報員であるという事実を理解するのに四苦八苦していたのに、そのうえ自分を工作員としてリクルートしようとしているのか？「彼は自分がどんな役割を果たすことになるのか理解していなかった」と、ヤクブチャクは同じ報告書に書いている。「実際の情報活動がどんなものなのか、ぼんやりとしかわかっていなかったせいだ」

ヤクブチャクは若者の自尊心をくすぐった。きみは理想的な候補者だ。英語は非の打ちどころがないし、どうやら友人をつくるコツを心得ているようだ、等々。それからおもむろにキューバにおけるミサイル危機などの国際問題に話題を転じた。一時間もすると、ザハルスキは相手の考えに共感を覚えるようになった。その際にザハルスキが出した要望を、ヤクブチャクは次のようにメモしている。「この分野には不慣れなので、何をするか、どうすればいいか、細かい指示を出してほしいと言う」。ヤクブチャクは、まだザハルスキとSBのスパイになる契約を結ぶのは時期尚早と判断した。二人は改めて会うことで合意した。

ザハルスキは天にも昇る気分でカフェをあとにした。「以前夢中で読みふけった本の登場人物になったような気がした[4]」と、二〇〇九年に発表した回顧録に書いている。「まだ二十代だったが、それまで夢見てきたことが実現した瞬間だった。私は目をかけられたのだ！」。ザハルスキに言わせれば、情報員は「エリート・クラブ」に属する人種であり、いま自分は「選良と比較して自己評価する」チャンスを与えられたのだ。

「勝てるかどうかはわからないが」と、彼は書いている。「試してみたかった。山を動かす仕事が欲しかった。なぜなら、自分には山を動かせる気がしたからだ！」

　ザハルスキの抱いた幻想は、都合よくヤクブチャクの提案の細目を無視していた。彼は決して、ポーランドのジェームズ・ボンドになる機会を与えられたわけではなかった。ザハルスキは単なる情報源であり、工作指揮官――すなわち、ヤクブチャク大尉の管理下に置かれることになる。それでもザハルスキは、そうした事実が自分の血湧き肉躍る物語の邪魔になるとは考えていなかった。のちに回顧録には、007を意識して『その名はザハルスキ、マリアン・ザハルスキ』というタイトルを付けた。

　ヤクブチャクとザハルスキは六月二十一日に再会し、ザハルスキはカリフォルニアへ戻る準備を始めた。彼はSBとの契約書に署名し、自分の行動については秘密にすると約束した。ヤクブチャクは彼に英語で「報酬」を意味する「ペイ」という暗号名を付けた。同じ内容の名刺を二枚取り出し、一枚をザハルスキに渡した。もう一枚は、ザハルスキが情報を手に入れたと連絡してきたときに米国で彼と接触する工作員に送った。ヤクブチャクは、米国の商業技術に目標を定めるよう指示した。

　ロシアやその他の東欧諸国と違い、ポーランドは産業スパイに的を絞っていた。ポーランド経済は西側諸国から盗み出す秘密に依存していたからだ。製薬業界は盗んだ特許のうえに築かれた。電機業界は、自動車製造や造船の生産工程に組みこんだ米国や日本からくすねた技術がなくては成り立たなかった。(5)ヘンリク・ヤシクという名の第一局の大佐は西ドイツ駐在中に、のちに東欧諸国で最も人気のある洗濯洗剤の一つとなる、IXI（「イクシー」と発音する）の製法を盗み出した。(6)

　ポーランドの情報活動は西側で評価が高かった。タイム誌が一九七八年に作成した「スパイ案内」では、米国、ソ連、イスラエル、英国に続いて、ポーランドが第五位にランクされた。ポーランドのスパイはブルガリアやKGBなどとは違って、殺人や「暗殺《ウェット・ワーク》」を好まなかった。実際に行われたと信じられる海外での暗殺は、一九六〇年にフランスに亡命した情報員を殺した一件だけである。「ポーランド人は」と、タイム誌は評している。[7]「国際的に移動して地元に溶けこむ傾向を持つ」

ロスアンジェルスに戻ると、ザハルスキはビジネスマンの忙しい生活を再開した。一九七七年十二月初旬、テニスのゲームを終えたばかりのザハルスキのパートナーが、コートに入ってきたクロスクリークの住人ウィリアム・ベルを指さして、「彼こそ宇宙工学の大物で、天才だ。まさに天才としか言いようがない」とささやいた。ザハルスキはこの隣人に注目した。五十代後半、身長百九十センチ弱、もみあげを伸ばし、髪の中央部を盛り上げている。あとに従うのが、年の離れた美しい妻リタだった。「私は聞き耳を立てた」と、ザハルスキは書いている。「じっと観察した[8]」

第二章　誰かテニスを？

五十七歳のウィリアム（ビル）・ベルと、三十三歳のベルギー生まれの妻リタはクロスクリークの「小さな国連」のメンバーだった。出会ったのはヨーロッパ。当地に赴任したベルは離婚したばかりで、リタは同じ勤務先で秘書をしていた。リタは前の結婚でもうけた六歳の息子を伴って米国で暮らすようになり、パンアメリカン航空でフライトアテンダントの仕事に就いた。

十二月十日、前からベルに注目していたザハルスキは、近所のアパートメントで開かれた土曜日のパーティの席でさりげなくリタに接近した。リタは夫のビル（ウィリアム）をザハルスキに引き合わせた。ベルは、研究以外は上の空の学究タイプだった。ザハルスキはどうしたらこの相手を落とせるだろうかと頭をしぼり、酒が効果を発揮しそうだと判断した。「ポーランドでは、ウォッカで友情をスタートさせるんだ」と、ザハルスキは言った。「うちの冷蔵庫に一本入っている」。彼はビルの空のグラスを手に急いで自宅に戻ると、酒を注いで戻ってきた。二人はグラスをかちりと合わせて飲みほした。リタは夫がレストランで、テーブルの下で靴を脱いだときの話をした。食事を終えるとベルはウェイターにタクシーを呼ぶように頼み、靴がないことに気づいたのは家に帰ってからだという。妻が自分を科学者と呼ぶたびに、ベルはうれしそうな顔をした。

パーティがお開きになると、ザハルスキはベルを部屋の隅に連れて行き、テニスのパートナーを探していると打ち明けた。ベルは喜んで誘いに応じた。その晩、ザハルスキは早速ヤクブチャクへの報告書を書き上げた。「偶然、同じアパートメント群にヒューズという会社の副社長と思われる人物が住んでいて知り合いになった。近い将来、その紳士とテニスをする機会があるだろうから、彼の仕事についてももっとはっきりすると思う(9)」

数日後、二人はテニスをした。ベルの腕前はお粗末だったが、ザハルスキは数ポイント相手にとらせてやった。ゲームが終わると、ザハルスキの誘いでまた二人は飲んだ。そのとき、ベルがヒューズ・エアクラフト・カンパニーの兵器技術者であるのがわかった。ヒューズは米国のなかでも最有力の国防請負企業の一つだった。

スパイという新たな役割を果たす道が開けたのに気づいたザハルスキは、ベルを含めた数名の接触相手のリストをつくってヤクブチャクに送った。ヤクブチャクは、公安部第一局の幹部に送った一九七八年二月七日の報告書に、スペイン語で「カモ」を意味する「パト」という暗号名を与えたベルだけに集中するようザハルスキには指示したと書いている。ただし用心のために、「〝パト〟には、自身が〝ペイ〟(ザハルスキ)を通じてポーランド情報機関と取引しているのをさとられないようにすべきだ」とも述べた。

その後にザハルスキが知ったところでは、ベルは一九五一年にカリフォルニア大学ロスアンジェルス校（ＵＣＬＡ）を卒業して応用物理の学位を取得後、米国海軍の専門職養成コースを終えてからずっと国防産業で働いており、そのキャリアの大半がヒューズ勤務だった。一九六〇年代と七〇年代なかばに二度、海外に派遣されたが、二度目の勤務から帰国したときには深刻な金欠状態に陥っていた。内国歳入庁の税務調査で誤りを指摘されたうえ、泥沼の離婚劇を終えたばかりだった。ベルは破産申請を行った。そればかりか、一九七五年には十九歳の息子ケヴィンがメキシコにキャンプに行き、持っていた防虫スプレーに引火し、大やけどを負って死亡する事故まで起きた。ヒューズの同僚が寄付を募って、ケヴィンの治療費を援助してくれた。[10]それでも、ベルは苦境から抜け出せなかった。

ベルはザハルスキに、この経済的苦境をスパイ小説を書いて解決するつもりだと打ち明けた。彼の机の引き出しには、ピーター・Ｋ・ピーチなる冒険好きの武器商人で、ベル同様、秘書と結婚し、これ見よがしに口髭《ひげ》を生やした男の登場するベストセラー狙いの小説の下書きがしまってあった。ピーチはグルメ向け料理と美女、それにもちろん危険を愛している。ベルはバーバンク・デイリーレヴュー紙のハリウッド担当記者の友人に、ストーリーにひと味添えるために官能的なセックス・シーンを考えてくれないかと頼んでいた。

ヒューズで働くのは好きだったが、ベルギーから帰国すると、ベルは自分がよそ者になったような気がした。彼の職場は若い社員グループの主導に変わっており、自分は事務処理部門に押しやられて無為に過ごしているような気分だった。それもあって、浴びるように酒を飲み始めた。事務処理部門にいても、ベルは驚くほど重要な仕事をしていた。彼の指示のもと、技術者チームはステルス技術開発の初期段階における反復《イテレーション》を行っていた。それは低被探知レーダーと呼ばれるもので、国防総省は戦車やヘリコプター、爆撃機、戦闘機に装備する予定にしていた。

ベルはいまだに優れた技術者として尊敬され、賞賛されることを望んでいた。ザハルスキは献身的な心遣いをしてくれたので、一緒にいると心地よかった。ザハルスキの快活な性格は、いまは亡き息子ケヴィンを思い出させた。ケヴィンとザハルスキは年齢も近かったし、身長も同じくらいだった。「徐々にだが、彼は一番の親友になった」と、のちにベルは語っている。[11]

ベルの弱点を探るようにと、ヤクブチャクはザハルスキに指示した。さらに「性格特性や関心、嗜癖《しへき》、政治的信条、ポーランドをどう考えているか、意欲、経済状態、家族関係その他」に関する情報をもっと集めろと要求した。一九七八年の年末にふたたびワルシャワに戻ってきたザハルスキに、ヤクブチャクは諜報活動の短期集中コースを受けさせた。その頃にはバーシャが第二子を身ごもっていた。米国に戻ってから、カロリーナが誕生する。

ワルシャワでは、バーシャとマウゴーシャを妻の両親の家に泊まらせ、ザハルスキは省の隠れ家に身を寄せた。ヤクブチャクはみずから教育係を買って出ると、情報機関の組織構造に始まり、対外諜報活動を看破する方法、スパイ活動に関連する心理的問題、情報源の訓練法と尋問の技術など、ありとあらゆることを教えこんだ。専門技術者から、超小型カメラを使って書類を撮影するやり方も学んだ。授業の一つで、歩行中に尾行を振りきる術まで学ばなければならなかった。「やれやれ！」と、ザハルスキは回顧録に書いている。[12]「ロスアンジェルスでは、誰も歩いてはいないんだが！」

ザハルスキは熱心な生徒だった。「意欲的で積極的だ」と、ヤクブチャクは書いている。[13]さらに、「作戦行動の優れた素質を持つ」「実直で規律を重んじる協力者」であるのがわかったという。つづめて言えば、ザハルスキには天性があったということだ。ザハルスキがスパイになった動機は、愛国的というより「冒険の要素」に惹かれたからだとヤクブチャクは見抜いた。ザハルスキはゲーム感覚でこの世界に飛びこんだのだ。

ヤクブチャクは省に、ザハルスキを契約職員にして包括決定賃金を二割増しにし、将来、彼と家族が帰国したら常勤として雇用するように提言した。またベルが役目を引き受ける可能性があるかどうかを探るために、ベルに渡す「酒代」をザハルスキに持たせるように提案した。

ロスアンジェルスに戻るとすぐに、ザハルスキはＰｏｌａｍｃｏの製品をヒューズなどの企業に紹介する労を取ってくれるよう、ベルに頼んだ。ベルは、ヒューズだけでなくロッキードやノースロップの仕入れ部長の名前を教えてくれた。ザハルスキは「酒代」基金から少しずつ引き出し、あちらで二百ドル、こちらで二百ドルと、ベルに支払いをした。ザハルスキとバーシャはベル夫妻をロングビーチ港のランドマーク、クイーン・エリザベス号で開かれた一九七八年度のクリスマス舞踏会に招待した。ベルがチケット代を払おうとすると、ザハルスキは必要ないとことわった。「お気遣いなく」と、彼は言った。「うちの会社が払うから」。テニスのあと、二人はよくザハルスキの家で酒を飲んだ。自分は水を飲みながら、ザハルスキはベルにウォッカを執拗に飲ませ、相手が家計の苦労の愚痴をこぼすのに耳を傾けた。彼はベルにポーランドの歴史に関する本とワルシャワから送られてきたコーヒー用のマグカップをプレゼントした。ベルはときおり話の途中で言葉を飲みこみ、「おっと、これは機密扱いだったな」と言うことがあった。そういう場合のザハルスキのお決まりの返事は、「そうじゃない、きみはぼくが専門用語を学ぶ手伝いをしているだけだよ」だった。

ザハルスキはＰｏｌａｍｃｏがベルを顧問にする可能性をほのめかした。気を良くしたベルは機密扱いを解除された文書を手始めに、ヒューズの社内報や宣伝資料などを持ち出してきた。新しい友人に力を貸そうとしているだけなのだと自分に言い聞かせながら。

ザハルスキは好奇心満々の年下の実習生の役割を演じた。あるとき、「ねえ、ビル」と、ザハルスキが言った。「きみの使っている言葉がぼくには理解できないんだ。説明の足しにするために何か実物を持って来てくれないかな」。それが、ザハルスキが門を押し開けた瞬間だった。「それから徐々に徐々に絆が強くなった」と、ザハルスキは解説する。「彼は科学者だ。相談する相手を必要としていた。ぼくはその役を演じた」[14]。しばらくのあいだベルは、ザハルスキが金をくれるのはＰｏｌａｍｃｏの製品の販売を手助けしているからだという作り話にしがみついていた。だがまもなく、ザハルスキの要求は機密文書の範疇《はんちゅう》へと変わっていった。それでもベルはたじろがなかった。むしろ機密基準の高い文書を、実際よりもっと機密性が高いように見せかけてザハルスキに渡していた。

米国に来たとき、ザハルスキはスパイ活動の知識を何一つ身に付けていなかった。情報司令部は彼に小物を漁《あさ》るように指示した。ところが、ビル・ベルという鯨を釣り上げてしまった。ザハルスキはベルに前よりもっと分厚いドル札入りの封筒を渡すようになった。「彼は私を鉤《はり》に掛けた。そうとも、それが彼のやったことだ」と、のちにベルは認めている[15]。

機密文書の撮影を容易にするために、ザハルスキはベルにカメラと特殊な高感度フィルムを渡した。さらに情報を隠す道具として、ネクタイ掛けや、四十五秒間さかさまにして軽くたたくとなかが開く仕掛けの大きな木製のチェス駒なども渡した。

ワルシャワでは、ザハルスキが次々と送ってくる機密文書が第一局のオフィスにあふれ返るようになった。初期のステルス技術研究に関する資料のほかに、西ドイツのレーダー制御システムとパトリオット地対空ミサイルのシステムについての情報も送られてきた。長射程空対空ミサイルのAMRAAMやフェニックス、地対空ミサイルのホークの詳細な情報、アパッチ攻撃用ヘリコプターの機密資料などもそろっていた。ザハルスキはまた、米海軍が使用する新型レーダーの配備計画とともに、大型制空戦闘機F-15イーグルや艦載戦闘攻撃機F-18ホーネットへのレーダーの装備方法なども盗み出した。ネヴァダ州の実験・訓練区域で実験機の事故があれば、すぐにザハルスキの手元に報告書が届いた。

ザハルスキは自分の管理者たちに、一九七六年九月にミグ25フォックスバットで日本へ逃げたソ連の戦闘機パイロット、ヴィクトル・ベレンコの亡命に関する機密扱いの米国の分析結果を送ってきた。「彼(ベレンコ)は米国人に、しゃべりにしゃべりまくった」と、ザハルスキは回想している。「処理が追いつかないほどの量だった」。ザハルスキはまた、最先端の兵器研究を担っている米国防総省の国防高等研究計画局が主催した会議の議事録も入手した。さらに、レーダーを機能させてワルシャワ条約機構側の脅威感知能力を試すために、ロッキードSR-71ブラックバードを東ドイツ国境沿いに飛行させる米国の計画も手に入れた。ポーランドの公式記録を見ると、ザハルスキが入手した機密情報は七ページにもわたるものだった。二〇〇六年に機密解除になったCIAの一九八二年の報告書によれば、ザハルスキとベルは管理官《ハンドラー》たちに将来の米国兵器システムに関する機密情報を少なくとも二十ほど渡している。それによってワルシャワ条約機構は数億ドルの研究開発費用を節約でき、「米国とその同盟国の現役兵器と将来の兵器システムを危険にさらした(16)」

一九八〇年代の米国の捜査官は、ザハルスキのスパイ活動の収穫はベルから得たものに限られると信じこんでいた。現在では他にも何人か情報源がいたことがわかっている。どうやら米国人は気軽にザハルスキと国家機密に関わる話をしていたらしい。B-1爆撃機の生産再開の準備が行われていたとき、ザハルスキは機密資格の必要なブリーフィングに出席している。航空産業にいるポーランド系米国人は、ふだんから自分たちの仕事の詳細を彼に話していた節がある。「誰かが〝これはトップシークレットだ〟と言うと、みんな、それを扱っているのが人間であることを忘れてしまう」と、ザハルスキは見抜いていた。「ぼくには友だちがいる。友だちはその友だちを助けるものだ」

ベルに情報を要求するときのザハルスキは怪しげなほど的確だった。システムの名称や個々の文書の番号まで知っていた。一度ベルが、そんなことをどうやって調べるんだと尋ねると、ザハルスキはにやりとしただけだった。[17]「ベルだけしか協力者がいなかったわけではない」と、二〇一八年にザハルスキは書いている。「彼が唯一の情報源ではなかった」[18]

ザハルスキには他にも協力者がいたことは、一九八五年六月二十四日付のポーランド情報司令部の文書でも裏付けられる。「ベル以外にも」と、文書にはある。「ザハルスキはカリフォルニアにおける工作活動の状況や軍事計画、今後実用的な目的で利用できる個人データに関する別の情報を提供してきた」[19]

ポーランド政府へ情報を渡す準備ができると、ザハルスキはシカゴにあるポーランド領事館に電話をして、こう伝える。「うちの娘が肺炎にかかったらしい」。すると、ロスアンジェルスに密使が送られる。一度その役目を引き受けた「現地担当官《レジデント》」と呼ばれる領事館の主任情報員は二度とロスアンジェルスには行きたくないとワルシャワに泣きついた。ＦＢＩに尾行されるのを恐れたのだ。[20] 飛行機を使わなければならないので危険は大きかった。

そこでザハルスキは書類をスーツケースに詰めて、自分でシカゴに運ぶようになった。彼には、エルク・グローヴ・ヴィレッジのＰｏｌａｍｃｏ本社での会議という立派な口実があった。アメリカン航空のファーストクラスで頻繁に移動するときは、スーツケースを必ず機内に持ちこんでいた。

ザハルスキはどんどん増えていく職務を手際よくこなした。ロスアンジェルスでは二番目の子ども、カロリーナが生まれ、Ｐｏｌａｍｃｏの製品を米国西部全域で販売し、ワルシャワの情報司令部から次々と送られてくる込み入った指示どおりにビル・ベルに要求しなければならなかった。「頭がおかしくなりそうなことが何度もあった。家に二人の子どもを抱え、フルタイムで仕事をし、フルタイムでスパイ活動をこなしていた」と、ザハルスキは思い起こす。

一九七八年末に、クロスクリークのオーナーがアパートメント群をコンドミニアムに転換すると発表した。ビルとリタのベル夫妻はいま住んでいるアパートメントの購入を希望したが、家計は火の車だった。ザハルスキが手を差し伸べた。一九七九年二月、彼はベルに二つの封筒に分けて一万二千ドルを手渡した。ベルはその多くを購入費の頭金と追徴課税の支払いに使った。

ベルは残った金を自分のふところに入れ、浪費を続けた。中型のシボレーを白のビニール屋根とサンルーフ付きの赤いキャデラックに買い換えた。自分の小説の登場人物、ピーター・Ｋ・ピーチに扮《ふん》して、パナマ帽とデザイナーズブランドのサングラスで気どってみせた。ザハルスキは目立ちたがりのベルがヒューズの警備部門の注意を惹くことを心配した。あっという間に金を使い果たしてしまわないように、現金の代わりに金貨を渡すようにした。

ワルシャワからの指示に従い、ザハルスキはベルをヨーロッパに送り、第一局の上官と直接顔を合わせる機会をつくった。一九七九年十一月、ベルは文書をしこたま詰めこんだスーツケースを持って、オーストリアのインスブルックの公園におもむいた。男が近づいてきて、「きみはマリアンの友だちか？」と尋ねた。男は「ポール」と名乗った。本名、アナトリウシュ・イノヴォルスキ、ニューヨークのポーランド領事館で長いあいだスパイ活動に従事していた情報員だった。ベルはさらにあと二回オーストリアに、もう一回はジュネーヴに足を運び、ポールや他の管理官に大量の文書を渡した。すべて合わせると、ポーランド政府はベルに現金で十万ドル、クルーガーランド金貨で六万ドルを超える報酬を支払った。

一九七八年から八〇年初頭まで、ザハルスキは米国のどの法執行機関にも悩まされずにスパイ活動を続けた。彼は腕がよかった。それに、運にも恵まれていた。危機一髪の瞬間は、ある日の夜明け前に来た。ベルの文書をひと束コピーするためにオフィスに向かっていたザハルスキを、ロスアンジェルス市警の警官がスピード違反の容疑で停止させた。警官は車内を捜索したが、後部座席に置いてあった二百ページの極秘文書を見逃してしまった。

ポーランドでは、ザハルスキの送ってくる文書によって、ワルシャワ条約機構と米国のあいだに大きな知識のギャップがあるのが明らかになった。三日かけて一連のファイルを読みこんだポーランドのレーダー専門家は、結局その研究は理解できないと認めるしかなかった。ザハルスキが米海軍の艦艇を探知されにくくするステルス技術利用計画を送ると、ポーランドの係官は「どうすれば船を隠せるって言うんだ?」と言ったらしい。ポーランドの元内務大臣でスパイの元締めでもあったチェスワフ・キシチャクは回顧録のなかでこう述べている。[21]「わが国の最も優秀な科学者でもザハルスキが送ってくる技術資料を扱いかねた。ましてその技術を実用化するなど夢のまた夢だった」

米国の技術を専門にするKGB局員もワルシャワへやって来て、たっぷり時間をかけてザハルスキの収穫を分析した。ソビエト連邦共産党書記長のユーリ・アンドロポフはワルシャワ条約機構の防衛に関するザハルスキの貢献を評価し、キシチャクに個人的に謝意を表している。[22]もっともザハルスキと情報司令部の管理官たちにすれば、そうした文書は自分たちが軍事的優越性を争うレースで負け組にいることに気づくきっかけになっただけだった。ザハルスキはこう言っている。「われわれには肩を並べるチャンスがないのを見せつけられた」

スパイ活動は対面通行だ。ＣＩＡもずっと以前からポーランド政府機関にスパイを潜入させていた。一例を挙げれば、ポーランド陸軍大佐で（ＣＩＡのスパイの）リシャルド・ククリンスキがいる。ククリンスキはワルシャワ条約機構軍事司令部の中核で働いていた。一九七〇年代に彼はＣＩＡに三万五千ページにわたる機密文書を渡した[23]。そこには、モスクワの核兵器使用の戦略的プラン、兵器システムとスパイ衛星の詳細、ワルシャワ条約機構軍事司令部が使っている秘密の対空施設と遮蔽壕の位置などが明かされていた。

一九六八年のソ連によるチェコ侵攻に恐怖したククリンスキは、ＣＩＡのスパイになることを志願した。そうしたのは、ソ連の通常兵器の優越性が増すと、いずれ西欧への侵攻を考えるかもしれないと恐れたからだった。その攻撃に対するＮＡＴＯの唯一の効果的対抗手段は核兵器だが、それを使用すれば祖国は核のために人間の住めない土地になってしまう。ククリンスキはポーランドがソ連に隷属させられるのを目の当たりにした。彼を担当したＣＩＡの主任管理官は、ククリンスキが一度も報酬を求めなかったと証言している。

ククリンスキはＣＩＡのために働く大勢のポーランド人のなかで最も重要な人物だった。ＣＩＡは他に、世界一のフェンシング選手だったポーランドのスパイをリクルートした。別の協力者《アセット》は三重スパイで、ポーランド、ソ連、ＣＩＡのために働いていた（その人物は晩年、自分は最後のロシア皇帝の末裔であると主張した）。他にも、政治犯を拷問したことで「処刑人」のあだ名をちょうだいした悪名高いポーランド秘密警察員がいた。ザハルスキのメタルエクスポートにおける最初の同僚レシェク・フルストも一九六四年からＣＩＡのために働いていた。

おびただしい数のポーランド人リクルート工作の中心には、一人のＣＩＡ局員がいた。三十五年を超えるキャリアのあいだに、ジョン・パレヴィッチは十八人の工作員を管理し、それ以上の数の人間をリクルートした。ＣＩＡの多くの優秀な工作指揮官が一人のスパイもリクルートできなかったことを考えれば、この職業において驚異的とも言える業績だ。

パレヴィッチの祖父母はポーランド人だった。もっとも、彼らが十九世紀末に米国に移住したとき、ポーランドは存在しなかった。移住者の一つの流れはプロイセン王国の領土から、もう一つはオーストリア＝ハンガリー帝国に属する地域からやって来ていた。ポーランド移民の多くがそうだったように、パレヴィッチの祖父母はペンシルヴェニア州北東部の炭鉱地帯に向かった。そこなら、男たちは炭鉱で職を得ることができた。

十三歳になると、パレヴィッチの父親は早くも砕炭場で粘板岩などの不純物を除去する「ブレーカー・ボーイ」として働き始めた。いずれ自分の父の後を追って地下で働くつもりだった。だが、米国内の電話所有者増加に伴いAT&T（米国電話・電報会社）の架線作業員の仕事が増えたせいで地上に留まることになった。彼は残りの一生をAT&T《マーベル》で働き通した。

パレヴィッチの母親も早々に学校をやめ、製糸場で働き始めた。結婚すると、母親は専業主婦になった。一家はペンシルヴェニア州中央部のサスケハナ川の川岸にある町ブルームズバーグに引っ越した。一九三四年生まれのジョン・パレヴィッチは、兄と妹の三人きょうだいだった。

ジョンの兄エドワードはずば抜けて優秀な学生で、一族では初めて高校を卒業して進学し、奨学金をもらってプリンストン大学に入学した。ジョンはエドワードほど学究肌ではなかった。勉強より、町はずれにある洞窟でケービングをするのが好きだった。一九五〇年、十六歳になったジョン・パレヴィッチは朝鮮で戦うために米国陸軍に志願したが、若すぎるのを陸軍に見抜かれてしまった。一年後、ペンシルヴェニア州立大学に入学すると、友愛会［大学などの寮や社交クラブを指す］に入会し、地質学を専攻した。有機化学と取り組んでいるあいだに、朝鮮の塹壕《ざんごう》がきわめて魅力的に思えてきた。そこで一九五三年、二年生のときに大学を離れて、今度は合法的に入隊を果たした。

パレヴィッチは機甲部隊に入ろうと固く決意していた。もっとも、身長百八十五センチのたくましい身体が戦車の車体に入りきるかどうか、確かめられるほどそばに近づいたことはなかったのだが。陸軍は別の考えを持っていた。いくつかテストを受けさせたあと、陸軍はパレヴィッチをカリフォルニア州モントレーにある語学学校へ送り出した。「パレヴィッチ？　どこの名前だ？　ユーゴスラヴィアか？」。東海岸からのバスを降りたとたん、士官がそう質問してきた。「ポーランドです」と、パレヴィッチが答えると、「ちょうどポーランド語のセクションをつくったところだ」と、士官は言った。

パレヴィッチは一年間ポーランド語を学んだ。十人の学生がいたが、パレヴィッチを含む三人が試験をパスした。陸軍はパレヴィッチを、冷戦が表面化するなかで強化されていた国家安全保障体制の一翼を担う米国陸軍保安局に配属した。

「諜報活動については何も知らなかったが、ゾクゾクする感じがした」と、パレヴィッチは振り返る。一九五四年の夏には、西ベルリンの小さな森にある秘密の場所に派遣され、一日八時間ヘッドホンを通して聞こえるポーランド人パイロットや戦車操縦手の世間話に耳を傾けた。

パレヴィッチのいた保安局は北大西洋条約機構の加盟国と情報を共有していた。NATOと呼ばれるこの組織は一九四九年に米国、カナダと西欧十カ国で設立され、ソ連を中心に東欧共産主義国八カ国で組織されたワルシャワ条約機構と対峙していた。パレヴィッチは三年間ドイツに駐在してから、一九五六年初頭にペンシルヴェニアに戻った。

米国を出たときはまだ少年だったが、戻ったときは米国陸軍の二等軍曹になっていた。友愛会をやめて寄宿舎の寮監となり、専攻も地質学からロシア勢力圏の政治学へと変更した。将来は外交官の職に就くつもりだった。

中間試験も終わって一学期が終わりかけた頃にキャンパスをぶらぶらしていると、ドイツ人のロケット科学者の息子である友人が、ガソリン代を割り勘にするならワシントンDCまで車に乗せていってやると提案してきた。その友人はCIAの面接を受けるのだという。パレヴィッチはやる気になった。ワシントンに着くと、友人にくっついてザ・モール沿いに建つ特徴のないビルのなかにあったCIA人事部のオフィスへ行った。受付係がパレヴィッチに願書の用紙を渡した。「ここまで来たのだから、出願したようなものだよ」と、受付係は誘った。ジョン・パレヴィッチは合格し、友人は不採用だった。

パレヴィッチはペンシルヴェニア州立大学で、ボニー・ジョーンズという聡明な教育学専攻の女子学生と知り合い、二人はデートをするようになった。一九五八年八月にパレヴィッチは卒業し、翌月ＣＩＡに就職すると、すぐにヴァージニア州ウィリアムズバーグにあるＣＩＡの訓練施設——通称「ザ・ファーム」に送られる。その年の感謝祭の日、ボニーの両親はパレヴィッチをボルティモア郊外にある自宅に招いた。その前に、パレヴィッチは情報員を目指すことをボニーに打ち明けていた。そうしなければアンフェアだと思ったからだ。夕食がすむと、パレヴィッチはボニーに結婚を申しこんだ。結婚式の日取りは、ボニーが大学を卒業する一九五九年秋に決まった。

ジョン・パレヴィッチは苦もなくＣＩＡに適応した。米政府が戦略的言語と考えているポーランド語を話せたし、軍歴のおかげで機密情報へのアクセス権限も持っていた。政治学の学位は国務省職員という隠れ蓑《みの》で行動する際の助けになった。そのうえ彼は気が優しくて力持ちだった。付いたニックネームは「ビッグ・ジョン」と「熊」（彼は八十代になってもまだ熊の置物のコレクションを持っている）。思いやり深い性格で、ＣＩＡがスパイのリクルートを担当する現地指揮官に求める、自然で温厚な態度で人に接した。早くから、肝心なことは伏せて愛想よくしゃべる技術を身に付けていた。自分でも認めるとおり、彼は話し好きだった。

一九六一年に、ＣＩＡはパレヴィッチを最初の赴任地としてふたたびベルリンに送った。彼はその日で東ドイツがベルリンの壁を築き、ブランデンブルク門近くで米ソの戦車がにらみ合いするのを見た。ボニーは一九六二年に第一子ジョンを産んだ。

やがて一家はベルリンからワルシャワへ引っ越し、パレヴィッチは表向きは領事官として大使館で働いた。ジョン、ボニー、それに息子のほうのジョンは正面の壁に第二次世界大戦の弾痕が残るアパートメントで暮らした。ポーランドの情報員が作成したパレヴィッチに関する資料には、先祖がポーランド人であったことや上達しているポーランド語については書かれていたが、スパイであるとにおわせる記述はいっさいなかった。(24)

ジョンとボニーは西欧諸国の報道記者と米国大使館のバーによく行き、ニューヨーク・タイムズ紙の特派員デイヴィッド・ハルバースタムとポーランド人女優エルジュビエータ（エリザベス）・チジェフスカの結婚を取り持ったこともある。(25)「おたがいにひと目惚れだったわ」と、ボニーは言っている。「でも意思の疎通が難しかったから、ジョンが通訳したの」。ワルシャワの社交生活はハリウッドのスター、オマー・シャリフやカーク・ダグラス、鉄のカーテンの東側で初めてコンサートを開いたマレーネ・ディートリッヒなどの来訪で華やいだ。一九六四年、ボニーは第二子のマシューを産んだ。

パレヴィッチの次の赴任地はラオスで、家族ぐるみで引っ越した。当時はベトナム戦争のさなかで、パレヴィッチはポーランド人の情報源を求めて全国を歩きまわった。インドシナはCIAにとって豊かな狩り場だった。一九五〇年代にベトナム分断の監視を行うために設立された国際休戦監視委員会のメンバーの三分の一をポーランド軍の将校が占めていた。CIAはポーランドの陸軍将校や貿易担当官をリクルートしており、マリアン・ザハルスキの同僚、レシェク・フルストもその一人で、タイに駐在していたときに米国のスパイになった。ときにCIAは、この業界では「コンプロマット」と呼ばれている手法をとることがあった。相手を娼婦と引き合わせて抜き差しならぬ場面の写真を撮り、妻に知られたくなかったら米国のスパイになれと脅して引きこむ手法である。ジョン・パレヴィッチはそうしたスパイ技術をほとんど使わなかった。「もしターゲットを脅迫すれば、相手はどう協力するかより、どうやって騙《だま》すかを考えることに大半の時間を使うはずだ」と、パレヴィッチは言った。「私はいつも友だちになるほうがはるかに楽だと思っていた」

一家がベトナムに駐在していたとき、マシューが病気になった。ボニーがフィリピンの米軍病院に連れて行くと、小児白血病と診断された。米国国立衛生研究所で治療を受けたが、マシューは六歳の誕生日を迎えられなかった。家族のなかにぽっかりと穴が開いたようだった。

悲劇はパレヴィッチの次の赴任地であるアテネでも起こった。一九七五年のクリスマス・パーティのあと、左翼の殺し屋がパレヴィッチの上司であるCIA支局長リチャード・ウェルチを殺害したのだ。一九七六年に、一家はようやく米国に戻ってきた。ボニーは老いた母親を介護しなければならなかった。その頃になると、ジョン・パレヴィッチがCIA局員であるのを知るジャーナリストもちらほら現れた。(26)

ヴァージニア州ラングレーのCIA本部ではいくつかの部門で責任者を務めたが、パレヴィッチはスパイをリクルートする仕事に戻りたくてたまらなかった。めったにない措置だったが、CIAは彼をソ連／東欧部門の部長特別補佐の地位に就けた。パレヴィッチは自身をシャルルマーニュに仕えた中世フランスの「勇士《パラディン》」にたとえた。同僚は彼を「ミスター・ポーランド」と呼んだ。

パレヴィッチは、CIAでは軍の将軍に匹敵する地位である「スーパー・グレード」に、管理官の経験もなく就いた二人のうちの一人である。パレヴィッチは管理運営には関心がなかった。「彼はまわりの人間のことを心配するのが嫌いだった」と、パレヴィッチと同じ頃CIAに入局して、のちに上級管理官になったバートン・ガーバーは回想する。「現場の工作指揮官をやりたがっていた。どっちにしろ、スーパー・グレードにはなっただろう。あんな人物は局に一人もいなかった」(27)。パレヴィッチには目立ちたがりの一面もあった。自分の「スイートハート」——一九八六年型のジャガーXJ6を誇りにしており、そんな車をCIAの駐車場に停めた人間は彼が初めてだった。だが、この「スイートハート」は一九九〇年代初頭に災厄をもたらす。連邦政府当局に、ジャガーを乗りまわしている人物がKGBのスパイだという密告があったのだ。パレヴィッチは調べを受けたが、裏切り者は結局、元CIAの防諜部員だったオルドリッチ・エイムズであるとわかり、エイムズは一九九四年に終身刑を宣告された。

シアトル郊外にあったパレヴィッチ家のコンドミニアムの壁に貼ってある地図に打たれた点は、パレヴィッチが協力者《エージェント》をリクルートした場所を示している。中東、バルカン諸国、北米、西ヨーロッパ、南米、東南アジア、アフリカ。彼は七種類のパスポートと七つの名前を持っていた。「現地の工作指揮者がよさそうなターゲットを見つけたが、味方に引き入れる自信がない——そんなときは私が呼ばれた」と、パレヴィッチは語っている。彼はCIA史上で最も優れたリクルーターになった。「お役所仕事はしたことがない」と、パレヴィッチは言う。並のスパイなら大量のペーパーワークや調査票に忙殺されてしまうだろうが、「私は楽しみながら仕事をした」

スパイ映画にはスパイ活動に関わる決まり文句がたくさん出てくるが、なかでパレヴィッチが一つだけ正しいと思っているのは、入局して初めて教わった教訓「協力者《エージェント》に惚れこむな」だ。この言葉の裏側には、十分な警戒心を抱いていないと裏切られる可能性があるという意味が込められている。さらに、別の意味合いもある。ワルシャワ条約機構側の情報機関は裏切り者を処刑することなど何とも思わない。

そういった生か死かの世界では、エージェントとあまり親しくなりすぎると、彼、または彼女の正体が暴かれたときに悲惨な結果を招きかねない。パレヴィッチにとって何よりありがたかったのは、一度もエージェントを失ったことがない点だ。「もし失っていたら、私はどうしていたかわからない」と、彼は言っている。

パレヴィッチは、みずからの民族的背景もあってポーランドの歴史の知識が豊富で、ポーランド人に深い共感を抱いていた。敵対するポーランド人スパイの専門技術にも敬意を払っていた。「彼らは良い仕事をしている」と、パレヴィッチは言った。「KGBやブルガリア人のような、ならず者の集団ではない。むろん国内治安部門には悪党がいる。それでも、彼らのCIAとも言える対外諜報機関は実にたしなみが良い」

パレヴィッチは自分の配下のポーランド人エージェントを、実に愛すべき人物だと描写している。彼がリクルートしたポーランドの年配の情報員は、パレヴィッチと落ち合うために自分の意志で病院を退院してきたという。「滅私奉公とはあのことだ」と、パレヴィッチは言う。

もう一人パレヴィッチがリクルートした米国びいきは、特徴のない容姿で頭が禿《は》げあがり、スーパーマンのクラーク・ケント風のメガネに細いネクタイを締めた男イェジ・コリチンスキだ。コリチンスキは一九六〇年代初頭にポーランド情報機関に雇われたが、最初から彼の人事ファイルにはぱっとしない報告が並んでいた。評価は常に低く、何度か職を失いかけたこともあった。

一九七三年から七五年にかけてシカゴのポーランド領事館に配属されたとき、コリチンスキは上司たちを警戒させる離れ業をいくつかやってみせた。何日も行方をくらましたり、妻をイリノイ州政府に勤めさせたり、上司から見ればやりすぎと思えるほど親しく米国政府の官吏と付き合ったのだ。おまけに情報司令部の評価によれば、コリチンスキはスパイ活動をするのを実質的に拒否したという。

一九七五年、コリチンスキはポーランドに召還された。ワルシャワに戻ると、ちょうどザハルスキが送ってきた大量の情報が第一局にあふれ出ていた頃で、コリチンスキは兵器産業と西欧の軍事技術の分析を行うチームの責任者をまかされた。同じオフィスに、ザハルスキを監督するズジスワフ・ヤクブチャクがいた。(28)

ワルシャワでのコリチンスキの新しい上司は彼を解雇しようとした。「それまでに届いたイェジ・コリチンスキに対する申し立てには、彼は情報員としては失格で、異動させるべきだとされていた」と、その上司は書いている。報告は無視された。一九七九年にコリチンスキはストックホルムに配属された。彼の仕事ぶりはそれまでとほとんど変わりなく、またしても何日か行方をくらました。

ジョン・パレヴィッチがコリチンスキをリクルートしたのは、遅くともスウェーデン駐在時だったのだろう。一九八〇年一月に、コリチンスキはパレヴィッチにロスアンジェルスで活動するポーランドのスパイを密告している。それから三年後、彼は家族と一緒に米国に亡命した。それまでに、総計百名を超すポーランド人情報員とスパイの正体を暴いていた。

米国のために働くことにポーランド人が抵抗を感じないのにはいくつか理由がある。どうやら米国人とポーランド人には、たがいを引き寄せ合う、目に見えない糸があるらしい。二つの文化のあいだでは物事がうまく機能し、自然発生的な友情、相互理解の容易さが生まれる。「米国」はポーランド人にとって魔法の言葉であり、世界を意味する。それればかりではない。冷戦の最中、ポーランド人歴史学者のプシェムィスワフ・ガシュトルドは、CIAは鉄のカーテンの一方にいて、ワルシャワ条約機構の情報機関がその反対側にいるという「黒か白か」の論法は当時の複雑な現実に合致していないと述べている。その頃でさえ、米国人とポーランドの情報機関は接触を持ち、裏取引を重ねていたのだ。

たとえば一九八〇年代には、CIAがポーランドの国営兵器企業「ツェンジン」から数百万ドル相当のポーランド製兵器を購入し、ニカラグアの親米反政府民兵「コントラ」やアフガニスタンのイスラム教徒に送っている。つまり、ポーランドの政府当局が一九八五年五月にワルシャワを訪問したニカラグア左翼政権の大統領ダニエル・オルテガを歓迎し、またソ連のアフガニスタン占領を絶賛しているあいだに、米国に支援された両国の反体制勢力が共産主義者をポーランド製の武器で殺していたわけだ。CIAはまた、ポーランドの仲介でソ連の最新兵器を買い取り、自国の兵器開発の専門家にワルシャワの見せかけの同盟者であるソビエト連邦の兵器庫への対抗策を考案させていた。CIAはポーランド人パートナーのことを忘れなかった。[29] 一九八〇年代に自分たちとビジネスを行っていたポーランドの二つの兵器企業が一九九三年に米国製兵器の密輸で告発されたとき、CIAは司法省を説得して起訴を取り下げさせたことがある。

スパイ同士の友情は、ポーランドからの亡命者や協力者に限られる話ではない。情報機関同士のせめぎ合いは苛烈ではあったが、どこかほほえましいものである場合も少なくなかった。ときには助け合うことさえあった。一九七九年十一月、イランにおける米大使館人質事件の危機が最高潮に達したとき、ポーランドの防諜機関はCIA局員がワルシャワの公園の隠し場所から文書を回収するところを撮影した。局員は国外追放になったが、ポーランド政府はその事件のことを、イランが五十二名の人質の最後の一人を釈放してから一年後の一九八二年一月まで公表しなかった。[30] 米国がポーランドに対し、イランにさらに攻撃材料を与えないよう要請したからだ。ポーランドはその要請を受け入れた。

その頃、アテネ駐在のポーランド情報員ヴァルデマル・マルキエヴィチは問題を抱えていた。ヨルダンのパスポートを持った男から殺すぞと脅されたことを深刻に受けとめたほうがいいのかどうかわからなかったのだ。ワルシャワに問い合わせても緊急の要望に応じてくれる者はいなかった。困り果てたマルキエヴィチは、そのとうてい発音不可能な名前のせいで広く「スキ」と呼ばれているポーランド系米国人のCIA局員クサヴェルィ・ヴィロジェムスキと連絡をとった。[31] スキがヨルダン人の名前をラングレーの本部に問い合わせてみると、その人物はパレスチナ解放機構への大口の資金提供者であるのがわかった。

「銃で撃たれるなんてことは毎日起きるわけではない」と、マルキエヴィチは書いている。「スキは最善を尽くして、危険の大きさを私に理解させてくれた」。共産主義対資本主義の組織的戦いのさなか、スパイとスパイがしのぎを削る日々においても、「米国人は頼りになるという感覚を持っていた」と、マルキエヴィチは回想する。スキのほうもこう言っている。「ポーランド人は悪党には見えなかった」[32]

一九八〇年初頭、ジョン・パレヴィッチはロスアンジェルスにポーランドのスパイがいるというコリチンスキの情報をＦＢＩに伝えた。ＦＢＩは南カリフォルニアの航空産業の中核にポーランド人ビジネスマンが食いこんでいることを知らなかった。何カ月かの探索の結果、ＣＩＡは四月になってザハルスキに目を付け、監視を始めた。その二カ月後、ＦＢＩの捜査官がビル・ベルの尾行を開始した。

五月四日、ザハルスキは自分が尾行されていることをワルシャワに知らせた。(33) 監視に対する彼の対応は第一局を心配させるものだった。以前ポーランドで尾行のまき方を教えられていたのに、尾行している捜査官と対決したのだ。ロスアンジェルスのモールでＦＢＩ局員を手招きすると、おそまつな仕事ぶりだと言ってのけた。さらに別の捜査官にはこう言ったという。「ぼくは数時間のうちにこの国からいなくなることができる。きみたちの知らないうちにね」。一九八〇年十一月十日、カルヴァーシティのフォックスヒルズ・モールで、ザハルスキはＦＢＩ捜査官のドン・ライゴンのそばに近づいた。

「どうやらきみたちは、来週のうちの娘の誕生パーティに出るつもりのようだな」と、ザハルスキは言った。

「そうとも」と、ライゴンは言った。「プレゼントを持っていくよ」

「どんなプレゼントだね？」と、ザハルスキが尋ねる。

「わからんな」と、ライゴン。「あんまり金がないんでね」。結局、捜査官たちは地元のバーガーキングで開かれたマウゴーシャの誕生パーティにミニチュアの米国国旗を持っていった。返礼に、ザハルスキはＰｏｌａｍｃｏのシャープペンシルを捜査官たちに贈った。

「きみたちは大変な量のメモをしてるんだろうからね」と、ザハルスキは皮肉った。

彼はＦＢＩに、尾行するときに捜査官があまりにも接近しすぎると文句を言った。「急ブレーキをかけたら、追突してしまうぞ。後部座席には娘が座ってるかもしれないんだ」と、不満を述べる。「別の人間にしてくれ。こっちも尾行しやすいようにするから」。その捜査官は配置換えになった。

第一局はザハルスキのずうずうしい行いを歓迎しなかった。管理官たちは、監視の重圧でザハルスキの神経が参ってしまうのではないかと心配した。ベルがヨーロッパに来たとき、ポーランドの管理官はベルに、今後はザハルスキとの接触を避けてシカゴの現地担当官《レジデント》経由でワルシャワに直接情報を送ったらどうかと提案した。ベルはその提案を一蹴した。ザハルスキは友だちだからだ。一九八一年初頭、第一局はザハルスキの所属する企業を管轄する機械製造省に、彼をロスアンジェルスから異動させるよう命じることを検討した。そうするあいだにも、米国の文書がさらに数多くワルシャワに届けられた。

ベルは都合四度ヨーロッパに行っているが、そのうち三度は一群のＦＢＩ捜査官の鼻先で実行したものだ。ザハルスキも相変わらず、機密文書を詰めこんだスーツケースを持ってロスアンジェルスを離れている。ＦＢＩは二百五十日以上ザハルスキを監視下に置いていたが、そのあいだも彼は機密情報をポーランドの情報司令部に送り続けた。

機密ファイルの入ったスーツケースを二つ持ってシカゴに着くと、おびえた現地担当官はノースレイクショア・ドライブに建つ四階建てのブラウンストーン造りの領事館内に入って安全が確保されるまでファイルを受け取るのを拒否し、スーツケースに手を触れなかったという。ザハルスキは荷物を直接ポーランドまで運んで、ワルシャワでヤクブチャクを不意打ちすることさえあった。ヤクブチャクはザハルスキに、前もって連絡せずにポーランドに来てはならないと命じた。ザハルスキは激怒して、それならファイルを米国に持って帰ると脅した。

「ボスたちは大馬鹿だ」と、ザハルスキは回想録に書いている。「あの無能で無教養な酔っぱらいどもが大嫌いだ」。スパイ・ゲームにはまだ経験の浅いザハルスキだが、自分はプロたちよりこの仕事に通じていると思いこんでいた。[34]

第四章　告白

一九八一年六月二十三日火曜日の午前十時、三人のＦＢＩ捜査官がロスアンジェルス郡エル・セグンドのイーストインペリアル・ハイウェイ沿いに建つヒューズ・エアクラフト本社に到着した。会社の警備主任は彼らが来るのを前もって知らされていた。警備主任はビル・ベルを呼び出した。

捜査官たちはヒューズの社内でベルと二時間ほど話したあと、昼食に誘った。ベルは誘いに応じた。デリでサンドイッチを食べ終えると、捜査官はもう少し話がしたいのでセンチュリー・ブールヴァードにあるホリデイ・インの一室に来てほしいとベルに頼んだ。ベルはまたしても快諾した。その午後いっぱい、尋問が行われた。実に礼儀正しく、ビジネスライクな尋問だった。

特別捜査官のジェームズ・リードは、国連に常駐するポーランド人外交官が米国に亡命したことを報じたポーランドの新聞の記事を翻訳したものをベルに見せた。リードが言うには、この亡命者はすでに米国におけるポーランドの情報活動の詳細をＦＢＩに暴露したという。

「私の名前が出たのか？」と、ベルは尋ね、答えを待たずに先を続けた。「これは大変深刻な問題だ。

検事と話をしたい」。リードは、公選弁護人か私選弁護人を呼んだほうがいいと忠告した。するとベルはぐったりと椅子に身を沈めて、はっきりこう言った。「私がやったんだ。弁護士など必要ない」

「われわれには全部わかっているよ」と、特別捜査官ジェームズ・Ｒ・ペースが応じた。[35]

実はＦＢＩはそれほど多くを知っていたわけではない。ポーランドの新聞に載った国連の外交官がベルに関する情報源でないことはわかっていただろう。だが、真の情報源がジョン・パレヴィッチの協力者のコリチンスキであるのを知らなかったのは間違いない。ＣＩＡが秘密にしていたからだ。大戦中にＣＩＡの前身である戦略情報局が設立されて以来、ＣＩＡとＦＢＩはずっと角突き合わせる仲だった。二つの組織は激しく競い合い、連係が不十分だった。ＦＢＩはＣＩＡが世界中で行っている作戦で犯した判断ミスを見て愕然《がくぜん》とし、一方、ＣＩＡ局員はＦＢＩの捜査官を「警官」と呼んでいた。

ザハルスキのケースでもそれが当てはまった。二百五十日監視を続けても、ＦＢＩ捜査官はスパイ活動が行われている確かな証拠を見つけられなかったし、パレヴィッチからの情報を渡したあと、ＣＩＡはそれ以上何も提供しなかった。ＦＢＩがザハルスキやベルの追跡ゲームをしているあいだに、二人は鉄のカーテンの向こうを活気づけるために機密書類の束を持って機上の人となり、シカゴやジュネーヴやウィーンを経由し、あるいは直接ワルシャワへと行き来していた。馬が飛び出したあとに厩舎《きゅうしゃ》の扉を閉めるという表現は、まさにこういう場合に使われる。それに、ＦＢＩはベルを連行できるほどの証拠は持っていなかった。

ベルを尋問するとＦＢＩが決断したのは証拠に基づくものではなく、どうやらザハルスキが昇進してまもなくロスアンジェルスを離れるという噂に煽《あお》られたものらしい。ザハルスキは大規模な情報収集作戦を展開する一方で、Ｐｏｌａｍｃｏにおいては年間三千万ドルの販売実績を上げていた。彼はこの会社の社長に昇格し、ふたたび家族は寒々しいシカゴへ引っ越すことになっていた。

ベルの口を割らせようという作戦を立てたＦＢＩの尋問官はついていた。あとで尋問の関係者が気づいたように、この作戦が功を奏したのは、ひとえにベルが「弱い」人間だったからだ。[36] 最初の尋問を受けた午後に、ベルは六ページにもわたる自白を行っている。

午後五時に尋問を終えると、捜査官と一緒に会社に戻ったベルは、ポーランド人に要求された文書のリストが載っている赤いノートを彼らに手渡した。そのあと一行はベルのアパートメントに行き、さらにファイルやカメラ、フィルムを押収した。夜になってホリデイ・インに戻ると、ベルは供述書に署名をした。捜査官はベルに、協力すれば引き換えに刑の軽減を勧告すると言った。ベルはバンク・オブ・アメリカの支店の貸金庫にしまってあった二十二枚の金貨を彼らに渡した。

連邦検察官が乗り出してきた。証拠を検討してみても、元陸軍大尉でベトナム戦争の退役軍人である連邦検察官ロバート・ブルーワーはあまり感心しなかった。ベルは精神に異常があるか、あるいは単に話をでっちあげている可能性がある。公判に勝つためには、ベルの身体に盗聴器を仕掛けて、ザハルスキの関与を記録に残す必要がある、とブルワーは判断した。[37]

初めて接触した日から三日後、ＦＢＩはベルをブレントウッド・モーターインの一室に連れて行った。そこで局の技術者がベルの背中に重さ一ポンドのテープレコーダーをマジックテープで貼り付け、ワイヤーを手足に這わせた。当時はそれが最新式の器具だったが、どう見ても一九一〇年代に漫画家ルーブ・ゴールドバーグが考案した無駄に複雑な装置にしか見えなかった。ベルは装置がばらばらになってしまうのを心配した。「ちゃんと働いてくれるのを願うよ」。機械をいじりながら、ベルは誰にともなくそう言った。

ベルはその夜、クロスクリーク・アパートメンツの自宅で背中に装置を貼り付けたまま眠ろうと努めた。翌日、ザハルスキの家を三度訪ねた。夜の九時二十分になって、ようやくザハルスキが玄関に出てきた。彼はベルを二階の階段の踊り場に連れて行った。「血に飢えた連中がぼくを取り囲んでいる」と、ザハルスキは言った。ベルはなんとか有罪にできる方向に会話を導こうとした。「例の機密をきみに渡さなかったかな……何だったっけ？　F-15戦闘機の機密データだったかな？」と、ベルは尋ねた。「そんなのもあったかな。そうだった」と、ザハルスキは答えた。

翌日の日曜日、ベルはテープレコーダーをＦＢＩに返却し、正式に逮捕された。その午後、十数人のＦＢＩ捜査官がテレビや新聞の報道記者の大集団を引き連れて、ザハルスキの家にやって来た。ザハルスキはバーシャや娘たちと自宅にいた。捜査官はアパートメントへなだれこみ、何にも触れてはならないと命じてから、ザハルスキに手錠をかけて連行した。メディアのカメラにすべてをさらす、クロスクリーク・アパートメンツでは初めての光景だった。ザハルスキは保釈請求を却下され、ターミナル島にある連邦矯正施設に収容された。

数日後、マリアン・ザハルスキとビル・ベルはロスアンジェルスのダウンタウンにあるファーストストリート裁判所で開かれる罪状認否に出頭した。ほんの数分だが、同じ監房に入れられた。ベルは房の隅に子どものようにしゃがみこみ、目にいっぱい涙を溜めてザハルスキを見つめた。ザハルスキはそばに行き、「ビル、やつらは何も知っちゃいないんだ」と言った。「ビル、ビル、握手しよう。ぼくたちは友だちじゃないか」。ベルは監房からバーバンク・デイリーレヴュー紙の担当者に電話して、裁判費用に充てたいので、急いで自分の小説の出版社を探して欲しいと催促した。引き受け手は現れなかった。

アメリカ合衆国対マリアン・ザハルスキの裁判は一九八一年十月十三日に始まった。東欧の情報員が米国本土で訴追されるめずらしいケースだった。他のケースでは、結局国外追放で終わることが多い。だが米国は、前任者ジミー・カーターよりも共産主義に対する強硬姿勢を示したがっているロナルド・レーガンという大統領をいただいたばかりだった。ザハルスキは格好のターゲットになった。ビジネスマンだから外交特権はない。「非合法」の烙印《らくいん》を押せるのだ。長年ハリウッドで弁護士として活動し、カーター大統領によって連邦判事に指名されたデヴィッド・ケニヨン判事が裁判長を務めることになった。

ロバート・ブルーワーは理想的な検察官だった。ベトナムでは極秘任務に関わっていたので、司法省の高官からこの事件の詳細は公開されないと聞いてもさほど困惑しなかった。特に事の発端となったイエジ・コリチンスキの亡命に関しては極秘扱いだという。司法省は防諜部門の責任者ジョン・ディオンを派遣してきた。ブルーワーは当初、ディオンのよそよそしい態度に不安を抱いた。たぶんディオンは、「この事件に関して（a）私に話せないことを、それに（b）なぜ私に話せないかを話せないことを大量に知っているのだろう」とブルーワーは思った。だが時がたつにつれ、ディオンは実にすばらしい情報提供者であるのがわかってきた。FBIに提供された貧弱きわまりない証拠をもとに有効な訴追を行おうとしているブルーワーにとっては貴重な存在だった。

ベルの録音したテープを聞いて、ブルーワーは立件の根拠には弱すぎる証拠であるのに気づいた。「おいおい、欲しいのはこんなものじゃないぞ」と思ったという。『60ミニッツ』など全国ネットのニュースショーがこの話を断片的に取り上げて大騒ぎしていたので、ブルーワーも、世間の注目度の高い事件を迷走させて崩壊させてしまう、検事によくある悪夢を思い描き始めていた。FBIの捜査官が心配の種になった。「お粗末な連中だった」と、ブルーワーは回想する。「証拠のルールも、裁判にかかるプレッシャーも何もわかっていなかった。合理的な疑いを差し挟む余地のない立証についても。それに、証言者としてもひどかった」(38)。それでもブルーワーには歴史という力強い味方がついていた。

ザハルスキ裁判は、ソ連の脅威に対する米国の募りゆく恐怖を背景にした舞台で演じられた。つい先頃も、二件のスパイ事件が表沙汰になっていた。大陸間弾道ミサイルの開発に携わっていた空軍中尉がソ連のためにスパイ活動をしたとして有罪を認め、またパリのアメリカ大使館の准士官が同様の自白を行っている。裁判が始まる数日前、中東におけるソ連の影響力に対する防壁になっていたエジプトの政治指導者アンワル・サダトが暗殺された。さらに、ザハルスキの祖国でも国内情勢が激変した。どれほど不注意な読者でも、共産主義ポーランドに関するニュースを見逃すことはなかったはずだ。一九八〇年八月以来、ポーランドはその後まもなく独立自主管理労働組合「連帯」の設立につながるストライキで揺れていた。「連帯」は、「人間の顔をした社会主義」を標榜してソ連の侵攻を招くことになったチェコスロヴァキアの指導者アレクサンデル・ドプチェクの改革運動、一九六八年の「プラハの春」以来、最も重大なソ連の東欧支配に対する異議申し立てだった。ザハルスキの裁判開始三カ月前の一九八一年七月、ポーランドの統一労働者党(共産党)の指導者エドヴァルト・ギエレクは経済危機とその結果の大規模抗議運動の責任を負わされ、党を除名された。

裁判初日の十月十三日、地元の日刊新聞ロスアンジェルス・タイムズは一面のトップ記事で、共産政権の幹部は第二次世界大戦で祖国を占領したナチより悪辣《あくらつ》だと非難するポーランドの農民の言葉を掲載した。その五日後、軍人で国防大臣を務めたヴォイチェフ・ヤルゼルスキが統一労働者党の第一書記に任命された。ヤルゼルスキの直立不動の姿勢、禿げ頭、サングラスは、共産主義者の不寛容さを戯画化したシンボルとして世界中に流布した。(39) ポーランドの国外で、「連帯」の海外組織が集会を開き、国際世論をリードした。ロスアンジェルスではザハルスキ裁判の陪審員候補者に、ポーランドのジョークをしゃべったことがあるか、フレデリック・ショパンを聴いたことがあるか、ヨハネ・パウロ二世の出身地を知っているかという質問が投げかけられた。(40)

ザハルスキの弁護人エドワード・スタームは冒頭陳述で、この事件は「ポケットにマイクロフィルムを入れて、メキシコシティのソビエト大使館に入ろうとして捕まるような」並のスパイ事件とは性格を異にしていると述べた。だいたい、証拠はないに等しい。テープに録音されたザハルスキのつぶやき声を除けば、確かにそう言えた。それでもスタームは現在進行形の出来事の重みがすでに結論を導き出しているのを感じてもいた。とりわけ、世界の悪党としてポーランドの露出が増えていることだ。「まるで」と、のちに彼は言っている。「迫ってくる蒸気ローラーに異論を唱えているようなものだった」(41)

ブルーワーは四十八人もの証人を召喚し、FBIに提供された説得力に欠ける証拠をもとに最善を尽くして立証を行った。ビル・ベルも何日か証言台に上り、自分の罪を認めて、ザハルスキを名指しした。ブルーワーはむろん、法廷でいくつかトリックプレーをやってみせられないほどヤワな人間ではなかった。彼は国防情報局の前局長リチャード・ラーキン陸軍少将を、すでに引退した身であるのに正式な軍服姿で証言させた。十一月十六日、陪審団はザハルスキがベルと結託して国防文書を入手し送付した罪で有罪と認めた。

十二月十五日の判決言い渡しの場で、ケニヨン判事は被告席のマリアン・ザハルスキに語りかけた。被告側にとって、その日はこれ以上ないほどの最悪のタイミングだった。二日前ポーランドでは、ヤルゼルスキ将軍が「祖国は崖っぷちに立たされた」と宣言して戒厳令を敷き、数千もの「連帯」活動家の逮捕を命じたのである。

米国市民になるための宣誓証言の順番を待つ男女がじっと見守るなか、判事はザハルスキに、米国は「スパイを許さない」と語った。(42) ザハルスキは、この裁判がこれから米国人になろうとする人々に「スパイになるな！」と警告し、ポーランドへのメッセージにも利用されたと感じた。判事は終身刑を宣告した。いずれスパイ交換が行われることも考えられたので、ザハルスキは控訴しなかった。バーシャと二人の娘はポーランドへ帰国した。一週間後、レーガン大統領は執務室からのクリスマスの挨拶を戒厳令下にあるポーランドに捧げた。大統領は国民に、ポーランド国民を支持する証しとして窓にキャンドルを置くよう呼びかけた。

メンフィスの連邦矯正施設で、いまや囚人七三八二〇－〇一二号となったザハルスキは、米国に寝返るよう説得に努めるＦＢＩ特別捜査官ジェームズ・リードの定期的な訪問を受けていた。リードはレーガン大統領の署名入りの書類を見せた。「空欄は、話す代償に支払われる数百万ドルの報酬の金額だけだった」と、ザハルスキは言っている。「ぼくはサインしなかった」

収監されて三年目の中間にあたる一九八四年十月末、リードはザハルスキに、きみは二度と外へは出られないと宣言した。「われわれは聖職者を殺す人間とは交渉しない」と、まさにその「交渉」をしに来ているはずなのに、リードはそう言った。聖職者とはその月にポーランドの秘密警察に暗殺されたローマ・カトリック教会の司祭イェジ・ポピエウシュコのことである。「なんできみはそれほどの愛国者になったんだ?」と、リードが質問した。「ぼくは裏切り者の遺伝子を持っていない」と、ザハルスキは応じた。

ザハルスキの事件は米国の国家安全保障体制全体に波紋を起こした。寝返りを拒否したことはザハルスキの輝きを増しただけだった。演説のなかで、FBI長官ウィリアム・ウェブスターはザハルスキの業績を「スパイ活動の模範例」と位置づけた。国防総省はザハルスキを「有能なセールスマンであり、卓越した説得者であり、自分の仕事に深い知識を持っている」人物と称した。米国議会の報告書では、「きわめて注意深く、専門家らしい緻密さ」を持つと賞賛している。上院の情報特別委員会はビル・ベルのだまされやすさに主眼を置いたせいで「ザハルスキの技術を見逃してしまった」と述べた。(43) 匿名の「FBIのスパイハンター」はザハルスキを「本物のプロ」と呼んだ。

連邦議会上院の捜査官たちはザハルスキより専門的知識に欠けていた。彼らはザハルスキが最初からポーランド情報機関の人物であったと誤った結論を出していた。ザハルスキはビジネスマンなる「適切なカムフラージュを施して」米国にやって来たというのである。(44) 誰も彼がたまたま工作員になったことを知らなかった。米国の情報活動コミュニティの評価では、マリアン・ザハルスキは「スーパースパイ」だった。

ザハルスキの訴追がロスアンジェルスでヤマ場を迎えた頃、遠く離れたワルシャワで別のスパイが生死の賭かった危機に直面していた。前述したポーランド陸軍大佐で、CIAの資産《アセット》であるリシャルド・ククリンスキが正体暴露の危険にさらされ、ポーランドを離れる必要があった。一九八一年十一月初旬、ケニヨン判事がザハルスキに対する判決の準備をしている頃、ククリンスキの米国人管理官《ハンドラー》が彼の妻や二人の息子もろとも一家を車に押しこみ、敷物やクリスマスプレゼントで覆い隠すと、共産国家ポーランドと東ドイツを横断して、無事に西側に運び出した。一九八四年、ポーランドの軍事法廷はククリンスキに対し、被告不在のまま死刑宣告を下した。罪名は、裏切りと脱走だった。

CIA内部では、この二人の業績によってポーランド人スパイは優秀であるというイメージが強められた。どちらも勇敢で、独創的で、大胆で、プロフェッショナルだった。もっともザハルスキはワルシャワ条約機構のために働き、一方のククリンスキのほうは、偉大なポーランド系米国人戦略家であり国家安全保障担当大統領補佐官を務めたズビグニュー・ブレジンスキーが評したように「NATO側についた最初のポーランド人将校」という違いはあったが。かたや冒険を愛するあまりポーランドのためにスパイ活動を行い、かたやポーランドを愛するあまりポーランドをスパイした。それでも多くのCIA局員や多くのポーランド人の頭のなかでは、二人が交錯して生き続けることになる。

CIAでは、ジョン・パレヴィッチがザハルスキの資料を詳細に検討し、大いに感銘を受けていた。ザハルスキは外交特権も持たずに、ポーランド大使館から何千キロも離れた場所で、単独で「非合法」行為を行った。スパイ活動に対する直感的な理解力を持っているのは間違いなく、パレヴィッチはこのポーランド人に若い頃の自分を重ねて見るようになった。「彼は何年も一人でやってきた。誰も導きの手を与えてくれなかった。すべて、自力でなしとげたのだ」と、パレヴィッチは述べている。この二人は別の面でも共通の要素があった。パレヴィッチは常に自分の協力者《エージェント》を友として助けた。ザハルスキもビル・ベルに対して同じ態度をとった。「もしわれわれに情報源がなかったら、彼はあらゆるものを持ち去っていただろう」と、パレヴィッチは語る。「実にすぐれたスパイ技術の持ち主だ。圧倒される」(45)。パレヴィッチはもし機会があれば、いつかマリアン・ザハルスキのような人々と、敵ではなく協力者として仕事をしようと胸に誓った。

第五章　スパイの橋《ブリッジ・オブ・スパイ》

ワルシャワの情報司令部内でのザハルスキの評判は、米国ほど輝かしいものではなかった。ＦＢＩの監視が始まると、管理官であるヤクブチャクが「控えめに」しているように諫《いさ》めたにもかかわらず、ザハルスキはＦＢＩを挑発した。上層部がすぐに米国を離れるよう命じたのに、それを無視した。(46) いまや、ザハルスキは終身刑に服している。

同志のあいだでは、彼のスパイ活動の成果に対する評価が分かれていた。一部の者は、資料は捏造であり、米国の軍事技術を実際より立派なものに見せるために計画され、ソ連が「偽　情　報《ディジンフォルマツィア》」と呼ぶ作戦を米国人が行ったものと確信していた。奇想天外とまでは言わないが、とびきり人目を惹く解釈は、当時のポーランド内務省公安部第一局米国部門の副部長だったズビグニェフ・トヴェルトが唱えたものだった。「全部本物であったのは間違いない」と、トヴェルトはザハルスキの収穫物をそう評した。ただし、ＦＢＩはザハルスキの経験不足につけこんで「戦略的挑発」を実行し、意図的に本物の米国の軍事技術を渡してソ連の専門家を驚かせ、経済を疲弊させる軍拡競争にソ連を引きこもうという高等な戦術を用いたというのだ。「自分たちの成し遂げたことを見せればロシア人が恐慌をきたすのがわかっていた」と、トヴェルトは言う。「目的は、モスクワに他のものを犠牲にして国防費用を使わせることにあった。そうやって、ソ連国内の安定性を崩そうとした。その狙いはうまくいった」。トヴェルトに言わせれば、ＦＢＩがドタバタ喜劇の警官のような動きをしたのも、この一件が仕組まれたものである明白な証拠であるという。米国人は目的があって納屋の扉を開け放しておいたのだ。「実際にあんな馬鹿げた失敗が何度も起きるなど、とても信じられない」[47]と、ＦＢＩのこの件の扱い方を指して、トヴェルトはそう言った。この仮説こそ、東欧諸国が米国の情報工作をどう見ていたかを示している。米国の機関は全能であり、無謬《むびゅう》なのだ。

ザハルスキの獄中生活は過酷だった。服役が始まって数カ月後の一九八二年三月に『60ミニッツ』が彼に関するエピソードを放送すると、昼食のときに囚人が近づいてきて、こう言った。「ここ数日でおれが出所できなければ、おまえは死ぬことになる」。ザハルスキはできるだけ非暴力的な犯罪で収監された人々——ホワイトカラー犯罪者、ドラッグ密売人、ペテン師、小切手詐欺師のたぐいと一緒にいるようにした。「だが、楽ではなかった」と、彼は言っている。シカゴの領事館から面会に来た者は、どんなに侮辱されても無視しろと忠告した。長く国務省に勤務したジョン・コーンブルムは、このひどい待遇が意図的なものだったのを覚えている。「ＦＢＩは最悪の監獄に彼を放りこんだ。殺人犯やレイピストがうじゃうじゃいて、エアコンもなかった」と、彼は言う。「ＦＢＩは彼を憎んでいた」[48]

時間があるときは体力作りに励んでいたが、それでもいつしか三十キロ以上、体重が減ってしまった。スペイン語を学び、飛行機操縦の本を読んだ。一九八三年六月十二日、父親のヴァツワフが死去した。

当然のことだが、それがザハルスキの刑期に影響を与えることはなかった。ＦＢＩの捜査官はなおも変節を迫り、スパイ交換の可能性などおくびにも出さなかった。ザハルスキが連邦刑務所にいるあいだに、彼を元気づけ、ＦＢＩへの誤った対応をとがめる気がないのを示すために、ポーランド情報司令部は正式に彼を第一局の局員に任命した。

ザハルスキに希望を抱かせたのは、米国が国外で行って失敗した工作活動だった。一九八〇年代初頭、フランクフルト郊外に駐在していた米陸軍情報部のチームは、まるでモンティ・パイソンのコメディのように、家族を訪問するために東と西を行き来する西ドイツの情報源にカメラと五百ドルを渡すアイディアを思いついた。与えた任務はワルシャワ条約機構軍の施設や軍の移動を撮影することだった。ところが東ドイツに入ってカメラを取り出す暇もなく、恐るべき情報機関シュタージが彼らを次々と逮捕した。数週間のうちに、二十人以上の西ドイツ市民がスパイ容疑で東ドイツの監獄に放りこまれた。

当時、米国務省の高官だったロザンヌ・リッジウェイは、これほど多くの人々を危険にさらしたことに激怒した。一九八三年、東ドイツ駐在大使への就任を承認されたリッジウェイは西ドイツ市民を釈放させるために東ドイツの弁護士ヴォルフガング・フォーゲルを通じて交渉を始めた。交渉が一年ほど続くと、ソ連は——ポーランドの圧力を受けて——マリアン・ザハルスキの自由を釈放の条件として提示した。だが、司法省とＦＢＩはザハルスキの釈放に乗り気ではなかった。(49)

決断はホワイトハウスに一任された。当時、西ドイツ首相の座を降りたばかりのヘルムート・シュミットはスパイ交換を進めるように米国務長官ジョージ・シュルツに働きかけた。米国防長官のキャスパー・ワインバーガーは司法省と足並みをそろえてそれに反対した。米国は二人の著名な反体制活動家

――アンドレイ・サハロフとナタン・シャランスキーを交換リストに入れるようソ連に要求した。モスクワはこれを拒否した（のちに、二人とも解放されることになるが）。結局はレーガン大統領の判断で、ザハルスキを自由の身にし、西ドイツ市民をカメラ抜きで取り戻すことになった。[50] レーガンは一九八五年六月七日、ザハルスキに恩赦を与え、すでに刑期を務め上げた年月にまで減刑した。

メンフィスの連邦刑務所にいたザハルスキは、東ドイツの弁護士ヴォルフガング・フォーゲルが面会に来るまで、何が起きているのかをまったく知らされずにいた。六月十日、ザハルスキの独房に連邦保安官がやって来て、すぐに荷物をまとめるよう指示した。パスポートを忘れるなと言われ、そこでザハルスキは故国に帰れると確信した。古着が山と積まれた部屋に案内され、どれか選べと言われた。ザハルスキはジーンズを選んだ。一時間後、彼はジーンズを返してスーツにするよう指示されたが、ズボンは短すぎるものしかなかったし、靴も三サイズ大きいものしか見つからなかった。まるで道化師のような姿だった。

メンフィスからニューヨークへ飛行機で送られた。マンハッタンのダウンタウンにあるメトロポリタン矯正センターでひと晩過ごしてから、翌日の午後、ニュージャージー州トレントン郊外のマクガイア空軍基地へ連れて行かれた。手と足は鎖でつながれ、待機していたC-5ギャラクシーに搭乗した。八時間後、現地時刻で午前二時半に、トイレ休憩一回、ひからびたサンドイッチとぬるいオレンジエード一杯を与えられたのち、ザハルスキは西ドイツのラムシュタイン空軍基地に降り立った。その後二時間ほど、滑走路脇のラケットボール・コートに置かれたベンチプレス台に座って待たされた。

いかにも司法省か国務省の職員らしい人間が数十人も米国から同行したなかで、ひときわ目立つ人物がいた。長身でがっちりした身体つきで、寡黙だった。「飛行機のなかでこちらをずっと見ていて、ぼくの目を覗きこんでいた。真夜中にドイツに着くと、その人物はぼくが腹をすかし、喉が渇いているのに気づいた。コーヒーを手配してくれたのがその人だったのは間違いない」と、ザハルスキは思い起こす。なんとも奇妙な人物だった、とザハルスキは言う。「顔を合わせるたびに、何も言わず視線を合わせてきた」。ザハルスキは情報司令部への報告書のなかに、この人物の姿形を描写している。

無口な旅行者は、このスパイ交換に関わったCIAの代表者、ジョン・パレヴィッチだった。パレヴィッチは、ザハルスキが祖国を裏切る意思を示さないかぎり、会話するのを禁じられていた。これは正式なスパイ交換だったのでパレヴィッチは本名で参加していたが、そのことをポーランド人スパイに簡単に知られたくないと思っていた。

ラムシュタイン基地でザハルスキ、パレヴィッチはじめ全員がC-130ハーキュリーズ輸送機に乗り換えて、ベルリンまでの短い飛行をした。一行は空港からバンに乗り、ハーフェル川にかかる通称「スパイの橋」、グリーニッケ橋へ向かった。この橋が初めてスパイ交換に使われたのは、一九六二年のU-2スパイ機のパイロット、ゲリー・パワーズとソ連の協力者ルドルフ・アベルの交換のときだった。

橋は、ソ連が永続的な駐留地にしている東ドイツへ通じる唯一の渡河地点である。ソ連はそこに施設を置き、国旗を常時ひるがえしていた。米国は東ドイツ当局と接触するのを嫌がっていた。というより、米国政府は一九七四年まで東ドイツの存在を認めておらず、先に認めた西ドイツに追随して承認にいたった経緯がある。グリーニッケ橋が選ばれたのは、ソ連と直接接触できる場所であり、東ドイツは存在しないふりができたからだった。

スパイ交換を取材しようと、早朝からジャーナリストの一団が橋に群がっていた。気温は十度台後半で、微風が吹いていた。ザハルスキが姿を見せると、一斉にシャッター音が鳴った。司法省と国務省の人々はこれを宣伝に利用していたが、ジョン・パレヴィッチは細心の注意を払って写真に写らないようにした。その試みは成功した。パレヴィッチは一部始終をビデオで撮影して、CIAの上層部に送った。レーガン大統領が見たがっていたからだ。

スパイ交換は六月十一日の正午に行われた。四人の東欧諸国人――ザハルスキ、ブルガリアの秘密諜報部員、東ドイツのスパイ、年配の連絡員《クーリエ》が二十五人の市民と交換された。[51] 市民は、不首尾に終わった無謀な撮影活動の詳細をうやむやにするために、米国政府の職員から「米国に友好的な」人々と説明があっただけだった。四人のポーランド人が西側に渡ってきた。そのなかにはザハルスキのかつての同僚で、米国のために行ったスパイ活動で二十五年の刑を宣告されたレシェク・フルストも含まれていた。

鉄のカーテンをくぐると、ザハルスキは英雄として熱烈に歓迎された。翌晩、東ベルリンのポーランド大使館で開かれた歓迎会には、西側で「顔のない男」として知られる冷戦の名高きスパイマスター、東ドイツの対外諜報活動を取り仕切るマルクス・ヴォルフも出席した。ワルシャワでも歓迎行事が続き、共産政府のボス、ヤルゼルスキの片腕であるチェスワフ・キシチャク内務大臣がザハルスキの帰国を祝う挨拶をした。ザハルスキはヤルゼルスキに宛てた手紙に、スパイの橋を渡った日は「人生で最も幸福な一日だった」と書いた。さらに、「祖国、人民のポーランド」の安全保障のために戦うことを誓った。一番の望みは、「この栄光ある目標の礎石に、私の小さなレンガを加えることだ」とも書いている。[52]

ザハルスキが戻った祖国は、社会的にも経済的にも政治的にも混乱をきわめていた。ヤルゼルスキ政権は一九八三年に戒厳令を解除したが、一九八五年六月の時点でまだ数百の政治犯が収監されていた。経済面では、社会主義イデオロギーそっちのけでなんとか生活水準を上げようとして、共産政権は穏やかな市場志向の改革を導入した。たくさんの私企業が立ち上がったが、起業家のエネルギーも鈍重な国営企業の崩壊を埋め合わせることはできなかった。ふくれあがった対外債務の利子の支払いが、限られた外貨準備高を超えてしまった。配給と、肉や野菜、トイレットペーパーなどあらゆるものを買うためにできる長い列が暮らしに欠かせないものになった。それでもザハルスキは、平凡な英雄たちが獄中にいる国で、公式に認められた英雄であることに誇りを抱いていた。

ザハルスキは前々からポーランド国営航空LOTの社長に任命されることを望んでいた。その望みはかなわなかったが、代わりにペヴェックス（Ｐｅｗｅｘ）百貨店の下級経営幹部の職を与えられた。ペヴェックスはステレオやビデオカメラ、タバコ、ワインなど資本主義社会から輸入される商品を独占的に扱う小売チェーンだった。ザハルスキはヤンキーとのビジネスで得た洞察力でペヴェックスのぱっとしない支店を活気づけようとした。「ここは米国じゃないんだぞ」と、会議で取締役の一人が非難した。「それは残念だ」と、ザハルスキは言い返した。「米国に追いつかなければならないのだから」

一九八六年の夏、キシチャク内務大臣は米国にいるスパイに電報を打ち、ワルシャワに対する米国の圧力を軽減するために、ポーランド政府は何をしたらよいだろうかと尋ねた。米国による経済制裁は、いまだに一九八一年の戒厳令施行中と同様、ポーランドに大きな打撃を与えていた。当時、クシシュトフ・スモレンスキはシカゴの現地担当官《レジデント》だった。「答えは単純だった」と、彼は当時を振り返る。「政治犯を釈放して、〝連帯〟と話し合いを始めることだ」

九月、キシチャクは残っていた政治犯全員を釈放し、言論統制をいくらか緩和した。ヤルゼルスキ政権は反体制勢力を正式に合法化したわけではなかったが、「連帯」が再結成されたとき、キシチャクの秘密警察はそれを弾圧しなかった。CIAでは、分析官たちがこの動きを「ポーランドの米国への働きかけ」と判定した。この働きかけはそれなりに効果を発揮した。

政治犯が釈放されると、レーガン大統領は米国の経済制裁を解除し、ポーランドは世界銀行と国際通貨基金（IMF）に再加入した。「連帯」の指導者で、グダニスク出身のセイウチ髭の造船労働者レフ・ワレサ（ヴァウェンサ）は、一九八六年がポーランドの自由の追求のターニングポイントだったと語っている。「政府はまだ歯を剝《む》き出していたが[53]」と、ワレサは回想する。「その歯の多くはぼろぼろになりかけているのがわかった」

経済制裁を解除したレーガン政権は、いくつかの政治的目標を達成するために、ポーランドが米国に協力するよう圧力をかけた。一つは国際テロリズムの問題だった。他の東欧諸国同様、ポーランド人民共和国もアラブの軍事組織とは馴《な》れ合いの関係にあった。ポーランド軍情報局は特に、主流派のパレスチナ解放機構（PLO）と張り合う過激派のアブ・ニダル組織（ANO）と深い関係があった[54]。

一九七〇年代以降、ANOが関与したヨーロッパでのテロ攻撃に、しばしばポーランドの武器が顔を出している。一九七六年にヨーロッパ各地で起きたシリア外交使節団襲撃に使われたサブマシンガン。一九八一年五月のオーストリアのユダヤ人名士暗殺に使われた拳銃。一九八二年八月にパリのユダヤ・レストランが襲われて六人の死者を出した事件におけるサブマシンガン。さらにANOはローマやウィーン、カラチで米国人が殺されたテロ攻撃を主導していた。

ＣＩＡは、アブ・ニダル本人が一九八〇年代に心臓手術を受けたあと、野営地を離れてポーランドで静養していたことを突きとめた。ＡＮＯのスパイたちはポーランドの大学で学んでいた。ＡＮＯの財務部門の責任者であるサミル・ナジュメディンはワルシャワで事業を立ち上げた。ＳＡＳ投資・貿易会社という名の企業は中東の各地域にポーランド製の兵器を販売して多額の利益を得ていた。アブ・ニダル自身、ポーランドの銀行口座に一千万ドルを超す預金があったとされる。

当初ポーランド人はテロリストを支援し、テロをけしかけているという米国の非難を否定した。やがて彼らは寝返った。一九八七年九月に当時の副大統領ジョージ・Ｈ・Ｗ・ブッシュがワルシャワを訪問した際、ヤルゼルスキは過激派組織との関係を認め、それを断ち切ることに同意した。[55] もっとも進展ははかばかしくなかった。サミル・ナジュメディンが一九八九年十一月末までポーランドにいたことは広く知られている。

ワシントンとの関係改善へのよちよち歩きは、何はともあれ、ポーランドの大君主であるソ連の変化がなければなし得なかったものである。見えないところで変化が起きていた。一九八五年三月十日、コンスタンティン・チェルネンコはこの四年のあいだに在任のまま死亡した三番目のソ連共産党指導者になった。チェルネンコの死によって共産党の若い幹部に道が開かれ、ミハイル・ゴルバチョフが最高指導者死去の翌日に権力を握った。ゴルバチョフはソビエトの体制を救うには改革が不可欠と信じていた。一九八六年四月のチェルノブイリ（チョルノービリ）原発事故に背を押されるように、ゴルバチョフは言論統制を緩和するグラスノスチ（情報公開）と、経済に関する意思決定を分散化するペレストロイカ（改

1989年段階のNATOとワルシャワ条約機構

（朝日新聞2022年4月24日朝刊25面より。一部改変）

革）という政策を推し進めた。また、レーガン大統領との一連の首脳会談を行い、アフガニスタンからのソ連軍撤退の命令を出した。モスクワで生じた自由の風が東欧諸国全体に吹き渡った。

CIAのウィリアム・ケイシー長官は、ソ連がポーランドなどの変化を止めるのに失敗したら東欧諸国がどうなるかを考察するよう分析官に命じた。「一度堰《せき》が切れればそれが連続して、ソ連はポーランドの解放を阻止するコストを支払う気がなくなるだろう」(56)と、ケイシーは一九八七年五月四日の全米海外評価センターへの覚書に記した。

もっともケイシーは、共産主義政府が弾圧を再開する可能性は残っているし、「その可能性はかなり高い」とも述べている。戒厳令の施行中は、革服を着てバイクにまたがるZOMOと呼ばれるポーランド内務省の突撃隊が残虐行為で悪名を馳《は》せた。また、公安部の手で多数の市民が殺されていた。だが、ソ連もそうしたことに直接関与してきた。ケイシーは分析官たちに、ソ連が傍観する可能性がどれぐらいあるかを考量せよと命じた。「日がたつにつれて」と、彼は書いている。「介入のコストがどんどん高くなっている」。もしソ連とポーランドがこの変化が進むのを許したら、世界はどんな様相になるだろうかとケイシーは思った。

第一局内でも、ポーランド対外諜報員が同じ疑問を抱いていた。彼らもまた変化がやって来るのを感じていたが、対応の仕方は二つに分かれた。一部の者は西側に寝返った。「裏切りや祖国への帰還の拒絶が多く見られた」(57)と、情報司令部の報告書に書かれている。かたや、ワルシャワ条約機構の教理に懸命にしがみつく者もいた。自国が安全を見いだせるのはソ連の兵器で守られているときだけ、というわけだ。だが、特に西側に駐在した者のなかには、最初は静観していたが徐々に自信を増して、ポーランド情報機関の職務はもはや社会主義の防衛ではなく、ポーランドという国家の安全を保障することだと考える者が増えていった。そのために、彼らは冒瀆《ぼうとく》の道を歩んだ。その初めの罪はソビエト連邦への継続的な忠誠がポーランドにもたらす国益を疑うことだった。

農業を営む一族の出身である第一局のシカゴ駐在員クシシュトフ・スモレンスキは、二つの大学を退学したあと数学教師になっても芽が出ず、二年ほど警官として働いたのち、一九七四年に第一局に入った。局内の評価によれば、彼はもの柔らかな話し方をし、神経質で、やせており、胃潰瘍の持病を持っていた。つまり、インテリではなく文化水準が低いという意味である。肯定的な面では、スモレンスキは「通常より勘が良い」一面も持っているという。どうやらスモレンスキの上司は、彼が第一局に入るまで退屈していた可能性を考慮に入れなかったらしい。局に入るとすぐに彼の評価は高まり、シカゴに配属される頃には米国に少なくとも九人のエージェントを抱えていた。情報司令部は彼を「模範的な情報員」と格付けした(58)。

スモレンスキは一九八五年から米国中西部に駐在した。投獄されたザハルスキとの直接の接点になるはずだったが、ザハルスキはスパイ交換でいなくなった。シカゴに駐在する前はカナダに配属され、そこでも米国人のリクルートを行っていた。長年北米で暮らした経験から、ポーランドにはもっと自由な国に、もっと解放された国に生まれ変わるしか選択肢がないことがわかっていた。祖国にいるスモレンスキの友人や親戚は食うために列に並ばなければならなかった。西側にはあらゆる種類の良質な物資があふれんばかりだ。これだけでも、二つの体制の力の差は歴然としている。

FBIはスモレンスキの生活をみじめなものにするために全力を尽くした。彼がシカゴ支局の責任者になって三カ月後、米国政府は「非合法な活動」をやめないかぎり、スモレンスキを国外追放にするとポーランド大使館に通告してきた。

一九八九年二月八日、ＦＢＩはスモレンスキをリクルートしようとした。シカゴからラスヴェガスへの機中で、スモレンスキは隣の席にＦＢＩの対外諜報員がいるのに気づいた。対外諜報員はこれがＣＩＡと共同で行っているリクルートであると打ち明けた。スモレンスキはその申し出をことわった。それでもラスヴェガスに着陸したあと、スモレンスキはＦＢＩ局員にＣＩＡを励ますメッセージを託した。「時機が熟したら、ポーランド情報機関のドアを叩いてみたらどうだろう」と、彼は述べた。のちにＣＩＡは実際にドアを叩いた。スパイを一人リクルートするのではなく、情報機関全体を抱えこむために。

「もしポーランドで劇的な変化が起きなければ、われわれはどつぼにはまってしまうと思った」と、スモレンスキは回想する。だが同時に、ポーランドの領土にある数万のソ連軍と核兵器は、ポーランドが被占領国であることを忘れさせてくれなかった。「だからこれは」と、スモレンスキはよく使われる遠回しな表現でこう言っている。「とてもデリケートなゲームだった」(59)

ポーランドとソ連でそれぞれ危機がふくらんでいくなか、ポーランド人は何世紀にもわたって安全保障を追求してきた経験から、自国がこの「デリケートなゲーム」のなかでもてあそばれ、場合によっては失われることがあるのを知っていた。ポーランドのスパイの心理も、悲劇的な歴史と世界における自国の立場の影響を受けないはずはなかった。

地理に目を向けよう。ポーランドには大森林や川、広々とした草原やたくさんの湖があり、この国土が格好の侵攻ルートに位置しているのは誰の目にも明らかだ。十八世紀の騎馬隊も、二十世紀の機甲部隊もやすやすと侵入してきた。国土のほとんどは平地で、平均の海抜は二百メートル弱。五百メートルを超える標高の土地は国土の三パーセントしかない。スイスの山々のような征服軍に対する自然の障壁は存在しないのだ。英語で書かれた最も重要なポーランド史に、『神の遊び場』というタイトルが付けられているのは少しも不思議ではなかった。

次に政治に目を移す。ポーランド国民なら誰でも、一七九一年に制定されたポーランド憲法がヨーロッパで最初の近代的な成文憲法であるのを知っている。周辺の帝国を治める一族はその民主的な考え方を恐れ、できたばかりの共和国に攻撃を仕掛けて、国を三つに分割して統治した。一九一八年に第一次世界大戦が終わると、ポーランドはパリ講和会議でようやく独立を勝ちとった。だがそれからわずか二年後、新たに組織されたソビエト政府を率いるウラジーミル・レーニンの命で、ヨーロッパ全体に世界革命を輸出するための試みとしてポーランドへの侵攻が行われた。奇跡と言うべきか、ポーランド軍はワルシャワを見下ろすヴィスワ川東岸に集結した赤軍を打ち破った。当時赤軍の南西戦線で指揮をとる政治将校だったヨシフ・スターリンは、この屈辱的な敗北を生涯忘れなかった。

一九二〇年の勝利は「ヴィスワ川の奇跡」と呼ばれたが、ポーランドのスパイはこの勝利に諜報活動が大きな役割を果たしたのを知っていた。一九一八年に独立してすぐ、ポーランド政府は時間と費用をたっぷりと投じて専門的な情報組織をつくり上げた。活動の対象は二つ、ロシアとドイツだった。一九二〇年にポーランドはソ連の暗号を解読し、以降ソビエト軍の位置を正確に把握できるようになり、それがスターリンに屈辱的撤退をさせる要因となった。十年後、ポーランドの数学者チームは独自のエニグマ暗号機を作製し、ドイツの交信を解読できるようになった。一九三九年には、ポーランドのスパイがこの暗号機の複製を連合国のフランスと英国に提供した。それがなければ、英国は第二次世界大戦中にドイツの暗号を解読できなかっただろう。

自国の歴史が外国の首都で決められていたことをポーランド人はよくわきまえている。一九三九年八月二十三日にもそれが起こり、モスクワでドイツの外相ヨアヒム・フォン・リッベントロップとソ連外相ヴャチェスラフ・モロトフがポーランドを分割する協定に調印した。同年九月一日に西側からナチの電撃戦が始まり、その十六日後に東側からソ連が侵攻して、ポーランドは消え去った。「ポーランド国とその政府は事実上、消滅した」。ソ連の国営通信社タスが発表した声明のなかで、モロトフはそう述べている。

第二次世界大戦中、ロシアとドイツによって引き裂かれたポーランドは全人口の二〇パーセントを失った。これはどこの国と比べても高い比率である。三百万のユダヤ人を含む六百万の国民が病気、大虐殺、戦闘、そしてナチが運営したアウシュヴィッツ、トレブリンカ、ビルケナウといった強制収容所で死亡した。ユダヤ人をホロコーストで、ウクライナ人とドイツ人を国境の変更で生じた大規模な人口移動で失い、ポーランドから少数民族がいなくなった。ポーランド社会は大幅に縮小した。都市人口の三分の一は行方不明として処理された。全弁護士の五五パーセント、医師の四〇パーセント、大学教授とカトリック聖職者の三分の一が殺害された。ソビエト政府は二万二千のポーランド軍将校とおもな知識人を処刑して、ロシア西部にあるカチンの森の共同墓地に埋めた。それでもポーランド人は祖国の火を絶やさなかった。バトル・オブ・ブリテンの際には空で、イタリアでは上陸部隊として雄々しく戦った。一九四四年八月に起きたワルシャワ蜂起は二十万の犠牲者を出したが、それは大戦中最大の対ナチ大規模行動となった。最も早く各国に伝わったナチによるユダヤ人大量殺戮《さつりく》の情報の出所は、ポーランドのレジスタンス戦士ヤン・カルスキだった。

終戦が近づくと、ポーランド国民は世界が本来持っているはずの正義に、フランクリン・D・ルーズベルトの理想に、英米両国の偉大なる民主主義の道義上の影響力に信を置くようになった。「ポーランドは世界を鼓舞するもの」と、この国の苦しみが最高潮にあるときに、ルーズベルトは言った。そうであるなら戦争が終わったあと、自国がソ連との駆け引きのなかで使い捨てのコマとなることはありえないと国民は信じた。

ところが、それがあり得たのだ。一九四五年のヤルタ会談で、ルーズベルトとウィンストン・チャーチルはポーランドをソ連の勢力圏に置き去りにした。スターリンは、ソ連には国家の損失の補償が必要だと主張した。確かに二千六百万の死者は膨大だった。ルーズベルトは、ソ連に太平洋側で日本と戦わせたかった。米国の原爆はまだ効果が実証されていなかった。ルーズベルトもチャーチルも、おざなりとはいえポーランドの民主化を実現する努力は続けたのだが、その努力も無駄に終わった。

一九三九年九月、ポーランドはナチに抵抗して第二次世界大戦で最初の犠牲者となった。一九四五年四月に、今度は冷戦で最初の犠牲者となる。その月に五十カ国の代表がサンフランシスコに集まって国際連合が設立されたが、ポーランドの国旗はそのなかになかった。ソ連が加盟を拒否したためだ。ポーランド出身のピアニスト、アルトゥール・ルービンシュタインは国際連合の開会式で演奏を行ったが、祖国が除外されたことへの怒りをこめて国歌『ポーランドは未だ滅びず』を弾いて万雷の拍手を浴びた。

一九四五年夏のポツダム会談では、チャーチル首相と、亡くなったルーズベルトの後継者ハリー・トルーマン大統領が、ポーランドにスターリンの傀儡《かいらい》政権が置かれるのを承認した。また、領土を二〇パーセント削りとる協定にも署名を行った。これによってポーランドは東側の幅三百キロの地域を剝《は》ぎとられ、代わりに西の国境がそれまでドイツ領だった土地へ何キロか押し広げられた。

国境の変更は、破滅的な規模の人口移動を引き起こす。ドイツ人、ポーランド人、ウクライナ人その他、千二百万の人々が移動を強いられた。ブレスラウはそれまでドイツ帝国の三番目の都市だった。それが、ヴロツワフと改称された。七十万のドイツ系住民はすべてドイツへ移り、ウクライナに譲られたリヴィウのポーランド人は追い立てられ、西の土地に定住した。プロイセンの港湾都市シュテティーンも同じ運命をたどり、シュチェチンに名を変えた。街に住んでいた四十万のドイツ人は、リトアニア・ソビエト社会主義共和国の首都になったヴィリニュスから移住したポーランド人に取って代わられた。ドイツの主権とポーランド国境の画定は将来の問題として残された。

ポーランドの共産政権はドイツの失地回復策の恐怖を煽ることで、モスクワとの強いられた同盟への支持を得ようとした。ポーランド人は西ドイツを信頼するなと教えられ、チャンスさえあれば、統一されたドイツは失った領土の奪回を狙うだろうと信じこまされた。一九七〇年にポーランドと西ドイツのあいだでワルシャワ条約が結ばれ、ボンの政府がその時点の国境を受け入れたあとでさえ、国外追放されたドイツ人をはじめ強大な政治勢力がポーランドに割譲した領土を返還するように主張し続けた。だからこそ、モスクワでゴルバチョフが権力の座に就いて、ポーランドにさらなる自由がもたらされる前兆が見えたとき、ポーランドの戦略家やスパイはソ連とドイツが一九三九年のように、またしても自分たちの目の届かないところで裏取引している節がないかと敏感になっていた。

第二部　およそありそうにない同盟

第六章　密通

アンジェイ・デルラトカはポーランドの情報機関のなかでも頭の切れる情報員の一人だった。その賢さと、中肉中背の身体に載ったほぼ禿げ上がった頭のせいで、「地球儀《グロブス》」のあだ名をちょうだいした。歴史を学びたくてワルシャワ大学に入ったものの、法律の学位をとったほうが就職に有利だという理由で法学部を選んだ。それでも自分の歴史認識が仕事の活力となり、危険な近隣諸国に取り巻かれたポーランドの安全の確保に役立つだろうと考えていた。ドイツ語も流暢なデルラトカは一九八〇年に対外諜報の世界に入った。最初はオランダで外交官になりすまして仕事をしていたのだが、ポーランドからの亡命者に情報員と名指しされたため、一九八八年六月に本国へ召還された。

デルラトカ大尉がワルシャワに帰ってみると、足もとで政治的基盤が揺れ動いているのに気づいた。その夏、十数カ所の炭鉱、二大港、最大の製鋼所でストライキが発生し、国内経済は停滞の恐れがあった。一歩も引かない抵抗と、共産主義者の階級内での挫折感などもあり、党は反体制派と話し合いを行う決意をした。ＣＩＡのケイシー長官の思惑が現実になろうとしていた。ソ連もポーランドの共産主義者も歴史の進む道をふさぐことはできなかった。

八月三十一日、内務大臣チェスワフ・キシチャクは「連帯」の指導者レフ・ワレサと対面し、政治改革について話し合った。米国大使として三度ポーランドに赴任したジョン・デイヴィスが両者を近づける役目を果たした。一九八八年の夏、デイヴィスは公邸に「連帯」と共産政権高官を招き、何度か静かな夜会を開いた。その席で、有力な反逆者は自分たちを監視する人々と知り合うことになった。デイヴィスが話し合いをするように強く勧めたので、あるときヤルゼルスキはこう皮肉った。「〝連帯〟などこにもいない。いるのは、デイヴィスが夕食に招いた一団だけだ」

一九八九年二月初頭、反体制派と政府側がワルシャワにほど近いマグダレンカ宮殿に集まり、歴史的な「円卓会議」開催のため、長期にわたる困難な準備を始めた。この会議がポーランドの共産主義に終止符を打ち、東欧各国の先例になった。

この間に、公安部はデルラトカを第一局で偽情報やメディア操作と分析を担当する七課に配属した。そこは将来性のない職場で、懲罰的な配属と言えた。デルラトカはスパイの正体を暴かれ、疑いをかけられて帰国した。ハーグの現地担当官《レジデント》は始終酔っ払っており、デルラトカはしらふで仕事に来いと上司を譴責《けんせき》するのを遠慮する性質《たち》ではなかった。[60] 現地担当官はデルラトカの勤務成績表に最低の評価を付けて意趣返しをした。

今後、政治の風向きが変われば、自分は職を失うだろうとデルラトカは考えた。「みんな、どんなことになるのか様子見していたが、ぼくだけは別だった」と、デルラトカは言う。「諜報の世界にぼくの未来はないとわかっていた。悪い評価をもらったし、正体も暴かれていたからだ」。彼は勤務時間に英語の勉強を始めた。政府の仕事を辞めたあとの人生に備えるためだった。三十五歳になっていたが、まだ第二の人生を始める若さがあった。

仕事中、英語の勉強のためもあって、デルラトカは英字新聞を読んだ。国内の一般人は禁じられていたが、第一局の分析官は自由に読むことができた。デルラトカは、モスクワから代表団が西ドイツに派遣され、ドイツの関係筋と話し合いをしているという記事を西ドイツの新聞で見つけた。何か尋常ならざることが起きているのではないかという疑いが生じた。西ドイツの代表者はソ連代表団と西側の同盟国抜きで話し合いを進めているらしい。デルラトカは、ゴルバチョフと西ドイツ首相ヘルムート・コールの代理人のあいだでさまざまな提案がなされている気配を察知した。両代表団には、西ドイツの情報機関の調整役ベルント・シュミットバウアーと、長年、ソ連指導者の外交政策顧問を務めてきたゲオルギー・アルバトフが加わっていた。

西ドイツ・メディアへのいくつかの小さな情報漏れをもとに、デルラトカは理論を組み立てた。絶望的な経済状況にあるソ連は、巨額の経済援助と引き換えにドイツの早急な再統一を喜んで受け入れるにちがいない。実現性の高いこの取引を行えば、ドイツは東側にも西側にも属さない中立の国家になる。

デルラトカが一番気にしていたのは、新生ドイツが東側のポーランドとの国境を正当なものとして認める前にモスクワがドイツの再統一に同意してしまうことだった。もしドイツにその国境線を承認させる者がいなければ、ソビエト政府が今後もポーランドの領土保全の唯一の保証人に留まるだろう、とデルラトカは推測した。そうなればポーランドは「永遠にソビエトの実質的な支配圏にある」ことになるというのが、洗濯洗剤の製法を盗んだスパイで、いまやデルラトカのボスになったヘンリク・ヤシクの考えだった。

もし西ドイツの交渉が功を奏したら、ポーランドはソ連に依存する国といういまの立場から抜け出せない、とデルラトカは思った。ワルシャワの店には商品がたっぷり並ぶだろうが、国の安全保障はモスクワに握られてしまう。ポーランドはいまより自由な経済を誇れるかもしれないが、それはあくまでソ連の檻《おり》のなかの自由経済でしかない。

デルラトカは、西ドイツとソビエト連邦の秘密協議に注目しているのが自分一人ではないことに気づいた。数年さかのぼる一九八六年六月、ボンの米国大使館の幹部職員が、当時西ドイツの特命国務大臣で、コール首相に一番近い補佐役だったヴォルフガング・ショイブレと会談した。ショイブレは米国人たちに、ベルリンの情勢と東西ドイツの関係について西ドイツとソ連が協議を行っているのを明かす書類を見せた。米国人にすれば、そうした協議は第二次世界大戦でドイツ敗戦後に作成された四大国の協定に違反するものだった。ドイツの主権は基本的に四大国——米国、英国、フランス、ソ連——に制約されており、四カ国が合意した場合にかぎり放棄できることになっていた。東ドイツに関する西ドイツとソ連の特別な取引など、残りの三国の承認なしでは成立しえなかった。

米国の外交使節団はワシントンに戻って、西ドイツが上げた観測気球について報告した。当時ベルリンで最高位の米国外交官だったジョン・コーンブルムは「大混乱に陥った」と回想している。コーンブルムは、一九八七年六月に市制七百五十年を祝して行われるレーガン大統領のベルリン訪問を、国務省が政治行事にしようとするにちがいないと思った。ベルリンの壁を背にブランデンブルク門で行ったスピーチで、レーガンはこう言い放った。「ミスター・ゴルバチョフ、この壁を解体しろ！」。これを聞いた解説者たちは、このスピーチが新たにクレムリンのトップに就任したゴルバチョフに向かってなされたものと考えた。だが実際にはコーンブルムが言うように、レーガンの頭にはもう一つ別のターゲットがあった。西ドイツに対して、ソ連とのいかなる裏取引も米国は認めないと通告したのである。とりわけ、統一されるドイツの中立化を保証したり、東欧がソビエトの勢力圏であることを認めたりする取引などもってのほかだ。それと同じ失敗を一九四五年のヤルタ会談で犯していた、とコーンブルムは言う。二度とあってはならない。

ワルシャワでは、西ドイツがゴルバチョフとの裏取引を継続しているというドイツの報道に、デルラトカはますます関心を募らせた。レーガンのスピーチにも目を通した。そして彼は、のちに自分で「狂気の沙汰」と呼ぶことを考え始めた。

一九八八年の晩夏、デルラトカは「統一作戦《オペラツィア・イエドノシチ》」と題した提案書を書き上げた。それは四つのパートに分かれたメッセージ送付活動だった。第一に、対外諜報部員とポーランドの外交官はそれぞれの西側の連絡先に、西ドイツとソ連が再統一の条件について秘密協議を行っている旨を知らせるよう指示される。第二に、こうした情勢に鑑み、ポーランドが自国の安全保障を確保する別の手段を進んで追求していることを――場合によっては、ポーランドが北大西洋条約機構（NATO）や欧州経済共同体（EC）に加盟する可能性もあることを――公表する権限を部員と外交官それぞれに与える。第三に、もしポーランドがそうした組織に加盟するときは、米国が主導的役割を果たすのを全面的に受け入れることを示す。そして最後に、ポーランドはモスクワがドイツとの西側の国境を保証する役目を果たすのに不快感を抱いていると伝える。

デルラトカは正しかった。これはまさに狂気の沙汰だ。なにしろ一九八八年という、厳密に言えばまだ共産主義体制にあったときに雇用されたポーランド人情報員が、ワルシャワはモスクワとの同盟を破棄して、米国の「帝国主義者たち」との同盟を追求しようと言っているのだから。デルラトカはこの提案がもたらす結果は二つに一つだと思った。解雇されるか、上司に無視されるかだろう。

ほぼ一年近く、何も起こらなかった。やがて幹部がソ連とポーランドの友好的関係を称揚する反論を書いた。デルラトカは「統一作戦」の寿命は尽きたと思った。自分が処罰されるのはほぼ間違いない。

だが、変化は第一局の内部で進行中だった。一九八九年十一月に、理論家というより実務家と思われていたヘンリク・ヤシクが第一局を引き継いだ。ヤシクは用心深いスパイで、波風を立てるタイプではなかったが、それでもデルラトカの考えに感銘を受けた。早速特別チームを編成して、デルラトカの提案を検証させた。分析官のあいだでは意見が分かれた、とヤシクはのちに書いている。だが結局、分析官たちはデルラトカが正しいことを認めた。ソ連と西ドイツのあいだで間違いなく秘密交渉が進行している。

第一局を掌握するや、ヤシクは「統一作戦」にゴーサインを出した。その決断は「一人」でしたと、本人は言っている。「誰にも相談せず」、ヤルゼルスキやその右腕チェスワフ・キシチャクを含む「上司の許可も得なかった」という。自由裁量の余地はその後ますます増していく。

ヤシクはポーランドのスパイと外交官に命じて、仕事で接触を持つ五百人以上の海外の連絡相手——外交官やジャーナリスト、スパイ、実業家らに、ポーランドは秘密協議のことを知っていて、不快に思っていることを伝えさせた。「目的は」と、ヤシクは言う。「ドイツとソ連から反応を引き出すこと、そしてドイツの戦後体制に責任を持つ西側の大国に警告するためだった」

ポーランドの情報機関はKGBのかつての同志に、情報司令部の見解として、ドイツにポーランドの西側の国境を承認させることなくソ連が統一を進めているのは裏切り行為だと伝えた。二番目のメッセージはまさに爆弾宣言だった。ポーランドの政府関係者はそれとなく、政府は「NATOとEECへの加盟を考慮中で、米国の指導的役割を承認するつもりでいる」[61]と伝えたのである。

デルラトカは、ヤシクが作戦にお墨付きを与えるとは思っていなかった。「ぼくは秘密協議の情報を掘り出した」と、デルラトカは言う。「協議を阻止すべきであることをボスたちに確信させるためだ。まさか承認を得られるとは思ってもみなかった」

第一局への入局に際して提出したデルラトカの願書には、三十歳なかばまでにポーランドの戦略地政学的姿勢の大転換を主張するなどとはまったく書かれていない。願書に添付された個人の所感を見ると、デルラトカは「子どもの頃から愛国主義者」だった。ソ連に関する知識で賞をもらったことさえある。[62]彼が対外諜報活動に従事することを決めたのは、「連帯」の抗議運動と共産主義体制に対する国民の不満の最初の波が頂点に達した一九八〇年十二月だった。とはいえ、デルラトカは抗議運動に共感しなかった。父親と同じく党員だったデルラトカは忠実な共産主義者ではあったが、それが祖国への純粋な愛からそうなったのか、あるいは単に醒めた便宜主義だったのかはわからない。

それだけでなく、米国人がポーランド人を敵と見るのに苦労した時代があったのと同様、ポーランド人、それもデルラトカのような歴史好きの心には、米国人がポーランドを困らせたことは一度もないという思いが根深くしみついていた。デルラトカの祖父は第二次世界大戦で激戦となったモンテカシノの戦いに参加し、勇敢な米軍兵士の土産話をたくさん持って帰った。ポーランド人は一人残らず米国に伯父がいるか、あるいは伯父のいる誰かを知っているかのようだった。数百万の移民が米国に渡っていた。共産主義体制下にあっても、ポーランド人は米国という国が誕生したときから、ポーランド人と米国人はたがいにうまく付き合っていく生来の力を持っていると教えられた。

デルラトカは、ポーランドと米国が歴史を共有していることを知っていた。どちらの国も帝国主義の大君主たちの迫害を受けた。米国が英国からの独立を勝ち取ろうとしているとき、ポーランドはロシア、プロイセン、オーストリア、スウェーデンと戦っていた。ポーランドの最初の憲法は米国憲法からヒントを得たもので、米国は十九世紀に国家の存続のために長引く戦争を続けていたポーランドを支援した。一八三一年以来ポーランドの非公式スローガンとなった「われわれの自由ときみたちの自由のために」が生まれたのは、米国の独立戦争でポーランド人がアメリカ大陸軍に助力したのがきっかけとも言われている。一九一八年のパリ講和会議で米国は、ポーランドがドイツ、オーストリア、ロシアからの独立をふたたび勝ち取れるように力添えした。有名なウッドロー・ウィルソン大統領の平和の原則十四カ条の十三番目は、独立したポーランドが海への出口を持つことを謳《うた》っている（ワルシャワ市中心部にウィルソンの名の付いた広場がある）。情報関係者も含めて多くのポーランド人が、「連帯」がアメリカ労働総同盟・産業別組合会議（ＡＦＬ–ＣＩＯ）とＣＩＡの支援を受けていることに、ひそかに拍手喝采を送っていた。だから、デルラトカの「狂気の沙汰」である発想——モスクワを御するためのＮＡＴＯ加盟とポーランド外交政策の完全な逆転という脅しの活用——は、ある意味筋が通っていたのだ。

政治変革が国家を揺さぶったあとの一九九〇年、第一局はデルラトカをクビにしなかったばかりか、「偉大な作戦の大要を考え出した個人的関与と並々ならぬ貢献」を認めて、現金でボーナスを支払った(63)。

デルラトカとヘンリク・ヤシクは、共産主義者も時代とともに進化できることを証明した。それどころか、彼らは時代を先取りしていた。当時は反体制派の指導者でさえ、あからさまにNATO加盟や米国との同盟の希望を口にしなかった。多くはかつての大敵ロシアとドイツにはさまれて、中立化を支持していた。なかには、チェコスロヴァキアやハンガリーとの防衛協定を提唱する者もいた。不戦主義を唱える人々も少なくなかった。だが、共産主義者の情報員のような人間が米国との同盟といった不敬きわまりない言葉を発するようになると、その考えが寄生虫のように国家の内部に入りこみ、宿主自体をすっかり変えてしまった。むろんポーランドを孤立状態から抜け出させた主体が元共産主義者のスパイだったわけではない。それでも新しい考え方を広め、後年、スパイたちが米国のために大胆不敵な任務を実行することで扉を開くのに大きな貢献をしたのは間違いない。


最終的に東欧諸国の共産主義を解体することになる円卓会議は、一九八九年二月六日にワルシャワで始まった。体制側からスパイの親玉であり、副首相であるチェスワフ・キシチャクを先頭に十八名の代表が参加し、反体制陣営は「連帯」指導者レフ・ワレサ率いる三十二名が円卓についた。

関係者は、交渉が何度も暗礁に乗り上げたことをよく覚えている。反体制側の何人かは、緊急逮捕もありうると考えてシャワーを浴び、着替えを詰めたバッグを持ってきていた。ところが四月五日にポーランド統一労働者党から、内閣、大統領（一九五二年以来、この職は空位になっていた）、二院制の国会へ政治権力が委譲されることで合意したという発表があった。政党も合法化された。選挙が施行された。

部分的とはいえ、ポーランドで——そして東欧諸国で——自由な選挙が行われるのは一九三〇年代以来初めてだった。

規定により、国会下院の六五パーセントの議席は共産主義者とその協力者に割り当てられた。だが、残りの三五パーセントは制限なく議席が争われる。先の合意によって国会の上院が復活することになり、その全議席を自由に争うことができた。

もし共産主義者たちがポーランドの統治制度の変革を表面的なものに留めるよう反体制派を説得できると考えていたのであれば、それは間違っていた。六月四日に行われた選挙では、いわゆる「ワレサの仲間」と呼ばれた「連帯」とその支持者が地滑り的な勝利を収めた。彼らは上院で一議席を除く全議席を、下院では自由選挙枠の三五パーセントの議席をすべて勝ち取った。ポーランドの権力のバランスは永久に変わったのだ。

ワシントンでは、一九八九年にホワイトハウスの主となったジョージ・H・W・ブッシュの政府がゆっくりとだが、着実なポーランドの変化を望んでいた。ブッシュはとりわけヤルゼルスキを気に入っていた。その感情は一九八七年に副大統領としてポーランドを訪問したときに芽生え、民主主義が再生しつつあった一九八九年七月にふたたび訪問して強まったものである。ブッシュはヤルゼルスキを愛国者と見ており、「祖国への愛情と、地政学的現実が強いるソ連への従属の板挟みになっていた」と書いている。[64] ブッシュは、この国の変化に引き続きヤルゼルスキが関与するものと信じていた。なぜなら、そうであればソ連の懸念も和らげられるし、ポーランド国内の共産主義者に体制が転換しても虐げられることがないのを保証してやれるからだ。

六月四日の反体制派の大勝利のおかげで、大統領選出のプロセスが複雑になった。円卓会議の際に、新大統領は国会の投票によって選出されると決められた。下院の六五パーセントは共産主義者とその協力者が占めていたから、ヤルゼルスキが就任すると予想された。だが「連帯」とその支持者があまりにも多くの議席を獲得したので、果たしてヤルゼルスキが当選に足りる票を得られるかどうか怪しくなった。敗北の屈辱を味わいたくない老将軍は出馬しないと宣言した。六月十日にヤルゼルスキと会ったブッシュは、戒厳令を考案した当人を選挙戦に再出馬するように勧めるという矛盾した立場にいた。当時の有力紙、ガゼタ・ヴィボルチャ紙の編集長アダム・ミフニクのような穏健な知識人も将軍の立候補を支持した。「あなたがたの大統領、われらの政府」という見出しが、この新聞の七月三日付の紙面に躍っている。七月十八日、ヤルゼルスキは再出馬した。翌日、ポーランド国会は当選ラインをわずか一票上まわったヤルゼルスキを大統領に選出した[65]。

八月二日、ヤルゼルスキは公安の責任者だったチェスワフ・キシチャク内務大臣を首相に任命した。その後、二つの少数政党が共産主義を放棄して「連帯」に加わり、「連帯」は下院でも多数派となった。十七日間執務室にいただけで、キシチャクはその地位から降りるしかなかった。ヤルゼルスキはジャーナリストで、著名な反体制派だったタデウシュ・マゾヴィエツキを指名して、その後釜に据えた。

ポーランドには取りうる道が何本もあった。一九八九年六月四日、ポーランドが歴史的な選挙を実行したその日、中国軍が北京の天安門広場周辺で非武装の抗議者たちを虐殺した。もっと近いところでは、ユーゴスラヴィアの民族派集団がのちに二十五万の命を奪うことになる戦争のために武器を集め始めていた。

それとは違い、執務一日目にあたる八月二十四日に下院で行った演説で、マゾヴィエツキ首相はポーランドの自由な未来と共産主義の過去のあいだに「太い線」を引くと唱えた。マゾヴィエツキが国民に訴えたのは、過去の断罪より、未来の難問に集中しようということだった。自由国家ポーランドの初めての首相として、国民が第三ポーランド共和国と呼ぶ国を対立ではなく、団結のもとにまとめようという歴史的な決断をしたのだ。その「太い線」は別のいくつかの目的にも役立った。共産主義者に、この新しい国にも彼らの居場所はあることを保証して血なまぐさい内戦を回避した。また、共産主義者の統治下でひそかに情報機関に協力していた「連帯」構成員を暴露せずにすんだ。ブッシュ政権はこれをおおいに喜んだ。

マゾヴィエツキが政府の舵取りをする代わりの条件として、キシチャクが内務大臣の地位に留まった。国防省も含む「力の省庁」を支配すれば、多くの共産主義者がポーランドの変化を支持するだろう。おまけに、共産主義者を政府内に加えれば、「連帯」は目の前に迫っている経済の破局の責任を自分たちだけで負う必要がなくなる。責任も権力と同様、分け合えるのだ。

ポーランドの若い政府は連動する二つの危機を引き継いだ。失敗した計画経済と、ハイパーインフレ、品不足、財政赤字、対外債務などマクロ経済の混乱である。やるべき仕事は前例のないものだった。社会主義から資本主義への復帰。それはワレサが言うように、「オムレツを卵に戻すような」ものだった。

ほとんど間髪入れずに、キシチャクは公安部（ＳＢ）の再編成を始めた。国内治安担当者の多くを辞めさせ、内務省の役目を社会主義の防衛から国家の保護に切り替えた。同時に、秘密作戦やテロ組織との密接な関係、協力者の身元などを記録した大量の省保管書類の廃棄を命じた。

マゾヴィエツキら民主派は、将来の親西欧のポーランドをかたちづくりながら、親ソ連だった過去の問題の解決に取り組むという危ない橋を渡っていた。マゾヴィエツキが首相の座に就いた時点で、国には数万のソ連軍が駐屯していた。核兵器があちこちにあるソ連軍基地に分散して備蓄されていた。経済面ではソ連主導の協力機構、ＣＯＭＥＣＯＮ（経済相互援助会議）に組みこまれており、そのためいまだに共産諸国の経済に欠かせない歯車であるのは変わらなかった。敵をつくらずにこうした構造を解体するのに必要なのはハンマーではなく、メスだった。

「連帯」運動構成員のなかには、いまを「ゼロ年」と捉えて根本的な変革を主張する者がいた。その一方で、共産主義者の一部は旧体制をできるだけ残そうとした。マゾヴィエツキの政府はその中道を行った。人権を踏みにじる官吏を政府から一掃しながらも、官僚制度の多くと情報機関には手をつけなかった。マゾヴィエツキとそのチームにはそうするだけの明白な理由があった。この変革プロセスを中心となって進めた第一局内の弁護士兼上級顧問ヴォイチェフ・ブロフヴィチはこう述べている。「事の始まりの危険を考慮しなければならなかった。われわれはまだ領土にいるソ連軍とともに四方を〝人民の民主主義〟に取り囲まれていた。われわれの自由と民主主義の冒険がどれだけ長く続くかわからなかった。それだけにいっそう、魔女狩りは避ける必要があった」[66]

マゾヴィエツキはソ連の利害に気を配っていた。そうせざるをえなかった。ソ連の懸念を軽減しようと格別の努力をした。彼が最初に会談した高官は西側の指導者ではなく、ＫＧＢ議長のウラジーミル・クリュチコフで、マゾヴィエツキの首相就任の四日後にワルシャワを訪問した。マゾヴィエツキはクリュチコフに次の二つを伝えた——ポーランドはモスクワに友好的であること、ポーランドは「主権国」

になること。これを翻訳すれば、ポーランドは決してソビエト連邦の戦略的利益にちょっかいを出すことはないが、かといっていいなりになるつもりもないという意味である。それでも「連帯」主導の政府は、ドイツ問題が解決するまでは赤軍が完全撤退するのを望んでいなかった。マゾヴィエツキは実際にソ連軍が一部の部隊をポーランドに残すよう申し出て、のちにそれを聞いたジョージ・H・W・ブッシュ大統領を驚かせた。ブッシュは完全撤退が望ましいと考えていたからだ。マゾヴィエツキはまた、NATOからもワルシャワ条約機構からも独立した中欧独特の安全保障機構と言えるものを提案した。会談のあと報道記者のインタビューで、クリュチコフはマゾヴィエツキを「手堅い人物」と評した。[67]

ポーランドの指導者たちが手探りしながら前進しているあいだに、かつては敵対していた東側諸国と西側諸国のスパイ組織が冷戦終結に取り組み、協力すれば何を達成できるか、東西両陣営の政治家にヒントを与えた。

一九八九年二月十五日、ソ連第四十軍の司令官ボリス・グロモフがソ連－アフガニスタン友好の橋を徒歩で渡って、モスクワの九年にわたるアフガン占領に終止符を打った。経験豊富なCIA局員ミルト・ビアデンは、アフガニスタンのイスラム教徒による対ソ連抵抗運動《ムジャヒディン》に武器を供給する局の作戦行動で中心的役割を果たしてきた。ソビエト連邦の敗北がはっきりすると、ビアデンはアフガンの戦場からラングレーのCIA本部へと復帰した。六月に、彼は秘密作戦部のソビエト・東欧部門の指揮官を引き継いだ。

ビアデンは大変革をその目で見るためにヨーロッパへ戻った。変革を進めているのはポーランドだけではなかった。五月二日、ハンガリーではオーストリアとの国境に張られていた鉄条網が切断された。十月には、憲法が改正されてハンガリー人民共和国は正式にハンガリー共和国に改称された。東ドイツではデモ隊がライプツィヒに集結し始めた。十一月初旬、デモ隊の数はふくれ上がり、十一月九日におびただしい数の大ハンマーによってソ連支配の象徴であったベルリンの壁が崩された。その翌日、ブルガリアの共産党最高指導者トドル・ジフコフが地位を剝奪された。十一月末には、変革の波がチェコスロヴァキアまでおよんでプラハのヴァーツラフ広場に七十五万のデモ参加者が集まり、十二月二十九日には劇作家で反体制派のヴァーツラフ・ハヴェルが大統領に選出された。ルーマニアでは治安部隊によるデモ隊への発砲が起きたあと、独裁者のニコラエ・チャウチェスクが打倒され、クリスマスの日に処刑された。「オフィスでその変革を見ていて、涙があふれた」と、ビアデンは思い出す。「これがこれから起きることとなんだろうか？　と自問したものだ」。CIA長官ウィリアム・ケイシーに呼応するように、ビアデンも、その補佐のポール・レドモンドも、特別補佐のジョン・パレヴィッチも、それぞれにこう自問した。「次はどうなるんだ？」

混沌《こんとん》と歓喜のさなかに、急速に崩壊する鉄のカーテンの向こう側にいる情報機関に働きかけることを唱える者がいた。「成功には多くの父親がいる」ということわざ［成功の手柄を自分のものにする人間はたくさんいるという意味］が正しいことを示すかのように、ビアデン、パレヴィッチ、レドモンドが口をそろえて自分もそう考えたと語っている。誰が東欧の情報機関に接触することを思いついたのかについては、見解の相違はあれ二つの点で彼らの意見は一致した。レドモンドが述べているように、連邦政府の他の部門は東欧の情報機関への働きかけにまったく関心がなかったが、CIAは「試しにやってみなければ愚かというしかない」という姿勢だった。

強いボストン訛《なま》りがあり、英国風ののしり言葉を好むハーヴァード大学卒業生レドモンドは、東欧諸国の情報機関が米国に多くのものを提供できることを知っていた。何より、彼らはソビエト連邦を熟知していた。西側の情報機関にはできないやり方で、核兵器庫の位置や状態を把握していた。ソ連共産党の内部構造にも通じている。諜報関係者、ないしは同じ政府内の似たような部門がテロ組織に武器を売っていた。ドラッグの密輸業者に協力し、ソ連圏のエンジニアリング会社は昔から一緒に仕事をしている中東の専制君主の弱みを握っていた。西側の外交官には門戸を閉ざしている国――イラン、北朝鮮、キューバで工作活動を行っていた。それに、東欧諸国のあちこちにCIAや国防総省の技術部門が舌なめずりしそうなソ連の軍装備品や盗聴装置が転がっている。おまけに米国や西側諸国では東欧ブロックのスパイが、FBIが一網打尽を狙っている協力者《エージェント》を動かしていた。

CIAはまずハンガリーを試してみた。[68] 段取りはレドモンドが決めた。働きかけは慎重を期し、中立国で行う。ハンガリー情報機関との会談はウィーンで開かれた。ワルシャワは、米国がハンガリーに申し出を行ったことに気づいていなかった。

一九八九年十一月、ブダペスト駐在のポーランドの情報員が、CIAがハンガリーのスパイとの協力に関心を抱いている話を耳にした。[69] その月、米上院情報特別委員会が代表団をブダペストに送りこんだ。ポーランドの調査報告書によれば、代表団はハンガリーに米国の情報を集めるのをやめるよう要求し、まずはブダペストの米国大使館の盗聴をやめることから始めたらどうだろうと提案した。ハンガリーは大使館の隣のハンガリー国立銀行の建物で盗聴を行っていた。上院議員たちはまた、米国内のポーランドによるスパイ活動への憤懣《ふんまん》をハンガリー人にぶつけたという。これも、彼らがポーランドの対外諜報機関をＫＧＢなきあと東欧ブロックで最もいらだたしい存在であると思っていたもうひとつの証拠と言える。

ハンガリー側は、米国は他国のことに首を突っこむなと反論し、ＣＩＡの攻撃的なリクルート活動に文句をつけた。ポーランドの現地担当官はワルシャワに送った報告書に、どうやらハンガリーはワルシャワ条約機構の昔の友と、西側の新しい友人のちょうど真ん中を行く道を探っているらしいと書いてきた。[70] それでもハンガリーは米国の要請を一つかなえてやった。ワルシャワ条約機構側に寝返ったただ一人のＣＩＡ局員エドワード・リー・ハワードを追放したのだ。ハワードはずっとブダペストで暮らしていた。[71]

次に起きたことは、ポーランド情報員に言わせればまさにスパイ小説もどきだった。ハンガリーの中立化を認めたくないＣＩＡは、協力を拒んでいるハンガリー内務省の高官たちの追放に着手した、というのである。ポーランドの情報員によれば、スキャンダルを捏造してそれを行ったという。

一九九〇年一月五日ハンガリーの野党指導者二人が、政府の情報機関が三月五日の国会選挙の準備期間に反体制派の盗聴を行った証拠を提出した。

改正後のハンガリー憲法はそうした監視を禁止していた。そのニュースが出たとたんに抗議運動が起こり、共産主義者の内務大臣と何人かの公安関係者が辞任した。その月が終わる頃には、ハンガリーはＣＩＡとの協力への反対を取り下げた。二つの情報機関は連絡役を交換し、テロ、ドラッグ密輸、違法な武器販売に対する対策の協力から始めた。同時にハンガリーはＫＧＢとの協調行動を凍結した。

ワルシャワに届いた報告によれば、ブダペストの現地担当官はＣＩＡがスキャンダルをでっち上げたと決めつけていた。ハンガリーの情報関係者をたきつけて、民主派の野党に盗聴の証拠を提供させたのだと。現地担当官が言うには、ハンガリーの多くの情報員は「米国とＣＩＡがこの挑発を知っていたのは間違いないと考えていた」[72]ようだ。

本当にＣＩＡが関与していたのだろうか？　おそらく、そうではないだろう。むろん、一九八九年の東欧の変化に関する米国の文書のほとんどはまだ秘密扱いになっている。だが、ブダペストから送られたポーランド情報機関の報告書は間違いだらけだった。現地担当官はハンガリーにいる米国の当局者は全部隠れＣＩＡ局員と見なしていたが、それが真実とはとうてい思えない。他に、米国の当局者がハンガリーの民主化を陰で操ったという考えもおよそ信じ難い。とはいえ、一九九〇年一月のワルシャワでは、第一局がハンガリーの出来事を警告と受け止めていた。そこから引き出せる結論は一つだけだった。すなわち、ポーランド情報機関の最上層部はＣＩＡの協力要請に応じるべきであり、でないと厄介な事態に巻きこまれる。

一月に、第一局の責任者ヘンリク・ヤシクはヤルゼルスキ大統領とマゾヴィエツキ首相、キシチャク内務大臣に宛てた報告書で、ほどなく米国人がポーランドの扉をたたきに来るだろうと予言した。もしポーランドが米国をスパイするのをやめ、ＫＧＢと縁を切ると言えば、ポーランド企業は米国の技術を手に入れることを許され、外交官は米国内を自由に動きまわれるようになる、とヤシクは信じていた。第一局が指揮する米国内の情報ネットワークから集まった情報をもとに、ＣＩＡは三月二十日から二十三日に予定されているマゾヴィエツキ首相のワシントン訪問前に接近してくる可能性が高いとヤシクは予想した。「おそらく米国人は、できるだけ高いレベルの通常の外交チャンネルを通じて接触してくるだろう」と、ヤシクは書いている。(73)

第七章　熊がドアを叩きにくる

ヘンリク・ヤシクの予想は少なくとも一部は的を射ていた。米国人がやって来たのだ。だが、正面玄関からではなかった。

一九九〇年一月末、ジョン・パレヴィッチは訊きたいことがあって、ＣＩＡのソ連／東欧部門にいるポール・レドモンドのオフィスに顔を出した。「どうしてポーランド人に働きかけないんだ？」と、彼は尋ねた。「あそこが重要なのはわかってるはずだ。どこからアプローチすべきだろうか？」

レドモンドはデスクから顔を上げた。「きみは頭のいい男だ、ジョン、なぜ自分で考えないんだ？」。パレヴィッチはしばらく頭のなかで世界をあちこちへと旅した。東京は、ポーランドの現地担当官が「正真正銘の共産主義者で、ロシア人と近い関係にある」から良い選択ではない。スカンジナビア諸国は？　そのうちの一国の現地担当官は酒飲みで、ワルシャワではまったく信用されていない。ローマかリスボンはどうだろう？　イタリアの現地担当官であるアレクサンデル・マコフスキは父親が米国でスパイ活動をしていたとき、ハーヴァード大学で学び、ワシントンの伝統あるウェスタン・ハイスクール（現デユーク・エリントン芸術学校）にも通っていた。だが、パレヴィッチに言わせれば、「地理」に問題があった。ローマのポーランド大使館は裏通りにあり、イタリアの防諜機関に四六時中監視されているのだ。それに対して、リスボンの大使館は大通りに面していた。それに、ポルトガルの防諜機関は怠慢なので有名だ。リスボンの現地担当官はワルシャワでも信頼が厚い。パレヴィッチはポルトガルを選んだ。

三月一日の午後一時少し前、一人の男がリスボンのデスコベルタス通り二番地にあるポーランド大使館を訪れて、リシャルド・トマシェフスキとの面会を申しこんだ。早朝にも来たのだが、そのときトマシェフスキは出勤していなかったという。トマシェフスキがオフィスからそっと覗き見ると、受付エリアに丸顔で団子鼻、こめかみの白いくすんだブロンドの髪のふくよかな男が立っていた。着ているだぶだぶの吊しのスーツのせいで、肉付きのよい身体がさらに太って見えた。

周囲に溶けこむためにリカルドというポルトガル風の名前を持つトマシェフスキはオフィスから姿を現した。二人は握手をした。リカルドは相手の手が汗ばんでいるのを心に留めておいた。男はリカルドに米国の外交官用パスポートを手渡し、公務で来たことを伝えた。リカルドは男を自分のオフィスに招き入れた[14]。

「いま渡したパスポートは正真正銘の身分証明書だから、記録のためにコピーしてかまわない。私の電話番号もそこに書いてある」。二人だけになると、訪ねてきた男、ジョン・パレヴィッチは英語でそう告げた。「私はＣＩＡの局員で、きみと真面目な話がしたい」。リカルドが立ち上がって、ドアのほうへ向かうのを見て、パレヴィッチは急いでこう付け加えた。「いや、違う、きみをリクルートしたいのではない。ワルシャワへメッセージを伝えてほしいんだ」。リカルドが席に戻ると、パレヴィッチは先を続けた。

「きみは局で大佐の地位にある。ポルトガルでは領事部の職員を装って仕事をしている」と、パレヴィッチは決めつけた。それからリカルドに、キシチャク内務大臣はじめ何名かの情報機関の高官を名指しして、「米国は第一局と連係をしたいと考えている……ワルシャワ条約機構諸国の今後の変化と来るべきドイツ統一に対応し、ヨーロッパの安定維持に協力する目的で」

リカルドは名前の挙がった高官を知らないふりをして、スペルを訊き返した。驚いたことに、一つの誤りもない答えが返ってきた。リストを見ながら、リカルドは口をはさみ、あなたが選んだのは間違った相手であり、間違った伝達経路だと告げた。「ぼくはただの外交官ですよ！」と、からかうように言った。「ポーランドの同業者に直接コンタクトなさい」

「われわれは相手も伝達経路も間違えてはいない」と、パレヴィッチは言い張った。「きみがこの業界に残してきた足跡をずっと前からたどってみた。きみはリビアとインドとメキシコで仕事をしてきた。二度の結婚で一人ずつ息子をもうけた。上の息子はいまモスクワで勉強をしている。きみは英語、スペイン語、ポルトガル語を話し、アラビア語も少しできる」。パレヴィッチはさらにリカルドの配属先の詳細を並べ立て、使っていたいくつかの偽名、それに一九八〇年代初頭にメキシコシティを拠点に、リカルドが関与したシリコンバレーの技術者の一件についても語った。ジェームズ・D・ハーパーという技術者が米国の核兵器貯蔵庫とミニットマン大陸間弾道弾に関する貴重な情報をポーランドへ渡した事件だ。パレヴィッチはそのことをとがめる様子もなく、その際にＣＩＡがリカルドをリクルートしようとして失敗したことを詫びた。

パレヴィッチは、今度のアプローチにはワシントン駐在の対外諜報員ほか何人か別に候補がいたことをリカルドに打ち明けた。だが、リカルドはワルシャワで信頼されているし、CIAのかつての敵たちも優秀な情報員として高く評価していたから、ポルトガル防諜機関の有名な無能さも考え合わせて、ここを訪ねたのだという。

「タバコを吸ってもいいかね?」と、パレヴィッチが訊いた。

「この会話も、あなたの滞在も、それほど長いものになるとは思えませんね」と、リカルドは答えた。

彼は部屋を出て秘書にパレヴィッチのパスポートのコピーをとらせた。部屋に戻ると、流暢だが強い訛りのある英語できっぱりこう言った。「ミスター・パレヴィッチ、あなたの言ってることはたわ言ばかりだ。馬鹿げた冗談にしか聞こえない」

「私を信用しないことや、偽装を暴かれないようにあけすけな話を控えるところは大いに評価できるが、ここはポルトガルだし、大使館のなかなんだよ」と言って、パレヴィッチは周囲の壁を指さした。「ここなら心配なく話せる。きみに伝えたことは、CIAの嘘偽りない気持ちなんだ。ポーランドはソビエト帝国と再浮上しつつあるドイツに挟まれ、そのために大変な苦労をしてきた。どうか私を信用してくれ。きみの国の情報機関についてはよく知っている。六〇年代には、三年ほどポーランドで働いていたことがあるんだ」

「CIAのなかで、あなたはどんな役割を果たしてるんです?」と、リカルドが尋ねた。

「上級局員だ」と、パレヴィッチは言った。「ご存じのように、上級局員と下級局員がいるのさ」と言って、にやりとする。

話はこれでおしまいと言うように、リカルドはふたたび立ち上がった。パレヴィッチは驚かせたことを謝罪した。「本当に驚いたのは」と、リカルドは言った。「現在は米国に友好的になった国の大使館で人を挑発するＣＩＡの傲慢さですよ。ここだけの話にしておきましょう」

「では、きみは私のメッセージを伝えてくれないで、私は手ぶらでワシントンに帰るということかね？」と、パレヴィッチは尋ねた。

「それはあなたの問題でしょう」と、リカルドは答えた。「話があまりに怪しすぎる」

「ところで」と、パレヴィッチはおずおずと言った。「タクシーを呼んでもらえるかな？」

「援護チームに頼みなさい」と、リカルドはつっけんどんに答えた。だが、パレヴィッチは一人で来ていた。一時十五分には、パレヴィッチは通りに立っていた。

「度肝を抜かれたよ」と、のちにリカルドは言っている。「しゃべるのをやめさせられなかった。彼はポルトガルの防諜部のマイクに向かってべちゃべちゃとしゃべりまくった」。パレヴィッチが大使館の外で接触してきたほうが安全だった、とリカルドは言う。「時代は変わっている。それはわかっていた。ぼくらはみんな、もう共産主義者ではなかった」。だが、ポーランドの大使館に押しかけるというパレヴィッチの判断は危なっかしすぎる。「プロらしくない」と、リカルドは言った。「スパイにしてはあまりにも不注意だ」。だが、パレヴィッチの判断は間違っていなかったようだ。どうやらポルトガルの情報機関はまったく盗聴を行っていなかったらしい。

パレヴィッチの行動に対するリカルドの見方が変わったのは、きっと時代が変わったせいだろう。パレヴィッチの来訪から間を置かずに第一局に送られた報告書によれば、リカルドはこのアプローチの仕方に納得のいく説明を二つ見つけている。一つは、CIAはハーパーによるスパイ行為に関与したリカルドに罰を与えるために、ポルトガルの防諜機関に彼の正体を暴露して、国外追放に追いこもうとした、というもの。二つ目は、CIAはポーランドの「連帯」主導の政府と協調し、海外にいるポーランドのスパイを洗い出し、「連帯」が第一局から彼らを追い出す手助けをしているという説だ。また、「ちょっとありえないが」と付け加えたうえで、リカルドはパレヴィッチが実は本当のことを言っていたという第三の可能性も挙げている。(75) つまりリカルドは、冷戦中にワルシャワ条約機構の情報将校がそう反応するように期待されていた反応をしたわけである。問題は、冷戦は終わりにさしかかり、ルールが流動的になっていることだった。

ラングレーのCIA本部に戻ると、パレヴィッチはまたレドモンドのオフィスに顔を出した。「何があったか聞いたかね?」と、尋ねる。「あいつは私を放り出したんだ」。レドモンドはデスクから顔を上げた。「では、ぼくがローマへ行くことになりそうだな」。レドモンドは同窓のよしみを利用して、現地担当官でハーヴァードの卒業生であるアレクサンデル・マコフスキに提案を受け入れさせるつもりだった。

ワルシャワではパレヴィッチの来訪を機に第一局の情報担当者のあいだで通信が飛び交い、ポーランドがチャンスを逸したのではないかという心配が広がった。ヤシク局長はCIAの接近がもっと高位のルートを通じてくるものと予想しており、まさかリスボンのような重要度の低い大使館を通じて来るとは考えていなかった。ヤシクの上司であるキシチャク内務大臣はリカルドの送ってきた電文に応えて、自分はCIAとの話し合いを支持すると宣言し、スイスで話し合いを継続したらどうかと提案した。ヤシクはワシントンを推した。だが、もしワシントンでやればCIAはFBIにそのことを知らせなければならず、そうなるとFBIの局員がポーランド人を一人一人つけまわすことになるだろうと誰かが指摘した。スイスのほうも、おそらく協議を防諜部に嗅ぎつけられ、不快な思いをするかもしれないと言う者がいた。結局、パレヴィッチの選んだリスボンが最適であるという結論になった。三月五日、パレヴィッチと連絡をとり、彼と他のCIAの代表者をポルトガルに招くよう指示する返信がリカルドに送られた。その通信の結びには、「パレヴィッチがCIAの情報員であるのをわれわれは承知している」と書かれていた。(76)

三月六日の午前七時十五分、ジョン・パレヴィッチがメリーランド州ベセスダに建つ住み心地のよい寝室四つと中二階のある家でシャワーを浴び、髭《ひげ》を剃っているときに電話が鳴った。妻のボニーが電話に出た。パレヴィッチは急いでバスルームを出た。

「リスボンからです」と、電話の声は言った。

「声で誰かわかる。先を続けてくれ」と、パレヴィッチは答えた。

電話をする前、リカルドは二時間ほどリスボンの繁華街を歩きまわり、尾行がついていないのを確認した。ロシオ広場の電話ボックスから、情報司令部はCIAの申し出を受け入れ、部員の何人かがポルトガルのビザをとれ次第会いたいとパレヴィッチに伝えた。リカルドは「愛想がなかった」ことを謝った。パレヴィッチは笑って、「気にすることはない」と答えた。その日仕事場に行くと、パレヴィッチはまたレドモンドのオフィスへ立ち寄った。「話は聞いたかい?」と尋ねる。「電話してきたんだってな」と言って、レドモンドはにやりとした。「ローマのほうはキャンセルするよ」

パレヴィッチとリカルドは五月二日の午後三時に、リベルダーデ大通りにある人気の観光スポット、ホテル・チボリのロビーで会うことにした。リカルドはワルシャワへの報告書に、パレヴィッチが「明らかに興味津々で、興奮しているのが伝わってきた」と書いている。キシチャクはこの取り決めのことをヤルゼルスキ大統領とマゾヴィエツキ首相に報告した(77)。

一九八九年八月以降、ポーランド政府を率いてきたマゾヴィエツキだが、その間もずっとキシチャクら旧体制の時代から公安部で働いていた者たちの周辺に警戒の目を注いでいた。数カ月待ってから、マゾヴィエツキは「連帯」のメンバーを内務省の職員に任命した。長年、共産主義に対する防壁となって戦ってきたカトリック系週刊誌『ティゴドニク・ポヴシェフニー』のトップ・コラムニスト、クシシュトフ・コズウォフスキがその人である。ジョン・パレヴィッチがリスボンの大使館を訪ねた五日後に、マゾヴィエツキはコズウォフスキをキシチャクを補佐する副大臣に就けた。職に就いてすぐに、キシチャクからポーランドはCIAの申し出に応じるべきかどうか質問されたことをコズウォフスキは覚えている。「話し合って損をすることはありませんよ」と、コズウォフスキは答えた。

一九九〇年三月、一九三〇年代以来初めて自由選挙で選ばれた首相であるマゾヴィエツキは、ジョージ・H・W・ブッシュ大統領との会談のためにワシントンを訪問した。国家は経済危機に直面していたが、翌朝ブッシュに会ったとき、マゾヴィエツキはまず近々実現しそうなドイツの統一とポーランドの国境の保全を話題にした。第二次世界大戦とヤルタ会談が、米国大統領と新たに誕生した民主的なポーランド共和国の指導者の初の会談に影を落としていた。

マゾヴィエツキはデルラトカの「統一作戦」については事情を知らされていた。彼も第一局の情報司令部同様、強大な統一ドイツが第二次世界大戦終戦時にポーランドに譲った領土を返すよう要求してくるのを心配していた。[78] なにしろ、一九八九年六月に「連帯」が選挙に勝っても、西ドイツの財務大臣テオドール・ヴァイゲルはなおもポーランドの西側の国境の正当性に疑義を唱えていたからだ。もっとも、十一月にベルリンの壁が消滅したあと、西ドイツ首相のヘルムート・コールがドイツの統一に関して唱えた「十項目計画」では、国境のことは特に触れられていなかったが。[79]

マゾヴィエツキが欲しかったのは、ヤルタ会談のときのようにポーランドの領土が隣国に切り分けられることはないとする米国の保証だった。「ポーランド国民は自分たちの頭越しに取り決めが行われることに神経過敏になっている」と、大統領執務室に腰を下ろすやいなや、マゾヴィエツキはブッシュに言った。

「統一作戦」のもう一つの核心にさりげなく話題を持っていくために、マゾヴィエツキはポーランドがドイツとの西部国境の安全をモスクワに委ねるつもりはないと明言した。ポーランドはワルシャワ条約機構からの脱退を望んでいる、と。マゾヴィエツキは前からポーランドのNATO加盟を実現したいと考えていたが、まずはロシアとドイツ双方からポーランドを守る安全保障の取り決めの必要性を強調した。彼はブッシュにこう言った。「われわれには、西部の領土が単にスターリンの贈り物ではないことが――一国からの一方的な承認ではなく、大国がそろって安全を保障していることが――きわめて重要なのです」[80]

ブッシュもまた、過去の過ちを正すことに熱意を示した。マゾヴィエツキが、ふたたび大国がポーラ

オーデル・ナイセ線

薄い網掛けの部分はポーランドに編入されたかつてのドイツ領（Adam Carr, GNU Free Documentation License. をもとに一部改変）

ンドの運命を決めることに対する不安を表明すると、ブッシュはすぐに第二次世界大戦と結びつけて、「わが国もヤルタ会談については似たような考え方をしています」と、ポーランドからの客に請け合った。

　マゾヴィエツキは、オドラ（オーデル）川とニサ（ナイセ）川沿いの国境をドイツに承認するよう催促してもらえないかとブッシュに頼んだ。ブッシュは友人でもある西ドイツ首相コールに圧力をかけることに同意した。実際に、六月には東西両ドイツの議会がポーランド国境を承認した。十月三日にドイツが統一されてまもなく国境条約が調印された。三月二十一日の公式晩餐会の席上、マゾヴィエツキはブッシュに乾杯して、「ヤルタはすでに過去になった」と述べた。

　翌朝、マゾヴィエツキが通りをはさんでホワイトハウスの向かいにあるブレア・ハウスでの会談に臨むと、公式スケジュールには含まれていなかった人物が部屋に入ってきた。CIA長官のウィリアム・ウェブスターだ。前FBI長官で、一九八七年からCIAを率いていた。二人は儀礼的な挨拶を交わした。ウェブスターはリスボンでまもなく行われる協議のことを話題にした。あなたはCIAと協力するという考えを支持されますか、とウェブスターは尋ねた。マゾヴィエツキがうなずくと、「われわれもです」と、ウェブスターはきっぱり言った。

ウェブスターはポーランドへのソ連の浸透を心配していた。マゾヴィエツキには、ソビエトの影響力とモスクワの協力者たちを排除しないかぎり、情報機関の協力とポーランドへの技術移転の制限緩和は難しいと伝えた。「われわれはポーランドがKGBとの関係を断ち切ろうと努力している点を高く評価しています」と、ウェブスターは言った。「ですが、彼らは今後もポーランドを通じて技術を入手しようとするでしょう。ポーランドには隔離期間が必要だ[81]」。ウェブスターはリスボンのことに話題を移し、ポーランドと米国はテロとの戦いに共通の利害を持っていると述べた。マゾヴィエツキはこれにも同意した[82]。

テロ対策への協力に対するマゾヴィエツキの関心は決して口先だけではなかった。三月二十六日、米国ユダヤ人会議で行った演説のなかでマゾヴィエツキは、ポーランドはソ連のユダヤ人がポーランド経由でイスラエルに移住するのを助ける用意があると宣言し、聴衆総立ちの拍手喝采を受けた[83]。

一九八九年、ゴルバチョフ指導のもとで自由化されたソ連は出国ビザの制限を緩和し、国内のユダヤ人のためにイスラエルへの直行便を就航させた。十一月から一万一千を超すユダヤ人が直行便でモスクワからテルアヴィヴへ飛び、さらに数十万人が移住する予定だった。だがアラブ諸国がソ連に怒りをぶつけ、出国の流れを止めるように圧力をかけた。テロ攻撃と中東での影響力の低下を恐れたソ連政府は一九九〇年三月に直行便の運行を停止し、イスラエルとの関係修復を凍結した。ブッシュ政権の援助を受けたイスラエル政府は、ソ連のユダヤ人の通過を許す別の国を探した。ハンガリーが名乗りを上げたが、国営のマレーヴ航空がテロリストに脅迫されて手を引いてしまった。

マゾヴィエツキが救援の手を差し伸べたのには三つの理由がある。一つには、過去の亡霊を葬る必要があったのはヤルタ会談だけではなかったからだ。反ユダヤ主義もその一つである。第二次世界大戦開戦間際、ポーランドは米国と並んで世界第二位のユダヤ人集住地域だった。ポーランドの人口の一〇パーセントはユダヤ人を自認する人々で、都会ではそれが三分の一を占めていた。ワルシャワの住民の三割以上がイディッシュ語を話した。

ナチがポーランドのユダヤ人共同体を解体した。もともとは三百万いたユダヤ人が終戦時にはわずか九千人に減っていた。第二次世界大戦に関するポーランドの公式見解では、ユダヤ人もそうだが、ポーランドとその国民も戦争の犠牲者の枠に入れられている。だが、ジャン・T・グロスなど歴史家のなかには、ポーランドはフランスのヴィシー政権のようなやり方ではヨーロッパのユダヤ人絶滅に関与していなかったとはいえ、一部のポーランド人は熱心に大量虐殺に貢献したと主張する者もいる。ポーランドのいくつかの街でユダヤ住民大虐殺に加わった者もいた。それに、身を隠していたユダヤ人を密告した者も少なからずいた。その一方で、ユダヤ人をかくまったり助けたりした者も決して少なくなかった。ポーランド人は「犠牲者であり加害者でもある」と、グロスは書いている(84)。

こうした認識があったからこそ、マゾヴィエツキのような指導者が罪滅ぼしをする気になったのだ。米国ユダヤ人会議の演説で、首相は自国の反ユダヤ主義を悔い改め、ポーランド－ユダヤ関係に新たな時代が来るのを期待すると述べた。また、最初はナチ、次に共産主義者に収奪された財産を正当なユダヤ人所有者に返還するという込み入った仕事をポーランドが必ず実行すると誓った。その演説の二カ月前、ポーランドとイスラエルは一九六七年の六日戦争以来初めて大使の交換を行っていた。

ユダヤ人を助ける二つ目の理由は、それが正しい選択だからである。キシチャクの率いる内務省で新たに副大臣になったクシシュトフ・コズウォフスキが記したところによれば、ソ連のユダヤ人を助ける決断は根底において道義的な行為であり、過去と現在のあいだに明確な一線を引き、新生ポーランドが過去の罪で譴責《けんせき》されるべきではないことを、行動を通して主張する機会だという。

もう一つの理由は、ソ連のユダヤ人が新しい故郷を見つけるのを進んで手助けしてやれば、揺籃期にある新ポーランドが「テルアヴィヴを通過する道はワシントンへ通じる」という表現の意味を理解しているのを示せるからだ。新任のポーランド駐イスラエル大使ヤン・ドヴギァウォは国会のなかで、まさにずばりその場面を目撃したことがある。[85] マゾヴィエツキはテロリストの攻撃さえ、ワシントンとのつながりが深くなるきっかけとして歓迎してみせたという。

とはいえ、それは論議を呼ぶ決断でもあった。多くのポーランド人がユダヤ人を援助することに反対した。何世紀ものあいだ、カトリックのポーランド人は自分たちと交じって暮らすユダヤ人に対して根深い偏見を抱いていた。一九四〇年代でさえ、ユダヤ人が過越《すぎこし》の祭りに食べる種なしパン《マッツァー》の材料にカトリックの子どもの生き血を使っているという作り話がまだ信じられていた。マゾヴィエツキは敬虔なローマン・カトリック信者であったのに、のちに大統領選挙に出馬したときには、右翼の民族主義者から実は隠れユダヤ人だと攻撃された。

イスラム世界からも反発があった。マゾヴィエツキがソ連のユダヤ人を支援すると誓うやいなや、レバノンの新聞に「パレスチナ解放のためのイスラム軍」と名乗るグループの署名入りでポーランドを威嚇する文章が掲載された。演説の四日後の三月三十日には、カラシニコフ銃を持った覆面の男たちがベイルートのポーランド企業が集まった地区の近くで、ポーランド人カップルを銃撃した。二人とも重傷を負ったが、命に別条はなかった。ユダヤ人空輸計画は着々と進んだ。

マゾヴィエツキが帰国してまもなくの四月六日、彼の政府はこれまで対外諜報を担当していた第一局と、防諜担当の第二局に替わる新しい情報機関を創設した。国家保護庁《ウジョント・オフロネ・パインストファ》、略称UOPである。

UOPはただちに対テロ調整委員会を組織した。その責任者にはスパイとして長い経験を積み、ソ連や中東でテロ組織と定期的に接触するなどさまざまな活動を行ってきたズジスワフ・サレヴィチ将軍が任命され、経験豊かなワルシャワ条約機構のスパイ、ブロニスワフ・ジフとグロモスワフ・チェムピンスキが補佐役に就いた。イスラエルの情報機関モサドと米国のCIAの専門家がはるばるポーランドまでやって来て、警備態勢の構築や飛行便の編成、ソ連のユダヤ人保護などについてUOPを支援した。モサドはポーランド情報機関と米国の重要なつなぎ役であり、米国とのスパイ活動の提携についてはポーランド人が見習うべき手本でもあった。

テロ攻撃の可能性を低めるために、ポーランド外務省はパレスチナ解放機構（PLO）議長のヤセル・アラファトにも接触して理解を求めた。イスラエルと米国への接近から生じる反発を和らげるために、ポーランドの兵器販売業者は冷戦の最中と同じくアラブのブローカーに兵器を売り続けた。

ラングレーのCIA本部では、ソ連／東欧部門の副部長ポール・レドモンドが目前に迫っているリスボンの協議に歴史的意義を与えるために、過去に何かドラマチックなことがなかったかを探していた。

レドモンドはポーランド人に、米国人はポーランドのスパイ技術に敬意を抱いており、自分たちは決して（彼自身言うところの）「馬鹿でかい悪辣なＣＩＡ」ではないのを知らせたかった。

「相手が共産主義者だろうと仏教徒だろうとかまわない」と、レドモンドは言う。「彼らの活動が賞賛に値するのはわかっているのだから」。レドモンドはアシスタントをＣＩＡの文書保管庫に行かせ、第二次世界大戦前にドイツのエニグマ暗号解読にポーランドが貢献したことを記録した、日付の入っていない五ページのカーボンコピーを探し出させた。その文書には、十数名のポーランド人数学者、暗号解読者、スパイの名前が記されていた。戦時中、そのうちの何人かはポーランドを出国し、フランス経由で無事英国に到着した。だが、残りの四名は国に残り、ゲシュタポの拷問を受けた。レドモンドはその四人の名前を全部記憶した。(86)

第八章　踊りませんか？

一九九〇年五月二日午後三時、ジョン・パレヴィッチはリスボンのダウンタウンにあるホテル・チボリのロビーで三人のポーランド人スパイと落ち合った。ポール・レドモンドがスイートを借りておいたので、パレヴィッチは三人を上階に案内して、ふかふかの椅子に座らせた。部屋の中央にあるソファの背に、レドモンドがゆったりもたれかかっていた。レドモンドは靴を脱ぎ、靴下だけの両足をオットマンに載せた姿勢で、一人語りのようにポーランド情報機関の数々の偉業を語り始めた。

米国の代表団は三人――レドモンドとパレヴィッチ、それに伝説的ＣＩＡ局員で米国内の対テロ作戦の創始者とも言うべき人物、フレッド・ターコウだった。ターコウは二十年近くパキスタンやアフリカ諸国などで工作指揮官を務めてきた。ポーランド側の出席者はリスボンの現地担当官《レジデント》のリカルド、作戦部副部長のブロニスワフ・ジフ大佐、元シカゴ駐在のレジデントで、その後ＵＯＰの米国担当部門の副部長となったクシシュトフ・スモレンスキ少佐だった。

「私はまず、われわれは馬鹿でかくもなく、悪辣でもないというおはこのギャグから始めた」と、レドモンドは回想する。「次にこう言った。〝われわれが知りたいのは、エニグマ暗号を解読した情報機関にわれわれと協力する気があるかどうかだ〟」。レドモンドの隣の椅子で、ジフ大佐が涙を浮かべた。多くのポーランド人と同様、彼も第二次世界大戦の勝利に果たした祖国の貢献を過小評価する人々に囲まれて育ってきたのだ。「でなければ」と、レドモンドが言った。「ただの野合になってしまう」

とはいえ、実際はそれほど和やかとは言えなかった。スモレンスキは双方が緊張していたのを覚えている。パレヴィッチとジフは、おたがいをリクルートし合った工作における苦労話をそれぞれ披露して重苦しい雰囲気を解消した。パレヴィッチはポーランド情報機関に関する深い知識――特にジフとスモレンスキについて知っていることを語って聞かせた。彼は二人の履歴と、米国にいつどこから入国したかを細かく覚えていた。

話し合いの第一ラウンドの要旨はごく単純だった。「結論は、戦いをやめて新時代を開くときが来たこと」と、スモレンスキは言っている。そして、「協力するために共通の利害を探し始めた」

その午後、男たちはレドモンドの部屋で四時間半を過ごし、ポーランドがイスラエルへ向かうユダヤ人の一時滞在地になると決断したいま、ポーランドと米国がテロとの戦いで力を合わせるべきだという点で合意した。ターコウはポーランドに対する情報や訓練などの支援を約束した。同時に、ワシントンはアブ・ニダル率いる一団のようなテロ組織を国内で活動させないことをワルシャワが保証するのを求めていると繰り返し伝えた[87]。

レドモンドは米国の外国放送情報局の支局をポーランドに置けないだろうかと尋ねた。ＣＩＡは言語専門家が公共放送の報道を集積し分析する拠点を世界十四カ所に持っていたから、実現すれば十五番目の支局がポーランドにできることになる。支局には巨大なアンテナ設備が必要になる、とパレヴィッチは説明した。ポーランド人たちは前向きの態度を見せたが、その一方でソ連がそのアンテナに目を留めて、米国とポーランドがいまや敵ではなく、友好国になったのに気づくことを心配した。いずれにしろ、もっと人目を惹く米国のアンテナがまもなく運ばれてくることになるのだが。

パレヴィッチは、ポーランドが米国内での情報収集を中止するよう要請した。レドモンドは、ザハルスキの不正行為がいまだに国防総省とＦＢＩにトラウマを残していると言った。それでも、「訓練されたプロフェッショナルであるわれわれは理解しているがね」と抜け目なく付け加えた。

ポーランド人たちは、ソビエト連邦の崩壊が間近に迫っていることを示す情報を持ってリスボンに来ていた。「ソ連の核兵器の備蓄を誰が管理することになるのかが、われわれの一番の関心事だった」と、スモレンスキは当時のことを語る。彼らはさらに、リトアニアはじめバルト三国に独立の動きがあることを伝えて、米国の諜報活動を援助すると申し出た。「ソ連が解体することはわかっているが、それが平和裏に行われるのか、暴力的に行われるのかは予想できなかった」(88)と、スモレンスキは言う。レドモンドはポーランドの外交官が多数駐在するキューバの政治状況の解説や、何千ものポーランド人技術者がインフラ整備計画や秘密兵器工場で働いている中東の状況説明を求めた。

協議が終わると、パレヴィッチはポーランド人たちを夕食に招いた。午後九時少し過ぎに解散した。米国側はこの協議がきわめて重要で、しかも極秘裏に行われなければならないと考えていることを改めて強調した。報告先はブッシュ大統領、ジェームズ・ベイカー国務長官、国家安全保障問題大統領担当補佐官ブレント・スコウクロフト、駐ポーランド大使ジョン・デイヴィスだけである。ジフ大佐は協議を継続するためにワルシャワへ来てほしいと米国人たちを招待した。レドモンドらはその申し出を喜んで受けた。当日の要旨をまとめたワルシャワへの報告書のなかで、リカルド・トマシェフスキはポルトガルの防諜機関がその日何があったかを察知した気配はまったくなかったと書いている。

六月の初め、仮設のターミナルが完成して、ＬＯＴポーランド航空がワルシャワからイスラエルに向けてソ連のユダヤ人を運び始めた。アラブの外交官が外交官ナンバーを付けた車でその区域に侵入しようとして、重武装した警備員に追い返された。総計四万ほどのユダヤ人がポーランド経由でイスラエルへ移住した。ポーランド人はこれを橋作戦《オペラーツィア・モースト》と呼んだ。イスラエルへつながる橋であり、同時に米国につながる橋という意味もあった。

六月二十八日、ＣＩＡの面々がフランクフルト発とウィーン発の二つの飛行便でワルシャワに到着した。米国代表団は拡大され、レドモンド、パレヴィッチ、ターコウの他に「危機一髪」のあだ名で知られる特殊作戦部隊員ウィルフレッド・シャレットが加わっていた。彼が開発したパラシュートによる高高度降下・低高度開傘は現在でも世界各国の特殊部隊で採用されている。さらにもう一人、この同盟構築に関わった数少ない女性の一人、対テロ分析官のカレン・ロズビキーも同行した。ポーランド側を率いたのはＵＯＰの長官で、その後まもなく内務大臣になるクシシュトフ・コズウォフスキだった。コズウォフスキはこの協議に参加した唯一の元反体制派である。他の九人の出席者はいずれも共産政権時代の情報将校だった。長年、共産政権でスパイの元締めをしていた彼らの昔の上司チェスワフ・キシチャクは参加しなかった。

翌朝レドモンドは、米国大使館に支局長のビル・ノーヴィルを迎えに行った。二人の車に他の局員も同乗して、反体制派と共産主義者が会談を行った新生ポーランド誕生の場所、マグダレンカ宮殿へと向かった。髭をはやし、車よりスクーターを好む頭脳明晰な男ノーヴィルは一九七〇年代からワルシャワに駐在している冷戦の古参兵である。この地で彼は、スーパースパイ、リシャルド・ククリンスキが大博打を打つ手助けをした。一九八〇年代初めには、日本でワルシャワ条約機構側と戦った。ソ連とのスパイ戦たけなわの一九八六年には、モスクワを追放された経験もある。(89)

ノーヴィルもまた、米国とポーランドのあいだには類のない絆があると信じていた。冷戦真っ最中の東京で、日本語を話し、ソ連で訓練を受けたポーランド人スパイ、ヤヌシュ・オミエタンスキと親しくなった。一九八〇年八月二十五日付の情報司令部への報告書のなかで、オミエタンスキはノーヴィルのことを「すばやく、楽々と知り合いをつくってしまう」人物だと評している。かたや米国、かたやワルシャワ条約機構のこのコンビは、オミエタンスキが「青年外交官クラブ」と呼ぶものをつくって協力し合い、東京の中華料理店で定期的に顔を合わせた。どちらも、この協力関係を利用して協力者《エージェント》をリクルートした。「ポーランド人のそういうところが好きだった」と、ノーヴィルは思い出す。「敵対する側に立っていても友だちになれるんだ」。このポーランド人はノーヴィルに「腕白」という暗号名を献上した。

ノーヴィルと、のちに自身もＣＩＡ局員になる妻のマギーはポーランドと家族の絆を結ぶことになる。二人は米国の外交官で初めてポーランド人の養子をとるのを認められた夫婦になったのだ。養子は男の子で、マシューと名づけられた。「心の底から満足した」と、米国をポーランドの敵から友に転換させた大胆な行為をノーヴィルはそう評した。

一九九〇年六月二十九日、前年二月に開かれた「円卓会議」と同じマグダレンカ宮殿の部屋で、ＣＩ

AとUOPの協議が始まった。レドモンドに指定された椅子は、「円卓会議」でレフ・ワレサが座っていたものだった。「そのときはもう冷えていたがね」と、レドモンドは思い返す。

米国人を歓迎しながらも、コズウォフスキUOP長官は慎重な口調を崩さなかった。まずは、ポーランドが米国内のスパイ活動を中止したことを正式に表明した。そして、CIAとの協力は「ヨーロッパへの復帰」の一環としてポーランドの国益になると語った。ポーランドは新しい情報機関を設立するが、それには米国の協力が必要だとも言った。対テロ活動には支援が必要であり、ポーランド国内で学んでいる多数のアラブ学生を監視するには適正な装置が不足していることを、「橋作戦」が教えてくれたからだ。

コズウォフスキは米国人に、新政府は対外諜報活動を「東欧と中欧」の情報収集に集中すると伝えた。要は、あからさまにソ連と統一ドイツは対象にしないと明言したことになる。最後にコズウォフスキは、ポーランドの歴史の波は止められないが、注意を怠らずに前進しなければならないと締めくくった。挨拶を終えると、あとをスパイたちにまかせて彼は席を立った。とたんに、会話のトーンが変化した。

まるでコズウォフスキはブレーキからずっと足を離さずにいたかのようだった。彼がいなくなると、UOP、CIA双方がアクセルを床まで踏みこんだ。用心深いのはここまで。ここからは同盟をつくり上げる熱意が優先される。レドモンドはポーランドがソ連の状況をどう見ているか、評価を聞きたがった。とりわけ独立を望んでいるバルト三国のことが知りたかった。ソ連が攻撃的な防諜態勢をとっているせいで、CIAにはその地域がブラックホールになっているのを、レドモンドは素直に認めた。彼はまたイランの国内情勢の詳細についても質問した。リビアに関しては、トリポリ近郊にある化学兵器工場の現状について知りたがった。ターコウとパレヴィッチはポーランドで行われているテロ組織の事業活動の情報を要求し、もしまだテロ組織とのつながりが残っているのならすべて断ち切ってほしいと求めた。その見返りに、レドモンドとターコウはポーランドで対テロ活動の訓練を行い、新しい情報機関、UOPの構築を支援すると約束した。

ポーランド・チームはソ連に留まっている国々に放置された核兵器や他の大量破壊兵器の捜索を手伝うと約束した。ポーランドの東にあるウクライナが特に問題だった。冷戦の最中、ソ連は千五百発以上の核兵器をそこに配置していたからだ。

かつては西側諸国から機密を盗み出すことを得意としていただけに、UOPの情報司令部はソ連に留まっている国から集めた情報を米国と共有するので頼りにしてほしいと言った。ポーランド情報機関はかなり前からモスクワにKGBとの連絡窓口として支局を置いていた。それと同時に、ソ連国内で暮らすポーランド人を監視する、ヴィスワ・グループという特別部隊も活動させていた。これまで対テロ・チームを統括していたズジスワフ・サレヴィチがまもなくモスクワに派遣され、今度はソ連とではなく、ソ連をスパイするグループを再構築する予定であることが米国側に明かされた。

公式の会議が終わると、パレヴィッチはマリアン・ザハルスキの事情聴取をさせてほしいと要求した。その頃には、米国を欺いた前科者はペヴェックス小売チェーンで上級役員に出世し、まもなく最高経営責任者（CEO）になる予定だった。その一方で、彼は情報機関でも仕事をしていた。対外諜報活動の責任者ヘンリク・ヤシクはザハルスキに電話して、「マグダレンカに来いよ」と言った。

マグダレンカ宮殿の会議場に入るや、開口一番、ザハルスキはジョン・パレヴィッチに向かって、「ぼくらは顔見知りだよな」と言った。パレヴィッチは、一九八五年六月に米国からドイツへ向かう飛行機に同乗したときは、きみと口をきいてはいけないという命令を受けていたんだと打ち明けた。「ぼくはきみのことを報告書に書いたよ、ジョン」と、ザハルスキは言った。「得体の知れない大男が私をじっと見つめていた、とね」

「いまさら言うまでもないが」と、ザハルスキのロスアンジェルスでの活動を話題にして、パレヴィッチは言った。「きみが指揮した作戦は実にすばらしかった」

「もっとくわしく知れば」と言って、ザハルスキはにやりとした。「実にすばらしいどころではないのがわかるだろうね」

パレヴィッチがポーランドの米国内への浸透度に関する情報を探っているのはザハルスキにもわかった。米国人たちはまだ、ザハルスキがどれだけの盗みをしたのかつかんでいないのだ。国内在住の米国人で、ポーランドの情報源として働いていた人々の詳細を知りたがった。最後にヤシクは、ザハルスキが彼自身の米国人情報源から入手した六ページにわたる技術のリストを渡した。それでもヤシクは他の工作については口を閉ざして教えなかった。ザハルスキがヤシクの肩を持った。「だって、何のための自由なんだね？」と、彼は問いかけた。「アタマをすげ替えればいいってものではないんだ。ソ連から米国へって」

マグダレンカ宮殿では、二つの国の情報員が米国の独立戦争までさかのぼる両国の絆をいまふたたび結ぼうとしていることを共に確信していた。ポーランドの騎馬士官で、一七七七年にジョージ・ワシントンの命を救ったアメリカ騎兵の父と言われるカジミエシュ・プワスキと、同じ年に形勢を一変させたサラトガでの英国軍敗北の戦略を立案した優秀な技術将校タデウシュ・コシチューシコの話はみんなが知っていた。

プワスキとコシチューシコは単なる傭兵ではなかった。どちらも民主主義と生まれたばかりの国を信じていた。プワスキは一七七九年に米国に命を捧げた。コシチューシコは外国人将校のなかで一番長く「大陸軍」に従軍し、ウェストポイントの軍事要塞化の監督も行った。

コシチューシコは同僚の将校のなかだけでなく、軍の兵卒のなかでも人気者だった。コシチューシコが一七八三年の英国軍の最終的敗北を祝う花火をやむを得ず見逃したのを知って、一人の米国人将校がこう叫んだ(90)。「ポーランド人なくして自由は存在しない!」。一九九〇年初夏のワルシャワの街はずれで、ポーランド人と米国人はたがいの熱意を再発見した。それが、その後何年にもわたって続く関係の特徴になった。

七月二日に協議が終わると、事態は迅速に進行した。七月六日にチェスワフ・キシチャクが内務大臣を辞任し、副大臣のコズウォフスキがあとを引き継いだ。マゾヴィエツキ首相はコズウォフスキの後任に入獄経験のある反体制派アンジェイ・ミルチャノフスキを指名し、内務副大臣兼UOP長官の地位に就けた。この人事異動は、共産政権時代の情報活動が一変する分岐点になった。いまや、かつては国民に恐れられた内務省の大臣と副大臣の座にどちらも元反体制派が就いていた。ポーランドの警察国家としての歳月は終わったのだ。

米国とポーランドの情報機関の関係者が大西洋を行き来し始めた。私企業の社員を装ったCIA局員がやって来て、ワルシャワの北東にある風光明媚なマズーリ湖水地方のスタレ・キエイクティにある情報員訓練センターで講義を行った。ポーランド人のスパイは米国に行き、対テロ活動、防諜、要員リクルートなどの技術訓練を受けた。米国政府はポーランドの情報機関に数百万ドルの現金と装備を供与した。カレン・ロズビキーらがＵＯＰ内に分析部門を創設するのを手伝った。

テロリズムとの戦いには武装スパイが必要だったから、ＣＩＡはそれについても支援を行った。内務大臣就任からまもないコズウォフスキのもとに、異様なまでに筋肉隆々としたスワヴォミル・ペテリツキという名の情報機関の中佐が訪ねてきた。共産主義者の一家に生まれ、第二次世界大戦でナチと戦い、ドイツ軍の背後にパラシュート降下したことのある父親の思い出話を聞いて育ったという。一九六〇年代初めにはワルシャワ大学法学部の学生だったが、優秀とは言い難く、社会主義国家法の勉強より柔道の稽古に長い時間を費やした。一九六九年に第一局に入局。一九七一年には北ベトナムで軍事顧問を務め、その二年後にはポーランド代表団の一員としてニューヨークの国連本部に赴任した。ペテリツキのもう一つの任務は、一九七七年にジミー・カーター大統領の国家安全保障問題担当補佐官になったズビグニュー・ブレジンスキーなど、著名なポーランド系米国人の動向を監視することだった。ペテリツキはブレジンスキーに、ポーランドの王子の名にちなんだ「オギンスキ」という暗号名を付けていた。

ペテリツキの関心はスパイ活動だけに留まらなかった。連続テレビドラマの『刑事スタスキー&ハッチ』に刺激されて、白い縁取りの付いた赤のポンティアック・ファイアーバードを購入した。彼はまた喧嘩が大好きだった。ときおり、まさに一九九九年公開の映画『ファイト・クラブ』から抜け出してきたような試合に参加するためにスパニッシュ・ハーレムに行くこともあった。米防諜機関の局員はその趣味を知って、ペテリツキをリクルートしないことにした。彼は激しやすい性格だった。骨も砕けそうな強い握手は伝説になっていた。気に入った相手だといっそう力を込めるらしい。

一九八〇年代初頭、ポーランド人民共和国と「連帯」の戦いが白熱していた頃、ペテリッツキはスカンジナビア諸国での「連帯」の資金調達を妨害するためにスウェーデンにいた。一九八九年に変革が起きたあと、第一局の法律顧問ヴォイチェフ・ブロフヴィチはペテリッツキを再雇用した。新生ポーランドには彼のようなタフガイが必要だった、とブロフヴィチは言う。

一九九〇年三月、ベイルートの路上でポーランド人カップルが銃撃されたあと、ペテリッツキは大使館の警備のためにレバノンへ送られた。ワルシャワへ戻ると、内務省の廊下でコズウォフスキ大臣を引き留め、進んで奉仕を申し出た。「大臣閣下、もし対テロ部隊を組織する有能なごろつきが必要でしたら、まさに私がうってつけです」。コズウォフスキはためらうことなくその提案を受け入れた。七月十三日、政府はポーランド語で「雷鳴」を意味するGROMを始動させた。これは舌を噛みそうな名の特殊作戦部隊、機動緊急対応作戦グループ《グルパ・レアゴヴァニア・オペラシノ・マネヴロヴェゴ》の略称である。GROMは、いまだにソビエト風の思考法にむしばまれ、もしかしたらソ連の協力者かもしれない軍の指揮下には置かれなかった。コズウォフスキは内務省でGROMの指揮をとってほしいとミルチャノフスキUOP長官に依頼した。ペテリッツキがGROMの初代司令官に就任した。

ペテリッツキの二つ目の課題は、組織のための資金調達だった。ポーランドは財政破綻していた。失業者は増え続け、国営企業は倒産した。この国には特殊部隊などという贅沢な組織に回す金はなかった。

一九九〇年の夏に開かれた米国政府の対テロ訓練コースの最中に、ペテリッツキはCIAの特殊作戦グループから参加した者たちに自分の夢を語って聞かせた。「オフィスに電話がかかってきた」と、レドモンドは言う。「それほど大規模なポーランド代表団が、わが国の準軍事部門の要員と一緒に街にいるとは思ってもみなかった」。ペテリッツキはメリーランド州の目立たないビジネスパークに人を招いて、ポーランド特殊部隊の未来像を披露していた。電話をかけてきた特殊作戦グループの代表者は、レドモンドの考えを尋ねた。ペテリッツキはうまくやれるだろうか？　信用できるのか？　「とてもすばらしいアイディアだ」と、レドモンドは答えた。その一本の電話をきっかけに、数百万ドルが投入されることになった。今度は、GROMの創設のためだった。これは、経験と勘で進めてきた新しい同盟の試金石とも言えた。ワルシャワとワシントンのあいだで突然、歴史が開かれ、いたるところでそれを書き換えるチャンスが生じたのである。

ワルシャワへ戻る日の朝、ペテリッツキはレドモンドに電話して、頼みたいことがあると言った。ミルチャノフスキ長官にコマンド・ナイフを買って帰りたいという。だがその日は日曜日だった。「いったい、どこへ行けば日曜日に大型ナイフを買えるだろう？」と、レドモンドは自問した。キャピトルヒルの自宅から車で、ヴァージニア州タイソンズ・コーナーのリッツ・カールトン・ホテルにいるペテリッツキを迎えに行った。ルート123の道沿いに小さな銃砲店が見つかった。店は開店前で、外に人の列ができていた。ペテリッツキの帰国便は一時間以内に出てしまう。レドモンドはペテリッツキをあとに従えて列の先頭まで行くと、窓を叩いた。「この男はプロの殺し屋で、私はCIAの局員だ」と、レドモンドは声を張り上げた。「こいつはボウイ・ナイフを欲しがっている」。三分とたたずに、二人は用をすませてその場を離れた。「ペテリッツキは史上最も偉大な男の一人だった」と、レドモンドは思い起こす。「見た目はナチの突撃隊員みたいだが、思いやりあふれる心の持ち主だ」

ＣＩＡのほかにも、米国の軍事機関や英国の特殊空挺部隊（ＳＡＳ）がＧＲＯＭに資金援助をしたり、ポーランドや英米の基地で訓練を行ったりした。ＧＲＯＭの優秀な狙撃手を訓練した人間の一人に、米陸軍特殊部隊の大尉ラリー・フリードマンがいた。一九九二年に派遣されたソマリアでフリードマンが地雷によって死亡すると、ポーランド人はＧＲＯＭの本部基地内の通りに彼の名前を付けた。

ヘッケラー&コッホＭＰ5サブマシンガンなど、装備や武器が米国から通常のルート以外の手段でＧＲＯＭの武器庫に流れこみ始めた。「そのことを知って、とてもうれしかった」と、ミルチャノフスキは語っている。「われわれは政治的なルート以外でも活動を行っていた」

米国人はポーランド人を訓練するのにやぶさかではなかったが、その一方で全面的には信頼していなかった。米国人教官は自国にいるＧＲＯＭのメンバーに訓練施設の写真を撮ることを禁止したし、彼らを運ぶバスや飛行機の窓を黒塗りした。「自分たちがどこにいるのか教えられたことがなかった」と、早い時期にリクルートされたヤツェク・キタは言っている。「だけど、想像はついたよ」(91)

「統一作戦」の提案者デルラトカと同様、ペテリツキは同僚から「頭のおかしな」人物と思われていた。だが当時は常識の枠にとらわれない思考と行動が必要な時代だった。「みんながペテリツキの悪口を言っていた。〝あいつに酒を飲ませるな！　飲むと早速喧嘩を始めるぞ！〟と」。ミルチャノフスキはそう回想する。「だが、彼には推進力があった。第一級のオルガナイザーだった。実に口がうまかった。おだてて、相手をその気にさせてしまう。正真正銘の諜報員だ」

アンジェイ・ミルチャノフスキはＵＯＰを率いる見識を備えていた。彼はよく人生で最も重要な人物について、自分は何一つ覚えていないと言っていた。「まあ、ちょっと大げさな言い草だが」と、彼は言う。「本当なんだ」。母親も、姉も、妻も、娘も愛してはいたが、彼の存在に影を落としたのはまだ生後四カ月のときに行方不明になった父親の亡霊だった。ミルチャノフスキの父親は検事で、当時はロブノと呼ばれていたポーランド東部の街に住んでいた。一九三九年九月二十三日、ソ連がポーランドに侵攻して一週間後、ソ連の内務人民委員部（ＮＫＶＤ）の局員が他の有力者たちと一緒に彼を市庁から拉致した。数日後に、監獄からこっそり持ち出されたメモにはこう書かれていた。「子どもを連れて逃げろ」。その後、一家は彼の消息を聞いていない。

ミルチャノフスキの言葉を借りれば「二人の子どもと祖父母を背負って」、母親は家族と一緒に最初は赤軍の占領地、次にドイツ軍の占領地を通り抜けた。まず心配したのは捕まってシベリアへ送られることで、次にドイツの強制収容所送りを恐れた。彼女の大胆さのおかげで、家族は無傷で生き延びた。

第二次世界大戦が終わると、ロブノに住んでいたミルチャノフスキ一家は大規模な住民入れ替えに巻きこまれた。スターリンはロブノをリウネに名称変更し、ウクライナに譲渡した。ミルチャノフスキ一家は追い立てられ、西へ六百五十キロも離れたシレジアの町に移った。そこは三百年間ポーランドが統治していない土地だった。

行方不明になった父親の幽霊がミルチャノフスキに取りつき、ソ連とその従属国であるポーランド人民共和国に対する憎悪を育てた。「ともかく共産主義に傾倒することはなかった」と、ミルチャノフスキは言う。若い頃は、背丈が小さかったのにボクシングに夢中になった。八十代になっても、冷たく鋭い目つきと、パンチを受けたり放ったりする男特有の闘犬のような激しさは変わっていない。一方に傾《かし》いだ口も喧嘩っ早そうな物腰を強調していた。

一九六二年に法律の学位を取得して卒業すると父親の足跡を追い、父親を奪った体制のもとで検事になった。法学部の同期生だったスワヴォミラ・オウタジェフスカと結婚し、バルト海沿岸の街シュチェチンに引っ越した。スワヴォミラは判事になった。

アンジェイとスワヴォミラのミルチャノフスキ夫妻は地方の名士として快適に暮らした。統一労働者党の高官とも親しく交わり、彼らを通してアレクサンドル・ソルジェニーツィンの『収容所群島』やポーランド人亡命者がパリで発行した反共産主義雑誌などを手に入れた。ミルチャノフスキはアメリカの声《ボイス・オブ・アメリカ》でウィリス・コノヴァーの『ジャズ・アワー』を聴くうちに米国のジャズにのめりこんだ。ルイ・アームストロング お得意の『マスクラット・ランブル』の簡易版とも言えるものをピアノで弾くことさえできた。

一九七〇年十二月、バルト海沿岸のいくつかの工業都市で食料品値上げに抗議するデモが発生した。シュチェチンでは、労働者が統一労働者党の本部に火を放った。ミルチャノフスキは流血の衝突を目にし、警察車両に轢《ひ》かれて重傷を負ったデモ参加者の女性の裁判を担当した。

政治について論議するために、労働者や知識人がミルチャノフスキのタウンハウスに集まるようになった。ストライキ委員会は本がずらりと並んだ彼の書斎で立ち上げられた。一九七一年一月、ストライキ委員会の代表が統一労働者党の第一書記エドヴァルト・ギエレクと会談し、要求の一部を受け入れさせた。その頃からミルチャノフスキは、昼間は著名な検事、夜は人民共和国の牙城を崩そうとする反体制派という二重生活を送るようになった。

目録作りが大好きなミルチャノフスキに言わせれば、自分が共産主義国家ポーランドで成功した法律家の「安楽な暮らし」を捨てたのには、三つの理由があったという。一つは、正義を追求せよと指示する父親の霊魂。二つ目は共産主義に対する本能的な反発、三つ目は性格的欠陥——「ぼくは野心家なんだ」と、彼は言う。

一九七〇年代はずっと、全国でストライキを展開するさまざまな種類の労働者や反体制グループに法律上の助言を与えていた。一九八一年十二月十三日に戒厳令が布告されると、ミルチャノフスキは懲役五年の刑を宣告された。アムネスティ・インターナショナルは彼を「良心の囚人」と認定した。一九八四年四月に刑期短縮で釈放されたあとも、四年間地下活動を続けた。一九八九年の「円卓会議」では、「連帯」指導者のレフ・ワレサの法律問題についての相談役を務めた。

自由国家ポーランドの初代首相タデウシュ・マゾヴィエツキはミルチャノフスキに、ポーランド版司法長官にあたる検事総長の職を提供したが、ミルチャノフスキはことわった。彼はすでに検事だったからだ。数日後、マゾヴィエツキ首相は別のアイディアを思いついた。新生東欧で初めての自由主義の情報機関UOPの長官なら受けるのではないか？「そちらのほうがいいね」と、ミルチャノフスキは答えた。[92]

第九章　ヘマをするな

　ＵＯＰの長官になったアンジェイ・ミルチャノフスキは、「連帯」の地下活動の仲間を何人か情報機関に引っ張ってきた。二十八歳でドレッドヘアの若者ピオトル・ニェムチクのような反体制派である。シュチェチンで「連帯」の印刷係をやっていたニェムチクは人目にたたないところで公安部の目を盗んで活動していたが、不法な組合報を発行したかどで二度収監されたことがある。

「連帯」の活動家として地下出版社を設立したり、西側の外交官や労働組合の代表者とこっそり連絡を取り合ったりしたのが諜報活動の良い訓練になったのは間違いない。「以前やっていたことと自然につながる仕事だった」と、ニェムチクは当時を思い出す。元共産主義者の情報員たちは最初、ニェムチクのような新参者を信用しなかった。それでも誰かが口にしたように、「(元) 平和主義者だって銃の好きなやつはいるし、(元) アナーキストだって秩序と規律を好む者もいる」のだ。[93]

　ミルチャノフスキにはこの国が経験豊かなスパイを必要としているのがわかっていた。周囲の危険な国々のことを考えれば、前にあったものを一からつくり直す余裕はなかった。古いもののなかから新しいものをリクルートする必要がある。そこで一九九〇年六月、共産政権時代に深刻な人権侵害を行った者だけを排除するために、内務省内部で職員の審査が始まった。

ミルチャノフスキの上司であるクシシュトフ・コズウォフスキ内務大臣が審査の中心となる中央選抜委員会を率い、ミルチャノフスキはその補佐となって、ニェムチクなど「連帯」活動家を数人、委員会に入れた。検証を行う委員会は全国津々浦々に設立され、かつて共産政権の存続のために働いた二万四千という膨大な数の情報員の審査にあたった。

検証の進め方は試行錯誤で探るしかない。「前例に沿うというわけにはいかなかった」と、コズウォフスキは振り返る。「誰もそんなことをしていなかったからだ。共産主義から抜け出た者はいなかった」。審査委員は「〝連帯〟の倫理原則」に従わなければならなかった。[94] すなわち、民主的ポーランドを守る決意で、「一点の曇りもないモラルと愛国的姿勢」を持つ必要があった。委員会は法廷に似た形態で、一人の法律家が検事役、もう一人が弁護士役を務める。UOPの法律顧問ヴォイチェフ・ブロフヴィチはワルシャワの中央「法廷」で検事役を演じた。委員会は全国に四十八以上置かれていた。手違いが生じて悪党が見逃されることもあったが、この活動に参加した者全員が、ポーランドには最初からやり直す余裕がないのを承知していた。「これが日曜学校ではないのがわかっていた」と、ブロフヴィチは言う。「新しいポーランドには少々荒っぽい男女が必要だった」[95]

コズウォフスキ内務大臣はポーランドの民主化においては過去の革命のはまった罠——敗者への迫害——を避けようと決めていた。「共産体制の時代にやめさせようと戦ったことを、自分たちがしたいとは思わなかった」と、ドキュメンタリー映画『ポーランドの変革』のなかで、インタビューに答えてコズウォフスキは語っている。「別の言い方をすれば、仕返しはしたくないということだ」。世論は政府の考えとは違った。「国民は〝決定的瞬間〟を望んでいる。バスティーユ牢獄の奪取を」

コズウォフスキとミルチャノフスキUOP長官は元反体制派の人々と、公安部から誰を、どのくらいの人数を追放すべきか話し合った。外務省の人間は情報員全員から外交官の身分を取り上げたがった。ミルチャノフスキはそれに反対した。彼らは経験豊かなスパイであり、ソ連やテロや麻薬の密輸に関してすぐに利用できる情報を国に提供してくれる。ソ連のユダヤ系市民をイスラエルに輸送する「橋作戦」に関わる大使館員やイスラエルに運ばれるユダヤ人の安全のためにも有用である。

ミルチャノフスキはまた、ソ連をよく知る情報員を残したいと主張した。ゴルバチョフのおかげで改善されてはいるものの、ポーランド人の心にはソ連に対する恐怖が深く根を張っていた。内務省の職員のなかには、ミルチャノフスキと同じくソ連の内務人民委員部（ＮＫＶＤ）に両親を奪われた者が少なくなかった。ロシア人はポーランド国内に協力者の強固なネットワークを持っていた。「彼らを根絶やしにするか、せめて正体を知っておきたい」と、ミルチャノフスキは言った。「情報機関には、彼らをよく知る人間が必要だ」

全面追放を回避すべき理由はほかにもあった。「もし全面的廃棄《ゼロ・オプション》を目指せば」と、ミルチャノフスキは言う。「十分に訓練された情報員の部隊を敵に回すことになる」。そのことは、身上調査委員会と共産政権時代の情報員のグループが顔をそろえた会議の席上で明らかになった。「長官」と、情報員の一人がミルチャノフスキに質問した。「もしおれたち全員をクビにしたら抵抗運動が始まるかもしれない。それが心配じゃないんですか?」。多くの情報員の忠誠を得るために欠かせない措置として、政府は共産政権時代の勤続年数も年金に加算する法律を成立させた。こうした配慮によって、優秀な情報員を数多く引き留めることができた。

各情報機関に在籍した二万四千人のうち、一万四千人が審査を受けたいと申し出た。そのうちの一万人が審査に合格し、そのなかから七千人が再雇用された[96]。

はるかに規模の小さい第一局では、審査を通らなかったのは千人のうち三人だけだった。「対外諜報部門は省と党の知的エリートだった」と、元内務大臣のコズウォフスキは言う。「世界のどこへ行っても溶けこめるし、言葉も話せるし、どんな状況でもやるべきことを心得ている[97]」

この措置を進めるにあたって、ミルチャノフスキには強い味方がいた。CIAである。CIAは情報員の追放に反対した。その理由は単純だった。共産主義者のスパイの多くがきわめて優秀だったからだ。敵に回すより、一緒に働きたい相手だった。CIAはまた、情報員を解雇しすぎれば、解雇された者たちが抵抗して、いま東欧諸国で進んでいる変革を停滞させるかもしれないと心配した。「間違いなく」と、ミルチャノフスキは言う。「CIAは歴史の天秤の傾きを自分で決めようとしていた」

東欧諸国のなかには、CIAの異議申し立てに耳を貸さない国もあった。チェコスロヴァキアがその一つだった。一九八九年十二月、ビロード革命とヴァーツラフ・ハヴェルの大統領選出のあと、チェコスロヴァキアは自国の情報機関、内務省国家安全保障隊国家保安部（StB）を解体した。冷戦の最中、StBはイタリアの極左組織レッド・ブリゲードを支援し、テロリスト・グループに探知の難しいチェコスロヴァキア製プラスチック爆薬セムテックスを供給していたことで悪名を馳せていた。「ほとんどが劇作家か哲学者か俳優だった」と、CIAのミルト・ビアデンはチェコスロヴァキアの共産政権崩壊後の指導者をそう評した。「彼らがやったのは、せいぜい明かりを消し、ドアを閉めて、立ち去ることだけだった」

CIAはチェコ大統領ハヴェルを援助する別の方法を考え出した。装甲車を贈ったのだ。その装甲車はビアデンがラングレーの敷地内で試運転した。CIAはまた、プラハに米国大使として赴任するかつての子役スター、シャーリー・テンプル・ブラックに、報復のクーデターを起こす可能性のあるStB高官のリストを持たせて送り出した。一九九〇年初頭、一九二〇年代にユダヤ人の石炭王が建てたグレート・ギャツビーもどきの米国大使の豪邸で開かれた夜会で、ブラック大使はハヴェルを人気《ひとけ》のない一角に招いた。身体にしみこんだ芝居がかったしぐさで、彼女はボディスのなかからリストを引っ張り出し、「ここに書いてある人々は、あなたを悩ませる問題を引き起こす可能性があります」と、チェコ大統領に言った。リストを見て、ハヴェルは目を丸くした。そのリストに載っていたスパイはすぐさま年金付きで退職させられた(98)。

ポーランド人は、チェコスロヴァキアのスパイを全員解雇するというハヴェルの決定には反対だった。「全面的取り壊しを行うのは許されない時期だった」と、「統一作戦」の聡明な立案者アンジェイ・デルラトカは語る。「とても危険なときで、状況に目を光らせるプロの集団が必要だった。共産政権の頃は、隣国は三つしかなかった。それが二年もしないうちに七つに増えていた」。StBを解体したチェコ人は「まるで霧のなかの子どもで」「われわれはたくさんのことを教えてやった」という。デルラトカはチェコスロヴァキアの自傷行為によって亀裂が生じるだろうと予想した。一九九三年一月一日、チェコスロヴァキアはチェコ共和国とスロヴァキア共和国の二つに分裂し、「ビロード離婚」と呼ばれた。

ポーランドの情報機関はＣＩＡの「必然の」パートナーだった。ＣＩＡはポーランドの公安部についての知識は持っていたが、ＳｔＢのことはよく知らなかった。「局にはミスター・チェコスロヴァキアがいなかった」と、ビアデンは語っている。「パレヴィッチはポーランドを熟知していたが」。またハンガリー人は、「かなり頭でっかちなところがあり」、共同作戦には驚くほど無関心だった、とビアデンは言う。どのみち彼らはソ連のユダヤ人移送という任務から手を引いてしまった。東ドイツのシュタージは、とビアデンは続ける。「有能だが、ナチから抜け出せない不愉快なやつらでもある」。それに、西ドイツの情報機関、連邦情報局（ＢＮＤ）が吸収合併を進めている。「唯一協力できるのがポーランド人だ」と、ビアデンは言う。別のＣＩＡ局員で、のちに秘密作戦の指揮をとることになるマイケル・スリックもこう評価する。「東欧諸国のなかで、ポーランドは最も能力があるし、最も意欲的だった」。スリックはまた、米国とポーランドとの強い絆についても意識していた。両国の友情が国益に勝ることもあった。「引退後にも付き合いがある国はポーランドだけだ」と、スリックは言う。

ポーランドと協力するもう一つの理由は、パレヴィッチはじめ米国の情報機関の人間がポーランド政府のふところまで浸透していたことだった。ＣＩＡとポーランドの関係が深まった頃、パレヴィッチは以前、米国のスパイにリクルートしたポーランド人情報員とたまたま顔を合わせた。相手のことはよく知っていたが、パレヴィッチは初対面であるふりをした。「変な感じだったな」と、パレヴィッチは思い出す。「でも、時代は変わっていたからね」。またパレヴィッチは、全員ではないが、組織内にいる「腐ったリンゴ」が誰かをよく知っていた。のちに彼がモスクワとの関連を疑われる情報員のリストをコズウォフスキ内務大臣に渡すと、全員が解雇された。(99)

こうしたさまざまな知識があったから、CIAはすぐさま協力を推し進めても心配なかった。ソ連国内で、事態が恐ろしい速さで進行しているのを見れば、東欧の同盟国が一から情報機関を立ち上げるのを待っている余裕はない。それに、スパイ活動の隠蔽が巧みな共産主義国家というポーランドの色褪せない評判を利用したいとも願っていた。時間が最も重要な要素だった。

米政府のなかには元共産主義者のスパイに手を差し伸べるのに難色を示す者もいた。一九九〇年三月、国務副長官のローレンス・イーグルバーガーはブッシュ大統領に、ポーランド人は元共産主義者の官僚を追放するのに時間がかかりすぎていると不満を述べた。だが、ビアデンとレドモンドはその意見には与《くみ》せず、UOPと協力するという考えに賛意を示した。

「ヨーロッパで最も危険な不動産物件で暮らすポーランド人との付き合いから、利益を得られないことなどあるだろうか?」と、ビアデンは問いかける。「彼らは四十五年もKGBと関わりを持ってきた。彼らの言葉に耳を傾けるのが、われわれにできる最良のことなんじゃないのか?

そのうえ、彼らはわれわれとよく似ているように思える。それに、ソ連についてはわれわれとは比べものにならないほど知っている。一緒にやっていかなければならなかったのだから。そしてモスクワはいまなおナンバーワンのターゲットだ」

ポーランド情報機関の元共産主義者との協力の推進に影響をおよぼした大きな声の持ち主はジョン・パレヴィッチだった。確かに相手は統一労働者党の党員で、なかには心から党のイデオロギーを信奉していた者もいたが、パレヴィッチはなにより彼らがプロの情報員であることに重きを置いた。七月にワルシャワでザハルスキに会いたいと望んだのはそのためだった。パレヴィッチは、いまやポーランド政府を動かしているポーランドの反体制派に、CIAが優れたスパイ技術に敬意を払っているのを見せたかったのだ。「経験豊かな情報員との協力が不可欠だった」と、パレヴィッチは言う。何度となく行われた「連帯」主導の政府代表者との会議で、パレヴィッチはそのたびにかつての敵を絶賛した。「ジョン・パレヴィッチの意見は重みがあった」と、UOPの長官だったアンジェイ・ミルチャノフスキは認める。「彼はポーランドの情報機関の大変なエキスパートで、私たちのことを知っているだけではなく、庁舎のデスクの配置まで覚えていて、一つでも場違いなものがあると、それに気づく」

「アンジェイは私の意見を真剣に聞いてくれた」と、パレヴィッチは回想する。「あの地位に就いたときに彼が直感的に思ったのは、連中に仕返しをすることだった。自分を牢獄に送ったやつらと結びつけて考えたんだ。だが、やんわりと圧力をかけて、彼を正しい方向に導いた。情報の世界はまったく別物であるのを納得させられた」。UOPの構造改革を行うことで、ミルチャノフスキは組織の土台の大部分をつくった元共産主義者の職員の尊敬を勝ち得た。「みんな、あの人が大鉈《おおなた》を振るうんじゃないかと心配してたんだが、そうはしなかった」と、ザハルスキは言う。「情報機関にとって、ポーランドにとって、彼は金鉱のような存在だ」

「連帯」出身の職員と旧体制からいる職員が混在する組織で自分の構想を実現させるために、ミルチャノフスキには共産政権時代のスパイの協力者が必要だった。一人、適当な人物が見つかった。グロモスワフ・チェムピンスキ大佐である。

グロモスワフ・チェムピンスキはわし鼻と、射抜くようなダークブルーの目の持ち主で、米国人俳優トム・セレックにそっくりだった。一九四五年の第二次世界大戦終戦直後に生まれ、ほとんどどんな相手とも会話を始められる社交好きな青年に育った。ザハルスキと同様、人を惹きつける性格の裏に巨大なエゴを隠し持っていた。仕事の現場では、同僚の一人が指摘しているように、「一人オーケストラ」を演じる傾向があった。

チェムピンスキの父親はドイツ占領軍と戦った経験があり、一九五〇年代末に情報機関に職を得ようとしたが、国を愛する気持ちが強すぎる――つまりソ連を嫌っているという理由で採用されなかった。そこで飛行機の操縦を習い、東ドイツとの国境から百五十キロほどのところにある西部の街ポズナンで飛行クラブの管理人になった[100]。

チェムピンスキが十四歳になると、父親が飛行機に乗せてくれた。それ以来、飛ぶことに夢中になった。空軍に入るか、ポーランド国営航空LOTのパイロットになるのを夢見た。だが、身長が百九十センチまで伸びてしまい、ポーランドでプロのパイロットになる道は閉ざされた。

大学では経済学を専攻したが、低学年の頃はスポーツや酒に多くの時間を費やした。退学になる危険さえあったが、そのときバルバラ・マレクという女子学生と出会った。彼女はチェムピンスキから酒壜を遠ざけ、本に向かわせるようにした。「彼女が言うには、ぼくにはカリスマ性があるんだそうだ」と、チェムピンスキは思い起こす。「ぼくを信じきっていた」。卒業すると、二人はすぐに結婚した。

チェムピンスキは語学に弱かったが、戦略には長《た》けていた。大学を出ると警察に入り、その分野で頭抜けた成績を挙げた。訓練任務で火事が起きたとき、同僚の新人警官数人の命を救った。それでも上司は彼に不安を抱いていた。彼の人事報告書には、「物議を醸す」「気まぐれ」「管理が困難」「頑固」などと記されている。あれこれ思いつきすぎる、と上司たちは文句を言った。

一九七二年、第一局はチェムピンスキをワルシャワに呼んで面接を行った。ウォッカが山ほど入っている冷蔵庫付きのアパートメントに宿泊させて、総合テストや心理テストなどを受けさせた。チェムピンスキはウォッカには手を触れなかった。三日目に試験官たちの前に呼び出された。試験官から、読書量が足りないとか知識不足と指摘されたが、テストには合格した。

秋になるとチェムピンスキは、統一労働者党第一書記エドヴァルト・ギエレク率いる政府によって新設されたスパイ学校に入れられた。国の北部にある情報員訓練センターは東欧諸国で唯一の、ソ連の将校も教官もいないスパイ学校だった。そればかりか開校式で挨拶した当時国内治安担当の政治局員だったスタニスワフ・カニャは共産主義にも、ソ連にも、ワルシャワ条約機構にもいっさい触れなかった。ポーランドと、愛国主義と、経済を語っただけだった。

最優秀クラスには千人の候補者のなかから選ばれた八十人が在籍し、全員男性だった。二人一部屋を与えられ、五十人の教官の授業を受けた。教官のなかには、米国が資金を提供するラジオ・フリー・ヨーロッパに潜入して名を挙げたスパイもいた。センターの敷地には湖があるほか、室内プール、ジム、スウェーデン製の設備のあるバスルーム、核シェルターがあった。政府はさらにキャンパスに、もっぱら通信や電波を傍受して諜報活動を行う「シギント」の部隊を置いており、のちにこれが米国の役に立つことになる。

食事はワルシャワのグランド・ホテルのシェフの料理が出された。ウェイトレスは美人ぞろいで、午後五時になると仮設のバーができた。教官が生徒と一緒に酒を飲むのは、酒に飲まれないかどうかを見きわめる目的もあった。カリキュラムは、英語、スカイダイビング、銃火器の訓練などがあったが、それ以外にも重要な教科が組みこまれていた。友人の作り方を知っていること――それはどんなスパイにも不可欠の適性である。チェムピンスキのクラスには彼同様、のちに高評価の諜報員に成長する者が何人もいて、そのなかにはボグダン・リベラとアレクサンデル・マコフスキという、片やチェス・チャンピオン、片やボートレースのチャンピオンが含まれていた。ジョン・パレヴィッチは後年、チェムピンスキ以外にもこのクラスの人間を何人かCIAのエージェントにリクルートした。

チェムピンスキは一度、ポーランド西部で行われたグライダーの競技会に出るために授業をサボって学校を追い出されかけた。その日はヴロツワフで尾行の実地訓練をする予定だった。学校の管理官たちは、競技の勝利へ向かって驀進《ばくしん》している元気な若いパイロットのことを書き立てた新聞記事を見て、ようやくその事実を知った。チェムピンスキは注目の的になるのが好きだった。英語には苦戦したものの、彼はトップに近い成績で卒業し、時計と第一局の米国部門への配属という褒美を与えられた。

一九七六年、チェムピンスキはシカゴのポーランド領事館に科学部の副領事という身分で赴任した。彼はすぐに学習し、警察の監視カメラの位置と街の立ち入り危険区域をすべて記憶した。妻のバルバラと幼い娘イヴォナと三人で、レイクショア・ドライブ沿いの広々としたアパートメントで暮らした。これが最初の赴任であったのに、チェムピンスキの独立独歩の傾向が早くも表に現れた。シカゴのポーランド系コミュニティには反共産主義の熱い伝統があったにもかかわらず、彼は親密な関係を築くべきだと主張した。ポーランド系の神父にビザをもっと発行しろとか、ポーランド語の授業ができるように教会に資金を提供しろと政府に要望した。

シカゴ駐在の期間が短縮されたのは、チェムピンスキと同じクラスにいた人物が亡命し、CIAのジヨン・パレヴィッチにクラス全員の名前と赴任先を明かしたからだった。チェムピンスキはワルシャワに帰還し、ポーランドのFBIとも言うべき防諜担当を命じられた。一九七七年から八〇年までに、チェムピンスキとその同僚は五人の米国スパイの正体を暴いている。同じ頃CIAはククリンスキ大佐などの情報源のおかげで、ポーランドから情報を盗み出していた。「健全な競争だった」と、チェムピンスキは言う。彼は一九八〇年に第一局に復帰した。

グロモスワフとバルバラのチェムピンスキ夫妻は、ワルシャワの大きな社交界の中心的存在になった。若くて美しく、躍動的で才能豊かな二人は理想的な夫婦であり、パーティの主役だった。彼らがいない行事など想像できなかった。一九八二年一月、バルバラは長男を産んだ。バルバラはすぐに気づいた。グロモスワフは信じたがらなかったが、息子の視線が気になった。長男のピオトルはダウン症だった。

ピオトルの面倒をみるために、バルバラは貿易業務における将来有望な職をあきらめた。チェムピンスキは悲しみと落胆を追い払うためにスポーツに熱中した。仕事にも没頭した。夜になると、二人は涙を流した。「おたがいにベッドで相手に触れられなかった」[101]と、チェムピンスキは思い出す。

第一局は、障害を持つ子どもがより良い手当を受けられる西欧への配属を提案してくれた。チェムピンスキ一家はジュネーヴに派遣され、そこで彼はポーランドの国連代表団一等書記官という身分を隠れ蓑にして働いた。駐在期間中、ピオトルはスイスの施設に通った。そこで介助なしで食事をし、風呂に入るすべを学んだ。専門家は二十歳前には言葉もしゃべるようになるだろうと予見して、実際そのとおりになった。

チェムピンスキは仕事が好きだった。米国人、アラブ人、イスラエル人、ドイツ人と交際した。英国のスパイとも親しくなった。あるとき、米国は彼をリクルートしようと試み、釣り上げ役としてジョン・パレヴィッチを送りこんできた。米国の国連代表団で働くCIA局員の家で開かれたささやかなディナーの席で勧誘が行われる予定だった。だが、なんとも手際が悪かった。その家に着いたとたん、チェムピンスキはそこで何が行われるかを察知した。ドアベルを鳴らすと、米国のスパイが玄関に出てきたので、チェムピンスキは今夜のディナーには出るつもりはないときっぱり言った。「それについでだが」と、彼は言い添えた。「今夜のことをワルシャワで生徒に教えるときに悪い例として使わせてもらうつもりだ」。それから何年もたって共産主義の凋落《ちょうらく》が訪れたあと、パレヴィッチはチェムピンスキを部屋の隅へ連れて行き、こう打ち明けた。「きみは私の大きな失敗例だ」。それでもパレヴィッチには、チェムピンスキの同級生の一人をリクルートして、(チェムピンスキには知られずに)何年も対外諜報部門の中核にいたまま米国のスパイとして活動させたことが慰めにはなったが。

ジュネーヴ駐在時代のチェムピンスキは独自の対外政策を追求していたように見える。ポーランドは戒厳令下にあったが、彼はワルシャワに電報を送って、西側、特に米国に経済制裁を解除させるために、政治犯に恩赦を与えるよう主張した。一九八三年に国連の会議に出席するために米国へ渡ったときは、合間を縫ってカリフォルニアで行われるグライダーの競技会に参加した。彼とバルバラはジュネーヴの社交界になくてはならない存在であり、チェムピンスキは男性だけでなく女性の関心も大いに惹きつけた。始終、女性を口説き、見事に籠絡していた。ある時期には、オーシャンブルーの目と女性受けする口髭のチェムピンスキがCIAの何人かの女性情報員のキャリアを危うくしているのではないかと不満を漏らすCIA局員もいた。彼は世界中で女性とねんごろになった。

チェムピンスキの自由奔放な行動がジュネーヴのKGB支局をいらだたせ、ワルシャワ条約機構のスパイでありながら、あまりにも責任感がなさすぎると非難の声が上がった。ソ連の情報員との会議をすっぽかしたことが何回かあった。よく知られた西側の情報員と親しく付き合った。ソ連には一度も行ったことがなかった。いずれ西側に亡命するという噂が出まわったこともある。彼は、自分を車のトランクに押しこめてジュネーヴからポーランドまで運ぶ計画があるのを嗅ぎつけた。彼は上司たちにこう言った。「ぼくのことがわかっていないようだ。ぼくはポーランド人であることに誇りを持っている。ポーランドを愛しているんだ」。その拉致作戦は取りやめになった。チェムピンスキは一九八七年に帰国した。そのときは対外諜報部門の責任者になっていた。

ワルシャワに戻ると、チェムピンスキは部下を率いて、西側の外交官やスパイの疑いのある者の家を捜索した。CIAの支局長ビル・ノーヴィルと妻のマギーが所有するアパートメントにも踏みこんだ。ノーヴィルをリクルートしたかったからだ。「ぼくはビル・ノーヴィルという人間を本人以上によく知っていた」と、チェムピンスキは自慢する。「彼はぼくのターゲットだった。残念ながら、家では何も見つからなかったが」

一九八九年に政治変革が起きると、チェムピンスキはこれで何もかもが崩壊し、自分は職を失うことになると覚悟した。彼は自前の事業で暮らしを立てようと、自動車の販売会社の設立を計画した。車を買うために列ができるポーランドでは手堅い商売だった。ところが、CIAがミルチャノフスキUOP長官とコズウォフスキ内務大臣にできるだけ多くの情報員を――特に工作の経験が豊かな情報員を積極的に残すよう働きかけた。チェムピンスキは二日間、単独で十二人の審査官を前に自分の経歴を細かく語った。その頃にはすでにＣＩＡとの話し合いが始まっており、ＣＩＡのノーヴィルはもう敵対国に潜む秘密情報員ではなく、新しい友好国で世間に公表ずみの支局長になっていた。ノーヴィルは自分も審査の場に行って、チェムピンスキのために証言するとまで言った。その必要はなかった。チェムピンスキは審査に合格した。

組織に残るのが決まると、チェムピンスキはワルシャワで行われる審査の場で、第一局の他の情報員の弁護を始めた。同僚を支援したことで、彼の評価は大いに上がった。審査で主任「検事」の役割を務めたヴォイチェフ・ブロフヴィチがチェムピンスキと対決した。「支離滅裂な男だった」と、ブロフヴィチは言う。「自分勝手で、不愉快。誇大妄想の気があって、いらいらさせられた。だが、嘘をつかれたことは一度もない。のちに成長して本物の指導者になった」

チェムピンスキは「統一作戦」で中心的な役割を演じた。一九八九年十一月、対外諜報活動を統轄するヘンリク・ヤシクはチェムピンスキに、ジュネーヴ時代からの友人で、表向き英国国連代表団の外交官の身分でスパイ活動をしていたイアン・ペンダーズ・チャーマーズと接触するように命じた。当時チャーマーズは英国の対外諜報機関であるＭＩ６の副局長をしていた。スパイたちが好んで内々の会合を行う街ウィーンで四回話し合いを持つあいだに、チェムピンスキはドイツとソ連の極秘の会談についてポーランドが持っている情報と、ワルシャワはいかなるものであれモスクワとボンの秘密の合意には反対することをチャーマーズに伝えた。一九九〇年四月の四回目の会合では、二人はＵＯＰとＭＩ６が正式な関係を結ぶことで合意した。ＣＩＡによるリスボン協議の数週間前のことである。

一九九〇年、ヤシクはチェムピンスキをＵＯＰの作戦部長に昇進させた。内務省内に特殊作戦グループをつくるというスワヴォミル・ペテリツキのアイディアを一番強く推したのはチェムピンスキだった。実は、この部門の略称ＧＲＯＭには二つの意味がある。「雷鳴」の意味であると同時に、チェムピンスキの名グロモスワフの語根でもあるのだ。

チェムピンスキはＵＯＰの秘密作戦の責任者として熱心に働いた。「とにかく行動したくてたまらなかった」と、彼は言う。「管理職にはなりたくなかった」。米国人が大好きで、ＣＩＡが自分をスパイ要員にリクルートしようとして失敗したことを許しており、「ときによっては、リクルートしなくても味方につけることはできるんだ」と語っていた。

ワルシャワの情報活動の中枢において、チェムピンスキは共産政権時代の情報員の文化と「連帯」出身の情報員の文化を巧みに混ぜ合わせることができるのを証明してみせた。「彼は新入部員のなかに保守派を交ぜて一緒に仕事をさせた」と、ポーランド人の調査報道記者で、情報員訓練センターの最優秀クラスに関する本を書いたピオトル・ピトラコフスキは言う。「火と水を結婚させたんだ」[102]

革命が起きて、勢力の急激な交代が起きないことは稀である。ポーランドの試みはその数少ない例外の一つになった。ポーランド政府の上層部は新体制を導入するために旧体制をお払い箱にするのではなく、共産主義の構造基盤の多くを残したまま民主主義に移行するという画期的な決断を行った。そのドラマのなかで主要な役割を演じたのが、ＣＩＡの支援を受けたポーランド情報機関の幹部たちである。それを行ったのは、共産主義者らしからぬ共産主義者たちだった。ヨシフ・スターリンは正しかった。ポーランド人を革命主義者に変えるのは、牛に鞍を置くのと同じくらい難しいのだ。

第三部　危険な協力

第十章　バグダッドの不意打ち

一九八九年十二月のある金曜日の午後、ジョン・フィーリー・ジュニア大尉は上官に呼ばれ、フロリダ州タンパにある米国中央軍司令部の情報本部のオフィスに出頭した。「シュワルツコフ将軍が、一つ訊きたいことがあると言っている」。ヘンリー・ドルフス准将が中央軍司令官ノーマン・シュワルツコフ将軍の名を出して、そう言った。「中東で起きることで最悪のものは何だろうか？」

当時三十九歳のフィーリーは一九六九年に陸軍士官学校《ウエストポイント》に入学して以来、陸軍を離れたことは一度もない。ベトナム戦争に出征した人々から戦略を学び、カリフォルニア大学バークレー校で中国史を学んだ。大学では気前のよい陸軍の奨学金のおかげで、ドラッグの密売でもしているのではないかと疑われるほど羽ぶりがよかった。ドイツ駐留の歩兵師団に機甲部隊将校として勤務し、陸軍の国立訓練センターではシミュレーションでソ連指揮官の役割をたっぷり演じたことで、ロシア人の戦術を把握できた。陸軍士官学校で世界史を教えていた彼は、ひと月前にベルリンの壁が崩れたことから、中央軍には間違いなく新たな任務が与えられるだろうと察知した。冷戦が終わり、軍事費が平和目的の支出に割り振られる事態が予想されるいま、「誰も彼もが、何かやるべきことを探していた」と、フィーリーは当時を思い返す[103]。

南カリフォルニアで育った頃から優れた船乗りだったフィーリーは、シュワルツコフから宿題を与えられた翌日にヨットレースに出場した。レースは土曜日だったので、日曜日に出勤してレポートを書き上げ、月曜日に提出した。中東で想定される最悪のシナリオは、イラクの独裁者サダム・フセインがクウェートに侵攻し、次に南に下ってサウジアラビアの油田を押さえてしまうことだ、とフィーリーは結論した。その週の金曜日、彼は呼ばれて、シュワルツコフはじめ中央軍司令部の面々を前にブリーフィングを行った。

フィーリーのレポートは寝耳に水だった。イランのシャーの国外追放と、一九七九年から八一年にかけてのイランの米国大使館人質事件以来、米国の敵はイランであり、イラクではなかった。一九八〇年から八八年のイラン・イラク戦争のあいだ、米国はサダム・フセインに情報と兵器を与えてきた。ところがいま米陸軍の士官が、盟友関係にあるはずのフセインを中東の安定に対する最大の脅威と名指ししたのだ。それでもフィーリーのレポートは中東で米軍が集めた情報と矛盾しなかった。イランは先の戦争で弱体化したが、フセインの軍隊は強大で、ソ連の援助を受けてさらに増強されている。米国政府でさえ、一九八九年までイラクに軍事物資を売り続けていた。

シュワルツコフはフィーリーに、ワシントンへ行って国防総省、ＣＩＡ、国防情報局にブリーフィングをしろと命じた。フィーリーがタンパに戻ると、シュワルツコフのスタッフと一緒に起こりうる侵攻に備えるプランを立てるように命じられた。続いてシュワルツコフは、そのプランをテストするためにフロリダ州北西部の突出部《パンハンドル》にある空軍基地で模擬演習を行うよう、スタッフとフィーリーに命じた。

そうこうするうちに、一九九〇年七月になった。その春以来サダム・フセインは、クウェートと他のOPEC（石油輸出国機構）加盟国が戦争で疲弊したイラク経済を痛めつけるために原油価格を意図的に下落させたと非難していた。フセインはクウェートとサウジアラビアを脅すようになっていた。模擬演習のシナリオが同時進行で現実になっていったので、フィーリーは自分のいる位置がわからなくなったほどだった。連日、彼は二度のブリーフィングを行った。一回は模擬演習の参加者に、もう一回は中央軍司令部に。模擬演習と現実が融け合い始めた。

七月二十三日、シュワルツコフはフィーリーに衛星写真を持ってクウェートへ飛べと命じた。クウェートを統治するサバーハ一族のメンバーに写真を見せて、国境付近でイラクが何をしているかを知らせるためだ。フセインは部隊を集結させていた。報告は自分と中央軍だけにして国務省やCIAには知らせるな、とシュワルツコフはフィーリーに指示した。

国務省と国防総省は、フセインの戦略をどう読むかで見解が根本的に異なっていた。米国の大使館員は、イラクの独裁者ははったり《ブラフ》をかけているとクウェートの首長に伝えていた。クウェートとサウジアラビアがフセインに金をつかませれば騒ぎは収まると予想していた。米陸軍が危機を煽《あお》っているのだ、と彼らは主張した。一方シュワルツコフは、フセインは真剣であり、クウェートの支配者たちには目覚まし時計が必要だと考えていた。

クウェートシティに着くと、フィーリーは七月二十七日と二十八日に王族のメンバーにブリーフィングを行った。フィーリーが伝えたのは、これは決してブラフではなく、危機は本物だということだった。

彼は衛星写真に写っているのに、みんなが見逃したものを指摘した。軍装備品のなかに水を運ぶトラックが交じっている点だ。これは軍がまもなく移動することを意味する。

八月一日の夜、フィーリーは米国大使館のレセプションに出てから、通りの向かいにあるインターナショナル・ホテル・クウェートに戻った。午前二時三十分、爆発音で目が覚めた。砲火が夜空を輝かせた。衝撃でホテルの建物が振動した。フィーリーは大使館へ走り、安全な回線を使ってタンパの中央軍司令部に電話した。「おい、始まったぞ」。彼はフロリダの同僚にそう伝えた。この侵攻を予測し、それに対抗するプランを立てるのを手伝った男フィーリーが、いまクウェートで立ち往生していた。

それから数日のあいだに、数百の米国人が大使館に逃げこんできた。そのなかには攻撃の始まる数時間前に英国航空の便で到着して、どこにも行き場所のない米国人旅行者たちも含まれていた。イラク兵がクウェートシティに侵入し、ホテルにいる西欧人を拘束し始めた。シェラトン・ホテルから連れ去られた者の一人に、米陸軍少佐でサウジアラビア駐在の軍事顧問だったマーティン・スタントンがいた。中央軍の旅行禁止令を破って、週末の観光にクウェートシティに来ていたのだ。

イラクの秘密警察が二人の英国士官を捕らえ、殴打・拷問して拘禁した。その行為が伝えられると、米国大使館に配属された軍人たちに不安が広がった。そうした状況に応じて、クウェートにいる米軍関係者は身分証明書や軍服その他、軍とのつながりを示すものをすべて破棄した。米軍将兵とクウェート在住の米国人は、モトローラの無線機を使って占領に関する情報を交換する無線ネットワークをつくり上げた。米軍将兵の多くはまだ封鎖されていないサウジアラビアとの国境を越えて南へ逃げることを望んでいた。ところが、クウェート駐在米国大使W・ナサニエル・ハウウェルは殺される者が出るのを恐れた。彼は全員に外交官パスポートを持って外出するのを禁止して大いに不評を買った。それでもCIA支局長ハンター・ダウンズの娘など少数の米国人が、イラク軍が国境を封鎖して本気であることを示すために英国市民を殺した八月十一日の前にひそかに脱出した。石油会社の従業員、教師、ビジネスマン、ビジネスウーマンなど数百の米国人が自宅に身を潜めた。

八月六日、イラク兵が西欧人を拘束しているという報告を受けたハウウェル大使は、外交官パスポートを持ち、家族のいる米軍の軍人を大使館に急ぎ収容する許可を出した。そのうちの一人に四十二歳の陸軍少佐フレッド・ハートがいた。ハートが所属していたのは、クウェート軍への米国製兵器売却を管理する米国連絡事務所だった。二人の子の父親であるジョージア州生まれのハートの母親は上海から移住した白系ロシア人で、空軍のパイロットにロシア語を教えていた。

ハートは、軍隊言葉で「銃の密輸人《ガン・ランナー》」と愛情を込めて呼ばれていた。仕事は割のいいもののはずだった。クウェート人はおおらかだし、そのポストは昇進への「おいしい」切符と考えられていた。ところがいつの間にかハートとその家族――妻のクリス、六歳のナターシャ、二歳のメアリー――は、侵攻を生き延びなければならない状況に置かれていた。

フセインが侵攻する前夜、ハートはイラクとの国境にいて、イラク軍が集結して攻撃を準備しているのを目撃した。国土防衛のために配備された北クウェート旅団に知らせようとしたが、指揮官たちはすでに逃亡していた。侵攻の夜、ハートは自宅の屋根に上り、花火のように閃光が飛び散るのを眺めた。国境近くのレーダー施設にいたウェスティングハウスの技術者が大使館に伝えたところによれば、侵入したイラク軍は丘を転がり落ちる巨大な鉄パイプのようだったという。朝になって明るくなると、首長の主邸であるバヤン宮殿と国際空港が空爆された。ハートは、八十二空挺師団を送ってほしいと懇願するクウェート軍大佐の電話に対応した。クウェート軍は何の準備もできていなかった。

八月八日、大使館のそばで重火器の砲弾が炸裂し、曳光弾《えいこう》が何発も敷地のなかに飛んできた。館内にいる者は全員、地下室でじっとしているように命じられた。何分かたつと、砲撃がやんだ。その時点で、ここが現代のアラモ砦になるのを見たくなかったハウウェル大使は武装解除し、中央軍との通信回線を切るよう海兵隊に命じた。海兵隊の警備分遣隊は命令に従うしかなかった。彼らは取り囲むイラク兵に見えるように武装を解いた。それでも、通信回線は切らずに維持した。「すべての命令に従うことはできなかった」と、フィーリーは言う。「外の世界に開かれた回線を保っておかなければならない」。ハウウェルはイラク兵が敷地に侵入するのが怖くて、自分を見失っていた。

大使館のなかに百七十五人が詰めこまれていた。ハートは、クウェートに二年駐在して、かなりアラビア語のしゃべれるデイヴ・フォーティーズ准尉とともに軽食の材料の備蓄を調べたが、数日分しか残っていなかった。建前上アルコールは禁止されている国でビールを自家醸造していたおかげで、フォーティーズはクウェート人や海外駐在員とつながりがあった。フォーティーズとハートが食料品の調達の仕事を引き受けた。毎日、二人は新型モデルのシボレー・ブレイザーに乗ってこっそり大使館を出ると、フォーティーズの知り合いを訪ねて調達を行った。フォーティーズの情報源のインド人はクウェートシティ郊外にある闇倉庫に手づるがあった。ある朝、ツナ缶と冷凍七面鳥を手に入れようとしていると、イラク兵の小隊がやって来た。二人はとっさに小麦粉袋の陰に身をひそめ、イラク兵が箱入りのペプシコーラを賄賂にもらって引き上げるまで隠れていた。二人はツナ缶と七面鳥に加えて、五十ポンド（約二十三キロ）の小麦粉袋十数個と冷凍した牛肉を船荷ごと買うことにした。米国人は食料品の支払いにIOU、つまり借用書を使っていた。紛争が終わったら米政府が返済する約束になっており、一番大きい額のIOUは二万ドルだった。米政府がこの借用書の支払いをしたかどうか定かではない。

大使館では、だいたいが軍人の配偶者である女性たちが料理を引き受け、居住区の管理をした。大人は一日一食、子どもは二食と決められた。二週間が過ぎると、大使館の敷地にいる成人の体重が平均七キロも減った。

食料は別の目的にも役立った。CIAの支局長ハンター・ダウンズは本国からイラク軍の動きや化学兵器とスカッド・ミサイルに関する情報を求められていた。ハートもフォーティーズもその二つの兵器を実際に見ていなかったが、大規模な略奪や徴発は目撃した。金の装飾品を扱う店が立ち並ぶクウェート・ゴールド・スークは文字どおり丸裸にされた。ある米国の外交官のアパートメントでは、イラク兵がゲインズ－バーガーズのドッグフードをグリルで焼いているのが見られた。

一九八九年以来、ハートはクウェートでCIAのアルバイトをしていた。支局長のダウンズは名高き冷戦戦士で、ソ連の脅威に対抗することに心血を注いでいた。ダウンズはハートに、クウェート駐在のロシアの将校と関係を築いてほしいと頼んだ。ダウンズが課した仕事は、クウェートがソ連から購入した装備品のシリアルナンバーを集めて、それが新品なのか余剰品なのか見きわめることだった。米ソの軍縮協定によって、一部の通常兵器は余剰品を売却できないことになっていた。ハートはロシア人が不正をしているのを暴いて、ダウンズを大喜びさせた。

侵攻から数日後、ロシア人はイリューシン76輸送機で到着した。それから数時間としないうちにロシア人大佐からハートに電話があり、国外へ飛び立つ輸送機に彼と家族の席を用意すると言ってきた。ハートは丁重に固辞した。

米国と英国がクウェート解放のために連合軍をつくろうとしているあいだに、現地の外交官の運命を決める交渉が進行した。フセインの政府は八月二十三日に、軍がクウェートにある大使館をすべて閉鎖すると発表した。外交官パスポートを持つ者とその家族はバグダッドに移動する。それ以外のクウェートにいる外国人はイラク占領軍に降伏せよという指示が出た。

フィーリーは米国の公用旅券を所持してクウェートに来たので、外交官の資格はなかった。だが、もし正体を隠して他の大使館スタッフと一緒に国外へ出てバグダッドに行くのであれば、外交官の身分が必要になる。大使館員が外交旅券を見つけてきた。休暇で出かけた口髭の米国人が置いていったものだ。「この男と名乗っても通用しますよ」と言って、大使館員はパスポートを渡した。フィーリーはパスポート写真に合わせて髭を伸ばし始めた。

ハートと連絡事務所のチームは五十七人の米国人外交官、その家族、一部の私物、四百リットル以上の水と残りのツナ缶で車の隊列《コンボイ》を組んだ。八月二十三日の朝六時、コンボイはクウェートシティを離れ、六百七十キロ離れたバグダッドを目指した。ハウウェル大使の乗る、米国国旗をひるがえした巨大な黒のキャデラックが先頭を切った。ハートとフォーティーズはほんの少し残っていた反射ステッカーをダクトテープで車の屋根に貼りつけて、米国の衛星がコンボイの移動を捕捉できるようにした。

クウェートシティを出ると、完全に破壊された風景が米国人たちを待っていた。死体、燃え尽きた車、崩れた建物、それにイラク兵の大群。ドライバーのなかには殺戮の現場に目を奪われて、前を走る車に追突した者もいた。重傷を負った一人は、手術を受けるために急ぎクウェートシティへ運ばれていった。

サフワンの国境検問所の両側には、何千もの避難民が集まっていた。イラク兵が米国人の乗る車の屋根に小銃の床尾《しょうび》をたたきつけながらコンボイの脇を行進していった。日差しを浴びて気温が五十度近くあるのに、国境警備隊はコンボイを四時間足留めした。ハウウェル大使の犬をはじめ、何頭ものペットが死んだ。米国人たちは子どもを死なせないために、貴重な飲み水を身体にかけてやった。ハート少佐一家は、熱射病にかかった娘のメアリーにまるまるひとケースの水を使った。やがてようやくイラク兵が手を振ってコンボイを通した。バグダッドまでの道のなかばで、ハートが衰弱状態に陥りかけた。夜明け前からコンボイの編成をし、暑熱とストレスで消耗していたのだ。妻のクリスがハンドルを握った。

八月二十四日午前一時三十分、コンボイはバグダッドの米国大使館に到着した。全員が二十四時間、飲まず食わず、休みなしだった。ジョセフ・ウィルソン首席公使が苦しむ旅客を冷たい飲み物とカナッペでもてなし、大使館の周辺にある外交官用の空き家に収容した。

イラク政府が女性と子どもの出国を許可したので、八月二十六日にトルコ国境へ向かって出発した。マニュアル車を運転できる女性は二人しかいなかった。クリスがその一人だった。大使館の装甲車にナターシャと二歳のメアリーを乗せて走らせた。長い道中、メアリーはずっと吐き気に苦しみ、母親が運転しているのでナターシャが妹の面倒をみた。

バグダッドの北の検問所へ着くたびに車を停められたため、女性と子どものコンボイがトルコとの国境のイブラヒム・ハリル検問所までの五百キロあまりを走りきるのに二十時間かかった。国境に着くと、イラク兵が車を乗り捨ててディヤルバクルのNATO軍基地に運んでくれるバスのところまで歩けと、命じた。一行は基地から飛行機で帰国した。その日が記憶に残る一日になったのは、ハートの二十回目の結婚記念日だったからだけではなかった。「ぼくは打ちのめされていた」と、のちにハートは書いている。[104]「でも、家族が無事に国に帰ったのを知って幸福感に包まれた」。帰国した妻たちはメディアに何も話すなと指示された。夫の身が危なかったからだ。

フセインの政府はバグダッドの米国大使館に、クウェートで任務に就いていた十一人の米国軍人を全員引き渡すよう要求した。大使館はその要求を拒否し、最善を尽くして十一人を守ろうとした。フィーリーもそのうちの一人で、外交官パスポートで守られていた。大使館のブリーフィングに参加した西欧のジャーナリストは、バグダッドから送信する報告に米国軍人の名前を書かないよう要請された。

フィーリーは、自分にはどうしても捕まるわけにはいかない事情があるのを知っている米国人たちのあいだに、暗黙の了解があるのを感じていた。「彼らはぼくが酸の樽に足を漬けられるのを望んでいなかった。何が起きているか、洗いざらいフセインにしゃべってしまうようなことを」と、フィーリーは言う。もしイラク人が彼を捕まえようとしているのが明らかになったら、「ジェイソン・ボーンのようなＣＩＡの暗殺者がやって来て、頭を撃ち抜かれる」ことまで考えたという。ジョセフ・ウィルソン首席公使も、フィーリーが「イラク人にとって戦略的重要性のある貴重な軍事情報」を持っていると聞かされていた。フィーリーの身は何としても守らなければならなかった。[105]

クウェートから来た他の五人も米国政府の秘密を知っていた。ハートはＣＩＡを手助けしていた。ダウンズはＣＩＡの支局長だった。さらに三人、ＣＩＡと国家安全保障局に雇われた暗号解読者がおり、米国の信号通信技術に関する彼らの深い知識は、それが誰であれ米国の敵には金鉱に等しいものだった。

そうした「情報伝達者」の一人に、ニック・ラホーダがいた。ペンシルヴェニア州出身の四十一歳で、妻のメアリーと十代の娘ニコルはクリス・ハートと一緒のコンボイでイラクを出国していた。

ラホーダは消火栓のような身体つきだった。身長百七十五センチ、体重九十キロで、義弟の表現を借りると「ちょっと風変わりな」口髭を生やし、ビールを他の酒より好んだ。人になぐりかかるような性格ではないが、怒ると一歩も引かなくなる。気難しいブルーカラー・タイプの性格で、一度も地下で働いたことはなかったが、ペンシルヴェニアの鉱山労働者と言っても通った。スクラントンの近くにある古くから石炭と材木の産地として知られた町フォレストシティで高校を卒業したのち、ウェスタン・ユニオンで通信の仕事に就き、その経験を活かして米陸軍、アルコール・タバコ・火器取締局を経て、一九八五年にＣＩＡで通信技術と暗号解読の仕事に就いた。クウェートに来る前はミャンマーに配属されていた。

一九八八年は、ミャンマーでは動乱の年になった。全国で起きた暴動によって、一九六〇年代から国を統治していた軍事独裁政権は選挙の実施に同意したが、九月に軍事政権は選挙の結果を覆し、当選候補を拘禁して抗議運動参加者を殺害した。ラホーダはカタカタとやかましい音を立てて通信を傍受したり、大使館の報告を暗号化したりする機械に囲まれて一日二十時間仕事をした。神経と聴覚に異常をきたし、大酒を飲むようになった。故国への手紙に、処刑されたデモ参加者の首がいくつも野外市場にぶら下がっているのを見たと書いている。米国大使館の前だけでも五百人のデモ参加者が射殺された。ラホーダの家族はタイへ避難し、本人も一九八九年末にミャンマーを離れた。

米国で数カ月かけて神経を落ち着かせ、酒の問題に対処してから、一九九〇年二月にラホーダは家族を連れてクウェートに赴任した。フレッド・ハートの場合と同様、ラホーダの配属先は血なまぐさい政変をくぐり抜けた見返りであり、平穏無事なものであるはずだった。ところが突然、一家は避難民になった。ラホーダは特別な保護を必要とする六人の米国人のなかで一番階級が下だったが、一番神経質になっていた。

米国大使館では、ジョセフ・ウィルソン首席公使と警護特務部隊が秘密を知る男たちを国外に脱出させるためにいくつかの案を比較考量していた。一つ目の案はグループをヨルダンとの国境に行かせることだった。うまくすれば、出国しようと集まった何千もの避難民の混乱に紛れて国境を越えられるかもしれない。第二の案は軍事作戦を展開してシリア国境を強行突破しようというものだった。ある夜、フィーリーはシリア経由の脱出を試みると言われた。武器を磨いて準備が整ったが、最後の最後になって作戦は中止された。

イラクのクウェート侵攻から三日後の八月五日日曜日の朝、クシシュトフ・スモレンスキがワルシャワの自宅でちょうど朝食を終えたとき、UOPの当直員から電話がかかってきた。「あなたに緊急のメッセージが届いています、大尉」と、事務官は言った。キャリアのほとんどを米国をスパイすることに費やしてきたスモレンスキはいま、UOP米国担当部門の責任者として生まれつつあるCIAとの協力関係の中心にいた。

スモレンスキは登庁して電報を読んだ。「これは大事《おおごと》だ」と、彼は思った。イラクにいるポーランド人労働者から、フセインが米国人、日本人、フランス人、ドイツ人をバグダッドから北へ二百六十キロ行ったキルクーク郊外の砂漠に建つ化学工場に監禁したのを見たと報告があった。その労働者は、工場に押しこめられた人々の名前をバグダッドのポーランド大使館に伝えてきた。[106]

スモレンスキはCIAのワルシャワ支局長ビル・ノーヴィルに連絡をとった。スモレンスキの報告は、フセインが「人間の盾」戦術と呼ばれるものを実行しようとしていることの証しだった。軍事行動への防御手段としてイラクとクウェートにある多数の戦略拠点に配置されたのは、米国人百人、英国、ヨーロッパ諸国、オーストラリア、日本、クウェート各国の国民を合わせると七百人にのぼった。スモレンスキは、この情報を伝えるのは人道主義からだと考えていた。「みんな、愛する者の身を心配していた」と、彼は当時を振り返る。「せめてあれぐらいのことはしてやりたかった」

だが、スモレンスキが持っていた情報はそれだけではなかった。化学工場に収容された人のなかに、週末の休暇を利用してクウェートから姿を消した陸軍少佐マーティン・スタントンがいることをノーヴィルに伝えたのだ。ポーランド人労働者がスタントンから預かった手紙をバグダッドのポーランド大使館へ届け、それがワルシャワに電信で送られてきた。スモレンスキは電文をノーヴィルに渡した。そこには暗号文で、フセインの軍に黙認されて訪ねたいくつかの戦略拠点の様子が描写されていた。スタントンは四カ月、サダム・フセインの「特別ゲスト」としてイラクに滞在していた。

八月二十日、ノーヴィルはスモレンスキに、バグダッド周辺の建設作業をポーランドの企業が数多く請け負っているのだから、そちらはイラクの首都の詳細な地図を持っているのではないかと問い合わせてきた。答えはイエスだ。ポーランド企業は一九六五年からバグダッドで仕事をしており、地図製作者が何年もかけて完成させたものがあった。すでにイラク側の手に渡っているその地図は戦略的軍事情報の宝庫だった。バグダッドの下水道、配電網、フセインの各官邸や軍司令部と情報機関の本部、その他の官庁、工場、国家機密に関わる施設などの位置が描かれている。地図製作者たちはメモや初期段階の模型、スケッチなどを残しており、合わせると五十五キログラム近くある三つの大型鞄に詰めこまれていた。問題はそれをどうやってイラクから持ち出すかだ。

ポーランドのバグダッド現地担当官は経験豊かなスパイで、アラビア語と英語を流暢にあやつり、カイロとニューヨークに駐在したことのあるアンジェイ・マロンデ大佐だった。その年の二月から、マロンデは領事部の責任者という隠れ蓑で任務に就いていた。ポーランドは次の大使が決まっていなかったので、彼が大使館で最上位の職員だった。マロンデはフセインの「人間の盾」戦術を最も早く知った外国人の一人で、クウェート侵攻後すぐに行われたバース党指導部のパーティで耳にしていた。

地図一式をワルシャワに運ぶために、マロンデはバース党党員の知人に連絡して、ポーランド人労働者数人を避難させられるよう、LOT航空機をバグダッドへ飛来させる許可をもらえないかと打診してみた。労働者たちは重症で、緊急の治療が必要だと説明した。イラク側はその要請を却下した。だが九月に入ると、イラク外務省の副大臣がマロンデに連絡してきて、バグダッドからもう一人追加の乗客を運び出してくれるなら、飛行機の着陸を許可すると言ってきた。イラクの副首相タリク・アジズの親族で、クラクフで医学を学んでいた人物がポーランドに戻る手立てを懸命に探しているという。首席領事であるマロンデはその人物にビザを発行してやった。マロンデの妻が手ずからスタンプを押した。ついでのように、マロンデは大使館がワルシャワに「公文書」を三つの大きな袋に詰めて送るとイラクの係官に伝えた。係官はそれに同意した。

数日後、袋は数人のポーランド人と安堵したイラク人一人とともにワルシャワに到着した。その地図によって、米国とポーランドの協力関係は新しい段階に達した。ポーランド人は、「砂漠の嵐」作戦が始まり、米国の空軍と海軍のパイロットがバグダッドを目標とするときに利用することになる、たくさんの情報の詰まった三つの袋を提供したのだ。内務大臣のクシシュトフ・コズウォフスキはのちに、「米国人はあの袋となら、フロリダ州まるごとでも交換しただろう」と友人に語った。ほんの数カ月前には、CIAとポーランド情報機関の協力関係は表向き良好に見えた。それがいまは、実質的にも申し分ないものになった。

九月二十日の正午少し過ぎ、CIAワルシャワ支局長のノーヴィルがスモレンスキにまた電話をしてきて、緊急の会談を要請した。二人は侵攻後、ほとんど毎日のように話し合ってきた。スモレンスキは、クウェートとイラクから数千のポーランド人労働者を避難させるために政府が招集した臨時委員会に出席していた。彼は、米国側に有用な情報を入手することができた。

ノーヴィルはスモレンスキを大使館から石を投げれば届く距離にあるウヤズドゥフ公園の散歩に連れ出した。空は晴れ上がり、気温は二十度台前半を上下する陽気だった。スモレンスキは庁舎から歩いてきて、午後二時に公園の東南口に到着した。ノーヴィルが先に来ていた。ノーヴィルのこの律儀さは何かが起きた証しだろうと、スモレンスキは思った。どちらもブルーのスーツに地味なネクタイ、白いワイシャツに身を包んだ二人は、栗の並木道を歩いた。ノーヴィルが尾行の有無をチェックしてから、ベンチに座ろうと誘った。

ノーヴィルの話では、イラクから六人の米国軍人をこっそり逃がして——専門用語で言えば「撤収」

させて――もらえないかとポーランドに問い合わせるようCIAの本部に指示されたという。軍人たちの精神状態は悪化しており、いつイラク軍に捕まってもおかしくない状況らしい。

「なぜわれわれに頼むんだね？」と、スモレンスキが訊いた。

「きみたちならできるからだ」と、ノーヴィルは答えた。長年ククリンスキのようなスパイと協力したり、ザハルスキのようなスパイと戦ったりしているうちに、ノーヴィルやパレヴィッチなどCIAの人間はポーランドのスパイ技術の優秀さを確信していた。本部からポーランド人にできるかどうかを訊かれたとき、ノーヴィルはためらうことなくできると答えた。CIAはポーランドに、働きに応じた十分な報酬を払うつもりであることをノーヴィルは明言した。

CIAはすでに英国やドイツといった同盟国の情報機関に助力を要請していたのだが、どこも自国の人間を脱出させるので手いっぱいだった。米国は自分たちの力だけで成功させることはできなかった。バグダッドの米国大使館はイラクの部隊に包囲されていた。口にこそ出さなかったが、ワシントンの誰一人として、一九八〇年四月二十四日、イランに人質にされた米国大使館の人々を解放しようとして八人の米国軍人が死んだ悲惨なイーグルクロー作戦を繰り返したいとは思っていなかった。

ポーランド人なら、イランやクウェートですばらしい隠れ蓑を持っている。五千を超すポーランド人労働者、技術者、地図製作者、管理職がいて、ダムや道路や工場を建設している。三十のポーランド企業が二つの国にまたがって事業活動を行っている。単独にしろ複数にしろ、ポーランドのスパイならこうした保護膜のなかにもぐりこめる。それでもスモレンスキは面食らっていた。ただちに対外諜報活動の責任者ヘンリク・ヤシクに会ってこの要請について考えを訊いてみる、と彼は言った。「二十四時間、猶予をくれ」

メガネをかけ、読書好きで、用心深い性格のヘンリク・ヤシクはアンジェイ・ミルチャノフスキUOP長官のもとで対外諜報活動を統轄する責任者の第一候補だった。共産政権時代、彼が得意としていたのは産業スパイだったから、政治がらみの諜報活動に特化した同僚よりは人事に反対される余地は少ない。彼は人扱いがうまく、彼を補佐して作戦行動の指揮をとっているグロモスワフ・チェムピンスキより少し年上だった。内務省の人事評価表を見ると、もともとは情報源と親しくなるのが不得意な内向的な情報員だったのが、いつの間にか組織づくりの技術やセンスに優れた「並外れて慎重な」管理者という評価に変わっている[107]。

スモレンスキはその日の午後三時にヤシクと会った。二人は一ページだけの報告書を書いて、ミルチャノフスキ長官にノーヴィルの提案を「検討」させてほしいと要望した。スモレンスキが言うように、この表現は「言葉遊びの極み」である。彼らが求めていたのが検討する許可ではなく、この任務を実行する許可であるのは誰の目にも明らかだった。ヤシクは報告書をミルチャノフスキに提出した。

共産政権時代のスパイであるヤシクと「連帯」出身の元囚人ミルチャノフスキはおかしな取り合わせだった。ヤシクは農民一族の出だが、ミルチャノフスキの父親はソ連の秘密警察の顎門《あぎと》に飲みこまれて行方知れずになっている。ヤシクは用心深く、ミルチャノフスキは自称、冒険家。二人に共通しているのはボクシング愛だ。どちらも月に二度はグヴァルディア・ワルシャワ・スポーツソサイエティに試合を見に行く。のちに大変な有名人になるウクライナ出身の兄弟ボクサー、ヴィタリ・クリチコとウラジーミル・クリチコをデビュー間もない頃に見ている。二人はともに、将来有望なポーランド人ボクサーに金銭的支援を行っていた。

短い会話を交わしたあと、ミルチャノフスキはヤシクに親指を立ててみせた。当然であろう。一九九〇年のポーランドなのだ。国家の経済を救うために「ショック療法」措置がとられていた。ソ連軍の撤退についての交渉が行われていた。新世代の起業家が民間事業の海に次々と飛びこんでいた。共産主義者はもはや古い秩序の制御ができなくなっているのに、いまだに新しい世の中の支配権を握っている者はいない。あらゆる場所で賭け金がせり上がり、みんなが大きな賭けをしていた。

何十年かのちに法律家らしい厳密さで分析を行ったミルチャノフスキは、決断した理由を三つ挙げている。一つには、当時彼は情報機関の全面的な粛正を要求する「連帯」陣営内の純粋主義者から大きな圧力を受けていたことがある。ミルチャノフスキは共産政権時代の情報員を残すことが賢明な判断であるのを証明してみせたかった。「そうした攻撃を黙らせるためには、目を見張るような成功が必要だった」と、彼は言う[108]。

二つ目に、ミルチャノフスキはＣＩＡが現金や印刷機、一九八〇年代の闘争時の情報などで、どれだけ「連帯」を応援してくれたかを肌で感じて知っていた。彼自身がシュチェチンでやっていたことも直接ＣＩＡの支援の恩恵を受けていた。「冷戦に勝ったのは米国人だ」と、ミルチャノフスキは言う。「彼らには借りがある」。さらにもう一つ、新生ポーランドには施しを与えるだけでなく、敬意を払う価値があるのを米国に証明する必要がある、とミルチャノフスキが思っていたからでもあった。米国軍人を救出すれば、今後のＵＯＰとＣＩＡの協力関係の堅固な礎ができるにちがいない。

さまざまな角度からこの任務のことを考えると、みんながそれぞれ証明するものを持っていた。ヤシクにすれば、この作戦は共産主義者たちにポーランドへの忠誠心を示すチャンスを与えるものだった。ミルチャノフスキには、ポーランドが米国に忠実であるのを証明する機会だった。そしてノーヴィルにとっては、CIAがかつての敵と協調する決断の正しさを確認する機会になる。

ミルチャノフスキはこの決定を自分のレベルで止め、上司であるクシシュトフ・コズウォフスキ内務大臣や、さらにそのまた上司のタデウシュ・マゾヴィエツキ首相には相談しないことにした。どちらかの上司がこの任務に同意しないことを恐れたのだ。イラクには数千のポーランド人労働者がいるし、フセインが平気で一般市民に報復を行うことを考えれば、失敗した場合は途方もない負の結果が生じる可能性がある。そうした負の結果のなかには、新生ポーランドの崩壊さえあるかもしれない、とミルチャノフスキは思った。「われわれが捕らえられたらどうなるか想像できるかね？」と、彼は問いかける。「サダムはポーランド人を何人か処刑するだろう。そうなれば、〝連帯〟主導の政府は倒れるかもしれない。そのあとを誰が引き継ぐというんだ？」

ミルチャノフスキが独力でやる気になったのには政治的な理由もあった。一九八九年、「連帯」の指導者レフ・ワレサは自分が力を注いで民主的に成立した政府では正式な役職に就かないことを選択した。その彼がいま、次の大統領の座を望んでいた。ワレサは直接選挙で選ばれる新大統領になるべくロビー活動を始めた。東欧諸国で次々と共産政権が崩壊しているときに、元共産主義者の軍人であるヴォイチェフ・ヤルゼルスキが国の舵取りをするのは恥ずべきことだというのが彼の主張だった。マゾヴィエツキ首相も出馬を目指していた。いま首相に話を持ちこんでも、失敗すればワレサを破るチャンスをつぶしてしまうという理由で、作戦の遂行を認めないだろう。「もししくじったら責任はすべて背負うつもりで決断した」と、ミルチャノフスキは言う。「マイナス面があまりにも大きかったから、私のような馬鹿な副大臣ぐらいしか、やってみようと決断できなかっただろう」

その日の午後五時に、ヤシクはスモレンスキのオフィスに署名入りの文書を持って戻ってきた。そのときスモレンスキは計画の素案をつくっていた。この作戦の暗号名は「大撤退《グレート・エヴァキュエーション》」にしようと思っていた。だがすぐに、エヴァキュエーションに「排泄物」の意味もあるのはさておき、あまりにも大げさな作戦名だと考え直し、「友好的なサダム」で行くことにした。七時に、スモレンスキはノーヴィルに電話した。「青信号が点灯した」と、彼は言った。翌日、議会は大統領選挙の投票日を十一月二十五日に設定した。その選挙では、ワレサが決選投票でマゾヴィエツキなど数名の候補を打ち破ることになる。

次の問題は任務の指揮官の人選だった。ヤシクは当初、「友好的なサダム」作戦をバグダッドの支局の情報員に実行させるつもりだった。そこで、ワルシャワとバグダッドのあいだをおびただしい数の通信が行き交い始めた。ワルシャワ側は、現地担当官のマロンデにまかせられるだろうと考えた。だが、マロンデには自信がなかった。

スモレンスキはイラクから帰国した労働者から事情聴取して、どんな問題がありそうか把握しようとした。一つは、イラクの規則変更とでたらめな履行にあった。たとえば九月四日にイラク政府は外国の航空会社に対して、バグダッドへの着陸を禁止すると発表した。ところがまもなく、数便の航空機に着陸を許可した。そのうちの一機がワルシャワにバグダッドの地図の素材を運んだＬＯＴポーランド航空機だ。イラクはまた、国外へ出るには出国ビザが必要と新たな規則を設けたのだが、ビザなしで出国できた外国人が何人もいた。

ノーヴィルCIA支局長とスモレンスキは毎日顔を合わせた。ラングレーのCIA本部ではジョン・パレヴィッチや、中東担当の責任者レン・ミラーも含めたチームが編成され、シナリオが組まれた。米・ポーランド両国は、米国人をポーランド人労働者になりすまさせ、何らかの方法でイラクから抜け出させるのが最良のプランだと判断した。

もう一つの問題が、時間の遅れだった。バグダッドからの返信が来るのに三日かかることもあった。ラングレーでも同様に遅れが出ていた。二週間たって、ノーヴィルはマロンデの能力では「まとめられない」と判断した。

マロンデは六十歳に手の届く年齢で、情報員として三十六年勤務し、引退を心待ちにしていた。作戦が失敗したときにポーランド市民がどんな目に遭うかをおおっぴらに不安がっていた。スモレンスキが言ったように、マロンデは「こういうタイプの作戦に対処するには年をとりすぎて」いた。十月十日、マロンデは正式に「友好的なサダム」作戦の指揮官を外される通告を受けた。ワルシャワは別の人間を送らなければならなかった。

ヤシクはまず、このプロジェクトに最初から関わっているスモレンスキを候補に考えた。だが、ノーヴィルとCIAのチームは、スモレンスキをいまの立場に留まらせることを望んだ。彼は短期間で、優秀なスパイから余人をもって替え難い連絡将校に進化していたのだ。

マロンデ退場と同じ日に、グロモスワフ・チェムピンスキが米国での七週間におよぶ対テロ活動訓練コースを終えてワルシャワに戻ってきた。ヤシクはチェムピンスキのオフィスに電話して、志願する気はないかと尋ねた。秘密情報機関の部長を作戦の実行役にすれば、事がうまくいかなかった場合の損害が大きくなるのは間違いなかった。それでもヤシクの配下には、作戦を成功させるための経験と英語の能力を持っている工作員はわずかしかいなかった。「〝連帯〟の構成員から新たに採用した者はイラクを相手にする任務には未熟すぎた」と、当時、彼自身も新採用の局員だったピオトル・ニェムチクは回想する。「ヤシクはプロを必要としていた」。チェムピンスキであれば、米国側も納得した。彼はＣＩＡのポーランド語をしゃべれる人々から、「詐欺師」や「策略家」を意味するスラング「コンビナートル」と呼ばれていた。「彼なら誰よりもうまく立ちまわれる」と、ノーヴィルは言った。「この仕事には最適の人物だ[109]」

チェムピンスキは、脱出の準備だけに自分の役割を絞ることに同意した。米国人を移動させるのは別の人間がやることになる。ミルチャノフスキ長官はノーヴィルをオフィスに招いて、この結論を伝えた。グロモスワフ・チェムピンスキはバグダッドへ旅立った。

第十一章　出口なし

一九九〇年十月十二日、百八十の座席のあるLOTポーランド航空機がワルシャワを離陸、バグダッドへ向かった。乗客は二人だけ。新任の駐イラク・ポーランド大使のクシシュトフ・プロミンスキと、大使館に配属されたアンジェイ・ノヴァクという名の二等書記官だった。

ポーランドはこの二人の外交官の任命を「友好的なサダム」作戦開始の隠れ蓑に利用した。バグダッドではパーティが催され、会議が開かれ、ずっと休眠状態だった大使館は目覚めて、プロミンスキとノヴァクにバグダッドの街を案内した。実は、ノヴァクの正体はチェムピンスキだった。

機内持ちこみ手荷物に入れて、チェムピンスキは六人のポーランド人労働者のパスポートを持参した。CIAとポーランド人の偽造専門家が米国人グループのためにつくった偽物である。ラングレーのCIA本部で、いくつかの名前がパレヴィッチの目を惹いた。一つはマレク・アンデルスで、これは米国人にも発音ができる。もう一つの偽名はイェジ・トマシェフスキ——リスボンの現地担当官、尊敬すべきリカルドの姓を借りている。チェムピンスキのスーツケースには六人それぞれにぴったりのサイズで、ほどよくすり切れた生地で縫製した作業着も入っていた。

チェムピンスキは現地担当官のマロンデに大使館で初めて会った。マロンデはこの任務が成功する見込みについては懐疑的だった。一つには、行動の自由が奪われているからだ。外交官は一週間前までに許可を申請しないかぎり旅行は禁じられていた。また、許可されても行き先と行程、目的を申告する必要があった。

出国ビザがもう一つの頭痛の種だった。外国人がそれを手に入れるには本人が警察に出向く義務があるので、警察の記録に残ることになる。パスポートにクウェートにいた記録がある者は、そこでどんな活動をしていたかをイラク当局に告知しなければならなかった。

マロンデや他の大使館職員はチェムピンスキに、「友好的なサダム」作戦は時間の無駄遣いでしかないと言った。命取りになるぞ、とも。あまりに危険すぎる。規則は毎日のように変わっているのだから。うまくいく見込みはない。「万事休すか」と思ったとチェムピンスキは言う。「どうすればいいか何も思いつかなかった」

チェムピンスキは、普通の外交官よりもっと自由にバグダッドを動きまわりたかった。彼はポーランド人労働者が何も制限を受けていないのに気づいた。マロンデの妻が、侵攻前にイラクから撤退したポーランド国営企業の役員の身分証明書を探し出してきて、チェムピンスキにくれた。いまやチェムピンスキは二つの隠れ蓑を持っていた。外交官と企業役員という二つの顔を。

チェムピンスキは検問所で企業役員の身分証明書が通用するかどうか試してみた。イラクの首都をかなりくたびれたロシア車のラーダに乗って走りまわり、止められたり拘束されたりしないかどうか探りを入れた。何の問題も生じなかった。チェムピンスキは実業家の仮面もつけていることをワルシャワには黙っていた。結局のところ、彼が受けた命令は作戦を実行することではなく、他の者を監督するだけだった。彼はマロンデにも秘密にするように命じた。

ワルシャワでは、スモレンスキが配下のチームにバグダッド周辺の検問所と、街から出るおもなルートをすべて洗い出させた。四つのルートが候補にのぼった。空路か、あるいはヨルダン、シリア、トルコへの三つの陸路だ。当初チェムピンスキはシリア国境へ向かうルートを提案してきた。ヤシクは危険すぎるという理由で却下した。「あの人が正しかった」と、チェムピンスキはのちに言っている。それと並行して、スモレンスキはポーランドを訪れたことのある警察官の行方を追わせた。一九七〇年代、八〇年代には何千ものイラク人がポーランドに留学していた。そのうち少なくとも三人のポーランド語を話せるイラク人が国境の警備についているのがわかった。どんな犠牲を払っても、その三人とは鉢合わせしないようにしなければならない。

チェムピンスキがバグダッドに着く八日前の十月四日、フレッド・ハートら六人の男が大使館の警備責任者である米陸軍大佐と顔合わせをした。ハートが日記に書いたところによれば、全員をイラクから脱出させるために「独創的な手段」を考案中だと言われたらしい。大佐はつまびらかにはしなかったが、大急ぎでここを出なければならなくなるかもしれないので、荷物を小さなバッグにまとめておくように指示した。六人は二人ひと組に分けられた。ハートはニック・ラホーダと組んだ。ラホーダが今後のことでひどく神経質になっているのが、ハートにはすぐにわかった。「おれたちは殺されるんだ」と、一緒に荷物を詰めながら、ラホーダは言った。「嫌な予感がしてならない」。ハートはできるかぎりのことをしてラホーダを落ち着かせようとした。精いっぱい愛嬌を振りまいてラホーダの気分を和らげた。だが、ラホーダは緊張でこちこちになったままだった。(110)

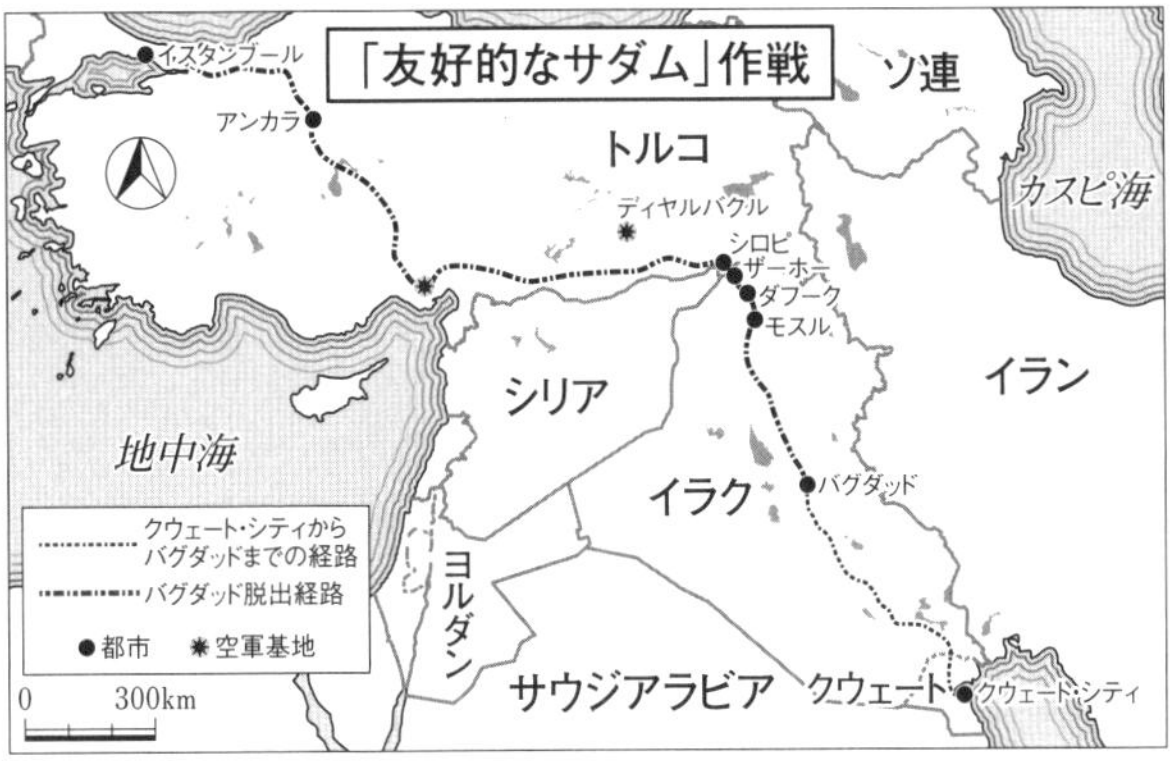

ポーランドのスパイが協力した湾岸危機時のCIAスパイたちの脱出経路

ジョセフ・ウィルソン首席公使は六人に歩哨の役目を与えた。六人は四六時中、大使館を出たり入ったりした。大使館を監視しているイラク人に、彼らが動きまわるのを見慣れさせるためだった。

十月十一日、ガザ地区でイスラエルの警備隊がパレスチナ人のデモ隊に発砲する事件が起きると、イラク政府は避難民用航空機を全面的にストップさせると脅しをかけた。「絶体絶命だ」と、ハートは日記に書いた。「バグダッドで四十日、侵攻から七十日たっている」。さらに、クウェートで働いていた人間を引き渡せと要求するイラク側の圧力が強まっているとも書いている。ジョセフ・ウィルソンはきっぱりその要求を拒否した。ハートはウィルソンがイラク外務省との電話で、大使館を煩わせるのをやめなければ、ブッシュ大統領に電話して爆撃を始めるよう頼むぞと警告するのを耳にした。

サダム・フセインがウィルソン首席公使宛てに、外国人をかくまって逮捕された者は死刑にすると脅す手紙を送ってくると、ウィルソンは首に手製の輪縄を巻いて記者会見に出た。「米国の一般市民を人質にさせたり処刑させたりするしかなくなったら、私は自前のロープを持って行くつもりだ」と、彼は宣言した。続いてイラクは、大使館への食料供給を全面的に停止した。ウィルソンは、大使館の背景説明会に出席を希望する者は小麦か米、砂糖などを必ずひと袋持って来るという新しいルールを定めた。彼はふたたび六人の男にイラクの圧力が強まっている事情を説明した。「知りたくなかった」と、ハートは書いている。「事態は行き詰まったままだ」

ジョセフ・ウィルソンは自分が六人の脱出に力を貸してやれないことを気に病んでいた。あるとき、午前二時にイラク軍のトラックが一台、大使館の正面に停まった。米海兵隊は銃を装塡して急襲に備えた。一時間ほどするとトラックはいなくなった。

十月十四日、大使館の警備責任者であるジョー・ムーニーハム大佐は六人の男と一緒に戦争捕虜の行動規範を復習した。その二日後、もう一度全員で会合を開き、ハートが他の五人に、ベトナム戦争中に米国人捕虜によって開発された戦争捕虜用の音を使う暗号《タップ・コード》を教えた。さらに六人は、もし捕らえられているあいだに写真を撮られる場合に備えて、指を使ってメッセージを送る技術を学んだ。それはHOSTAGE（人質）という単語をもとにしたものだった。Hは「人質になった」、Oは「街の外（out）」、Sは「無事（safe）」、Tは「拷問された（tortured）」、Aは「武装した（armed）警備兵」、Gは「週七日・二十四時間の監視（guarded）」、Eは「脱走（escape）不可能」を意味する。「イラク人がわれわれを拘禁するのが心配だった」と、ハートは日記に書いた。ラホーダはプレッシャーに負けそうになっていた。汗びっしょりになって悪夢から目覚めることがよくあった。

ハートとラホーダは周辺の地理に慣れるために、大使館近辺を散策するように言われた。フィーリーは国家安全保障局（NSA）の通信技術者ダン・ヘイルと組んで同じことをした。ダウンズもまた、相棒のランス（当時二十二歳だった暗号解読者だが、現在も政府で働いているので本名は明かすことができない）とともに同様の行動をとった。

十月十八日、六人は新たな脱出計画の説明を受けた。全員、ポーランド人労働者に変装するという。一人一人に偽名と偽の経歴が与えられ、配られたポーランド語の慣用表現集を覚えるように命じられた。いずれポーランドのパスポートが用意され、何人かのポーランド人と一緒にイラクを出ることになる。フィーリーは、東欧の人間になりすますと言われて「びっくり仰天した」記憶があるが、それほどくよくよとは考えなかった。任務に集中していたからだ。「ぼくにはポーランド人の家族がいて、ポーランド人の名前があった。ポーランド語を少し勉強しなければならなかった。ポーランド人がわれわれの〝e&e〟に手を貸してくれるんだ」と、フィーリーは「脱出生還」を意味する軍隊のスラングを使った。頑固な冷戦戦士であるダウンズは、建前上はいまだにワルシャワ条約機構の一員である国に頼ることに不満たらたらだった。「やつらはイラク人とも示し合わせているにちがいない」と、文句をつけた。

ハートは目の前の課題に専心した。ポーランド人としての「出自」に自分をなじませる一方で、新しい名前ヤツェク・ルチンを苦労して脳裏に焼きつけた。「とても手の届きそうにない目標だった。名前の発音さえできなかった」と、彼は思い返す。十月二十一日の日記には、イラク政府がガソリンの配給制を発表したとある。これによって車を使う場合は補給の問題が生じることになる。「これでまた事がスムーズに運ばなくなった」と、ハートは書いている。「偉大なる一日が来ることを希望する」と、付け加える。「準備はできているが、来るかどうかは疑わしい」。ハートは十一月三日が新月の夜なので、脱出には理想的だと考えていた。

チェムピンスキは活動を続けていたが、この作戦を一人でやることはできなかった。そんなとき、一九六〇年代末から中東のあちこちを歩きまわり、アラビア語も達者なポーランド人技術者がいるのを耳にした。一九三三年生まれのエウゲニウシュ（本人の希望で姓は伏せておく）は十人きょうだいの末っ子だった。何人かの兄は第二次世界大戦でナチと戦い、いくつも勲章をもらっている。「子どもの頃は兄たちの勲章で遊んだものだ」と、エウゲニウシュは思い起こす。「ぼくにもヒーローになるチャンスはあるだろうかと考えていた」。彼のチャンスはイラクで訪れた。

クウェートへの侵攻が起きると、エウゲニウシュはバグダッドからヨルダン国境までコンボイを往復させてポーランド人を運ぶ仕事を行った。一日で三百五十人のポーランド人をイラク国外に送り出す手配をしたこともある。その後の旅でも数百人を移動させた。チェムピンスキはエウゲニウシュを大使公邸の屋上に呼び出し、水でもてなして話をした。「不運な外国人を数名抱えているのだが」と、チェムピンスキは言った。「彼らをイラクから脱出させる必要があるんだ」

「なるほど」と、エウゲニウシュは言った。「ぼくは、助けを必要としている人を助けるのは大切なことだと信じている」。エウゲニウシュはその外国人が誰なのか訊かなかった。たぶん、ヨーロッパの国の人間だろうと思った。「知らないほうがよかった」と、彼は当時を思い出す。

スモレンスキとノーヴィル、チェムピンスキ、それにワシントンとワルシャワの二つのチームのメンバーは、成功の見込みが一番あるのは陸路での脱出であると意見が一致した。ルートについては、ポーランド語を解する警備兵がどこにいるかで決まる。集めた情報を見ると、彼らはヨルダン南部の国境に配置されているらしい。そこで、モスルとザーホーを経由してイブラヒム・ハリル検問所からトルコへと逃れる案が立てられた。ポーランドの情報員二人がトルコに派遣され、そちら側の輸送の手配を行った。エウゲニウシュとマロンデ配下の情報員が米国人たちを国境まで連れて行く仕事を担当する。そこから先は米国人たちだけで国境を越えることになる。

ポーランド語を話せる警備兵の次に、出国ビザの問題が障害になった。イラクの国内治安コンピューター・システムはフランスのテクノロジーで稼働しており、中東で最先端のシステムの一つと言ってよかった。ほぼ全部の幹線道路の検問所はシステムにリンクしていて、自国民、外国人問わず身分証明書を確認できた。そのシステムの裏をかいたり、ビザを偽造したりしても意味がない。全部本物でなければならなかった。だが、そんなものをどうやって手に入れられるだろう？「もう少しであきらめかけた」と、チェムピンスキは言っている。

ある夜、ポーランドの技術系企業の敷地で開かれたパーティで絶好のチャンスが生まれた。そのパーティには、あるイラク人女性が参加していた。運輸省の高官夫人で、かなり前からポーランドの情報源を務めてきた人物だった。ヨーロッパの女性のような服装をしていたのでとても目立ったことを、チェムピンスキは覚えている。

彼は以前その女性に会ったことがあった。ジュネーヴか、以前中東で行った作戦中だったか、場所ははっきりしない。だが、ポーランド政府としてはイラク運輸省の職員への接近手段を常に確保しておく必要があった。何千ものポーランド人労働者がイラクで、幹線道路などのインフラ整備計画の仕事をしていたからだ。契約を交わし、労働者が国へ出入りするためのビザを手配するのは運輸省の職員だった。チェムピンスキは、その女性がイラクの対外諜報部とつながりがあると考えていた。何年か前に初めて会ったとき、チェムピンスキはポーランドの国営企業の駐在員になりすましていた。今回もそれを隠れ蓑の一つにしているのは好都合だった。

彼は女性と旧交を温めた。「身動きがとれない気がする」と、彼女は言った。「戦争がすぐ近くまで来ている」。彼女はいまでもチェムピンスキの口髭が好きだと言った。二人はちょくちょく会うようになった。

ポーランドの情報員なら、「セクスピオナージ」、つまり色仕掛けで情報を入手する方法にはなじみがある。情報員訓練センターで、チェムピンスキはクラスメートとともに誘惑の技法を教えこまれ、現実に行われた作戦の歴史についても学んだ。一九五〇年代末にポーランドの誘惑担当の女性たち《ハニーポッツ》がワルシャワの米国大使館の外交官四人と海兵隊警備兵十人を籠絡した。米国人たちが女性とたわむれているあいだに、ポーランド人とソ連のKGB局員が大使館の文書や金庫をくまなく調べ上げた[11]。

チェムピンスキはそのイラク人女性を追いかけ、魅力全開で女性の心に火をつけた。彼は、戦火が地平線まで迫っているバグダッドで二人きりになった自分たちの運命を嘆いてみせた。チェムピンスキのなかに『カサブランカ』のハンフリー・ボガート的なところがあったとすれば、イラク人女性にはイングリッド・バーグマン的なところがあったのかもしれない。

チェムピンスキは自分が面倒をみている六人のポーランド人技術者について彼女に打ち明けた。六人は侵攻以来、世界は終わりだとでも言いたげに酒と女に溺れ、動物並みに退化している。全員クウェートで働いていたので、イラクのデータベースには載っていない。警察に届け出なければならないのはわかっているが、もう何週間もどんちゃん騒ぎを続けており、とてもそんなことができる状態ではない。「不安で酒が手放せなくなっているんだ。何とか助けてもらえないだろうか?」と、チェムピンスキは女性に頼んだ。

女性は六人の登録をして、出国ビザを手配してくれるという。チェムピンスキが六人のパスポートを渡すと、女性は翌々日には全員分の出国ビザを持ってきてくれた。「まさか、あなたも出て行く気じゃないでしょうね?」と、女性は尋ねた。

作戦を始めるにあたり、CIAはブッシュ大統領の承認を得なければならなかった。フセインの侵攻を押し返すための各国の連係などあまりにも多くのことが起きていて、大統領の予定表に割りこむのは不可能に見えたが、なんとか最後にはブッシュに報告を行い、承認を得ることができた。

その頃ワルシャワでは事の急変が相次ぎ、動揺が生じていた。もともと米国側は六人がトルコに入国したら、イラクとの国境近くにあるNATOの基地に連れて行き、そこで米軍に引き渡してほしいと要請していた。ところが十月二十三日、ビル・ノーヴィルCIAワルシャワ支局長はスモレンスキに対し、CIAはポーランドの情報員が六人をワルシャワへ帯同することを望んでいると伝えた。CIAは他国の政府を(この場合、トルコだが)この目くらまし作戦に巻きこむ危険を避けたがっていた。トルコの空軍基地を離れるまで、六人はポーランド人になりすましたままでいる必要があるという。この小さな変更によって計画にもうひと手間くわえる必要が出てきて、六人の国外脱出者の引き取りのためにトルコに派遣された二人のポーランド人情報員がその仕事を引き受けることになった。

　フレッド・ハートの十月二十四日の日記には、雨の気配のするいつになくどんよりとした空と書かれている。その朝のBBCラジオで、ハートは十四人の米国人がイラクからヨルダンへ脱出したというニュースを聞いていた。彼らの移動は夜間になると伝えられた。「ニック（・ラホーダ）のことが心配だ」と、ハートは書いている。ラホーダはますます臆病風に吹かれて、イラク警察に撃たれるとか拷問されるとかいったことを公然と口にするようになっていた。与えられた任務は甘んじて受けるつもりらしく、「何もしないよりはましだから」と言っていたが、この任務は失敗すると確信しているようでもあった。何か手違いがあったら、ラホーダはくじけてしまうのではないかと、ハートは心配だった。日記にはこう書いた。「これが最後の記入にならないことを望む。通りに出る前にニックに心の準備をさせたほうがいい」。ハートは妻のクリスに最後の電話をかけ、あらかじめ取り決めてあった暗号を使い、事態が動き始めたこと、数日は連絡できないことを伝えた。

　その夜、ハートとラホーダはラザーニャと、デイヴ・フォーティーズ准尉が集めてきた正体不明の青野菜で食事をした。午後九時にルームメイトには何も告げず、奥の部屋から大使館の敷地の外へ出た。大使館周辺にいるイラク警備隊の目を避けて、待つように指示された交差点へ向かった。歩道に積まれたゴミの山が煙を上げていた。天気予報どおり、小ぬか雨が降り出した。ハートとラホーダは宝石店のショーウィンドウの前に立った。ハートが露天商から「バグダッドへようこそ！」の絵はがきを買った。やがてポーランドのバグダッド支局の一員が運転する白いハッチバックの車が到着した。「あれがぼくたちのだ」と、ハートがラホーダに言った。二人が乗りこむと、車はすぐに走り出した。

フィーリーとダン・ヘイルは指定された時間にあとに続いた。車との待ち合わせ場所に着くと、そこに五人のイラク兵が立っていた。「まずいな」と、フィーリーは言った。二人は通りを渡り、イラク兵から遠ざかった。十五分ほど当てもなく歩きまわり、待ち合わせ地点に戻った。イラク兵はいなくなっていた。数分、指定時刻に遅れていた。ちょうどそのとき、タイミングを見計らったようにチェムピンスキの車が到着した。

チェムピンスキはバグダッドの裏通りに車を走らせた。疑いを招くほどではないが、尾行を振り切れるだけの速度で、検問所を避けられるように入念に練り上げたルートをたどった。「まるで（『たのしい川べ』に出てくる）ヒキガエルの荒っぽい運転みたいだった」と、フィーリーはのちに書いている。尾行されていないのを確認するために、マロンデが車で追随した。まもなく六人はバグダッドの外れにポーランド人労働者用に建てられ、すでに廃棄された臨時収容施設に再集合した。

その場で、六人にポーランド人労働者用の作業着が配られ、各自のパスポートを見せられた。チェムピンスキが一同を前に演説をぶった。自分はアンドリューだと名乗ってから、「私がきみたちを国外へ連れ出す」と言った。「指示に従ってもらいたい。私の言うとおりにしてくれ」

フィーリーはハンター・ダウンズのほうを向いて、「あいつは誰なんだ?」と尋ねた。「ポーランドの情報員だ」と、ダウンズが答えた。「なるほど、つじつまが合うな」と、フィーリーは言った。ダウンズは不機嫌そうで、チェムピンスキに反論した。米国が他国の情報員に自国民を預けるなど初耳だ、と彼は言った。一九八〇年にイランから米国人捕虜の一団を救い出したカナダ人たちだって、ＣＩＡが関与したあとは指揮・管理から退いている。「前例がない」と、ダウンズは一行に向かって明言した。「こんなことは初めてだ」。ダウンズのいらだちを倍加させたのは、以前の東欧ブロックのスパイがこの任務を指揮していることだった。[112] どうやらダウンズは指揮権を取り戻そうとしているようだ、とハートは思った。

チェムピンスキはダウンズに最後までしゃべらせると、「もしイラクから出たいのであれば、私の指示に従うべきだ」と、警告した。「バグダッドを出るだけなら簡単かもしれない。一番難しいのは、ポーランド語を話すイラクの警備官と鉢合わせしないようにすることだ。

その連中に正体を見破られたら、きみたちは拘束される」と、チェムピンスキは続けた。「その後どうなるかは、私にはなんとも言えない」

ダウンズが口をつぐんだ。彼に味方する者はいなかった。ダウンズが冷静さを取り戻したのを見て、ハートはほっとした。ソ連に対する一途な思いこみのせいで、ダウンズは周囲の世界で起きている変化を理解する能力を失いかけていた。それに、一つの任務に二人の指揮官がいてはうまくない。チェムピンスキの行動を目の当たりにしたいま、ハートはダウンズよりこの男のほうを信頼していた。ダウンズは大使館の地下室で一日中機密書類を読んでいる、ＣＩＡによくいる支局長タイプであるように思えた。支局長にも優秀な現場タイプもいるのだろうが、ダウンズは違う。「彼は地図もコンパスも持っていなかった」と、ハートは書いている。

それに比べてポーランド人のほうはエネルギッシュでプロらしく、ひたむきで手際がよかった。ここでも、米国人とポーランド人の付き合いの開放的な一面が見てとれる。ハートが言うように、「それは信頼感の問題で、皮肉なことにハンター(・ダウンズ)よりポーランド人のほうが信用できた。連中とは、どこかピタッと合う感じだった」。チェムピンスキの演説が終わると、みんなでホットプレートで沸かした紅茶とドライ・フルーツの軽食をとった。その夜は全員、一つの部屋でごろ寝をした。

同じ晩、マロンデは第一局の情報司令部からチェムピンスキがこの作戦に参加していることへの懸念を表明する電文を受け取った。ワルシャワは作戦の失敗を恐れていた。チェムピンスキが外交旅券を持たず、ポーランド人技術者の身分証明書を身につけて旅をしていることをワルシャワは知らなかった。それがバグダッドを出る唯一の方法だった。だがそれはまた、もしイラク側に正体を見破られたら、チェムピンスキは外交特権の陰に隠れられないことを意味する。彼は、スパイ行為に対する処罰が死である国で一般市民を装っている。命を懸けているのだ。電文には、チェムピンスキはあくまで作戦の監視役であり、実行役ではないと何度も念押しされていた。

マロンデは電文を収容施設のチェムピンスキに持っていった。「きみがぼくだったら、どうするね?」と、チェムピンスキがマロンデに尋ねた。マロンデは、コンボイの指揮を他の者にまかせたら作戦は失敗するだろうと思った。UOPのバグダッド支局には、チェムピンスキに匹敵するスパイ技術と度胸を併せ持つ者は一人もいなかったからだ。事態をさらに複雑にしたのは、CIAが指揮は当然チェムピンスキがとるものと考えていたことだった。ラングレーのCIA本部では、情報員チームが集合してリアルタイムでモニターしていた。「きみ次第だ」と、マロンデは言った。「だけど、ぼくなら決行するね」。チェムピンスキは電文を手のひらで丸めて火をつけた。「きみもぼくもこれを見なかったことにしよう」と、彼は言った。

その夜の残りの時間を、ポーランドの情報員チームはポーランド語を解する警備兵の一人の行方を追うことに費やした。翌日の夜明け前、問題の警備員がまだ南にいることに賭けて北へ向かう決断をした。

午前五時、二台の車がポーランド人労働者の収容施設を出発した。ヘイル、フィーリー、ラホーダ、ハートは、エウゲニウシュがハンドルを握るハッチバックの後部座席に押しこまれた。別のポーランド人が運転するピックアップ・トラックの助手席にチェムピンスキ、後部座席にダウンズとランスが乗った。ピックアップが先導した。

主要道路に出たかと思うと、すぐに小コンボイは検問所に出くわした。途中には全部で五カ所の検問所があり、国境が六カ所目になった。チェムピンスキはいくらかアラビア語も話せたし、スムーズに通過できないときに備えて前部座席にはマルボロのカートンの山と七百五十ミリリットル入りのジョニー・ウォーカー・ブラックラベルの壜が何本か置いてあった。そうした品物は大いに注目を集めた。最初の検問所を通過すると、ハートとフィーリーは緊張がゆるむのを感じた。どうやら、検問のたびにチェックされる出国ビザは有効であるらしい。

フィーリーとハートは目の前を通り過ぎる光景をメモし始めた。戦車や装甲兵員輸送車の側面に書かれた部隊ナンバーを書き留めておいた。バグダッドから百五十キロほど離れたサダム・フセインの出生地ティクリートを通過するときに、大量の兵員と兵器が集められているのを目にした。トイレ休憩の際、チェムピンスキはフィーリーとハートが情報収集をしているのに気づいた。「きみたちはぼくに何か隠していないか?」と、彼は尋ねた。六人はそれぞれ米国のパスポートを持参していることを明かした。「どういうつもりだ?」と、チェムピンスキは詰問した。「捕まったとき、どう説明するんだ? 頭がおかしいのか?」。彼は腹を立てた教師のように首を左右に振ると、パスポートを没収した。

バグダッドの四百キロ北にあるモスルに近づくと、チェムピンスキは給油のために車を停めさせた。別のポーランド人チームが二百リットルのドラム缶いっぱいのガソリンを用意して、道路脇で待機していた。チェムピンスキとエウゲニウシュが給油していると、砂漠の蜃気楼のように遊牧民ベドウィンが一人、アラビア語で何か叫び、両手を振りまわしながら近づいてきた。チェムピンスキがそばに寄り、ブロークンなアラビア語で呼びかけた。マルボロのカートンは役に立たなかった。ジョニー・ウォーカーも同じだった。ハッチバックのなかで、ラホーダの目玉が眼窩《がんか》から飛び出しそうになった。「あいつがイラク軍に知らせて、おれたちは撃たれるんだ」と、彼は言った。「どこかの野っ原で。映画でそんな場面を見たことがある。おれたちはヤギや羊に囲まれて死ぬんだ」

エウゲニウシュは愛想笑いを浮かべてベドウィンににじり寄ると、さりげなくコンボイとは別の方角に歩かせた。まもなくチェムピンスキがその男とともに幹線道路の路肩の盛り土の向こうに姿を消した。狭苦しいハッチバックのなかから見ていたせいもあり、ハートはチェムピンスキがベドウィンを殺したのだと思った。だが、そうではなかった。チェムピンスキは男に札束を渡した。それでも男が地元の警察に知らせる可能性があった。すばやくモスルを通過しなければならない。

チェムピンスキはダウンズとランスを給油地点に残して、一人でモスルへ向かった。イラク北部の大きな都市だったから、これまで通過してきたものより厳重な検問所が置かれているだろうと予想していた。予想どおりだった。さらに、別の気がかりな発見もあった。行方知れずだったポーランド語を話す警備兵がそこにいたのだ。警備兵は街へ通じるバリケードに配置されていた。[113]

第十二章　まさかそんなこととは

チェムピンスキは悪い知らせを持って一行のところへ戻った。選択肢は二つ――バグダッドへ引き返すか、危険を冒して検問所を通過するか。チェムピンスキは米国人たちにもう一度自分の名前を発音させた。だいたいが音節をめちゃくちゃに切るし、なかには姓名を逆にしてしまう者さえおり、マレク・アンデルスという名前をもらった者が、「アンディ・マーク」と名乗ったりした。「胃が鼻までせり上がるような気分だった」と、エウゲニウシュは思い出す。「外国訛りの英語さえ話せなかった。たったいま映画から飛び出してきた米国人そのものの発音だった」

引き返す旅はこのまま北へ向かうより危険であるのがわかった。どこの検問所も、なぜ戻ってきたのか知りたがるだろう。チェムピンスキは旅の継続を決断したが、プランには微調整を加えた。彼が預かった六人は見事に言語テストに落第したので、無事に通過させるには彼らを酔っぱらいのポーランド人に変えるしかないと判断したのだ。帰国する喜びでへべれけに酔い、ろくに言葉もしゃべれないポーランド人に。

「飲むんだ」と命じて、チェムピンスキは各自にウィスキーをひと壜ずつ渡した。全員が飲んだ。フィーリーは、いやに熱心にがぶがぶと飲んでいるラホーダを横目で見た。「酔っぱらえと言われてるんじゃない」と、フィーリーは注意した。「酔っぱらったふりをしろと言われてるんだ」

仰々しい身ぶりでチェムピンスキはもう一本壜を取り出し、六人の身体に振りかけた。「これがポーランド式だ」と、彼は高らかに言った。ウィスキーはラホーダの神経を鎮めてはくれなかった。「こんなことをするには年をとりすぎている」と、ラホーダはつぶやいた。コンボイは北へ向かった。

モスルの検問所では、ポーランド語を話せるイラク人がAK-47を膝に置いて、道路脇の椅子に座っていた。自動小銃を持ったイラクの民兵が二台の車に停止を命じた。チェムピンスキがポーランド語で挨拶すると、道路脇のイラク人が満面に笑みを浮かべて、椅子から勢いよく立ち上がった。「またポーランド語を聞けるのはうれしいね」と大声で言って、ピックアップ・トラックのほうに近づいてきた。エウゲニウシュが運転台から飛び降り、イラク人を抱擁して頰に三回スラブ式のキスをすると、それとなく相手を二台の車から遠ざけた。「ポーランド人に会えるとは実にすばらしい!」と、イラク人は喜びの声を上げた。

もう午後になっており、空はどんよりと曇っていた。昼食後で車の流れは閑散としている。あらゆるものが突然静まり返り、時間の流れが遅くなった。イラク国境警備隊の全隊員の目がいっせいにチェムピンスキとエウゲニウシュ、もう一人の運転手、六人の乗客に注がれた。「夕食までいてくれよ」と、イラク人が言った。「いいだろう? 何を急ぐことがあるんだ?」

チェムピンスキとエウゲニウシュはやんわりと招待を断った。「この馬鹿め、地獄に飲みこまれちまえ」

と、エウゲニウシュは心のなかでつぶやいた。「誰がおまえなんかと食事をするものか」。車のなかのハートは、ウィスキーで濡れた服の下でラホーダの身体が震えているのを感じた。

チェムピンスキはタバコのカートンをいくつかとジョニー・ウォーカーをふた壜差し出した。イラク人はにやりとした。「ほんとうに、ここに留まる気はないのかい？」と尋ねると、イラク人は車を覗きこんで、米国人たちを見まわした。ハートとフィーリーは目をつぶって眠っているふりをした。「ぼくらがポーランド人に見えるといいのだが」。そう思ったことを、ハートは覚えている。

「行けよ」と、イラク人は笑みを浮かべたまま、チェムピンスキに言った。「だが、酔っぱらい運転はするなよ」

モスルの北側では、血のように赤いポピーの花が咲き乱れる野原を縫って、道路がジグザグに州都のドホーク（ダフーク）まで続いていた。そこの検問所を抜けると、道は小ハブール川の岸沿いにクルド人の居住地が広がるザーホーへと通じる。交差点に差しかかると、チェムピンスキとエウゲニウシュは左折して国境へ向かった。

午後四時少し過ぎに着いた。国境には車や人の列はできていなかった。チェムピンスキはピックアップ・トラックを停めて出入国管理所の窓口まで歩くと、六人分のパスポートを警備兵に見せた。次のステップは楽勝だ、とハートは予想した。イラク兵はパスポートにスタンプを押し、六人はすぐにも橋を渡っていけるはずだ。だが、そううまくはいかなかった。イラクの国境警備兵はパスポートを持って奥の部屋へ入っていった。三十分ほど待ったのち、チェムピンスキは六人に出入国管理所のなかへ入って、窓口の壁にある大時計の前のベンチに座って待つように指示した。

ハート、フィーリー、ダウンズ、ラホーダ、ヘイル、ランスの六人はそれぞれタバコとウィスキー、着替えの下着を持っていった。くたびれた労働者用の作業着を身にまとい、荷物を膝に置いた男たちは米国人御一行というより、判決が下されるのを待つ被告の一団に見えた。

窓口の向こうで、国境警備隊員が電話で話をし、お茶を飲み、また電話に戻るのが見えた。ときおり車や歩行者がぽつんぽつんと国境を通過した。何千もの人々がわめきながら押し合いへし合いして国外へ出ようとしているヨルダンとの国境とは大違いだった。この国境の向こう側のトルコは避難民を受け入れていなかったのだ。

奥の部屋に呼ばれたチェムピンスキはすぐに出てきた。「何もしゃべるな」と、声を低めて言った。「目を合わせないように。疲れて無関心なふうを装え。トイレに行っておけよ」。ハートは座って考えていた。「ぼくは名前で呼ばれるだろう。自分がどんな名前だったかも覚えてないのに」。十五分が過ぎ、さらに十五分が過ぎる。すぐに一時間たってしまう。大時計の大きな針が氷河のようにゆっくり動く。空が暗くなり始めた。国境警備隊員がパスポートの束を太ももにパタパタと打ちつけながらまた電話で話したり、コンピューターに入力したりしているのが見える。最初はあれほど冷静だったチェムピンスキさえ、太鼓の皮のようにピンと張り詰めている。

イラク政府はよく、出国ビザを発行しておきながら、最後の最後になって訳もなくそれを無効にすることがある。「もしイラク人が尋問する気になったら、ぼくらは正体を見破られ、監獄に入れられていただろう」と、ハートはのちに書いている。「こんなふうに変装して旅をしていれば、おそらく全員が死刑になるはずだ[114]」。それは誇張ではなかった。

「寒いのか?」と、エウゲニウシュが震えているラホーダに尋ねた。「ああ」と、ラホーダは答えた。エウゲニウシュは、ランスが額の汗を拭いているのを目にした。「自由の身になったら、神父に罪を全部告白するつもりだ」と、ランスは言った。

午後六時数分前、足止めされてから二時間近くたって、ようやく警備兵が窓口を開いた。ハートの耳に、なんとも心地のよい音が流れこんできた──カシャッ、カシャッ、カシャッ、カシャッ、カシャッ──六通のパスポートにスタンプが押される音だ。チェムピンスキが窓口へ行ってパスポートをもらい、六人に配った。「ここからは歩かなければならない。イラク兵がきみたちのバッグを調べる。何か欲しがったらなんでもくれてやれ。間違っても走るなよ」。チェムピンスキはそこで間をおいてから、にやりとした。「さらば、友よ《アディオス・アミーゴ》」

米国人たちは険しい表情のまま立ち上がると、国境線へ向かった。最後の検問所でイラク兵がラホーダのバッグに銃口を向け、「スヌ・ハダ、スヌ・ハタ」と尋ねた。「これは何だ? これは何だ?」の意味だ。ラホーダは身をこわばらせた。ダウンズは一行を残して、先を歩いていた。ラホーダが警備兵の前で金縛りになり、ダウンズはそのままトルコへと近づいていったので、緊密な隊形が崩れてだらりと長く延びた。ダウンズがそのままみんなを置いて行ってしまうのではないかと、ハートは心配した。彼はラホーダのバッグに手を伸ばし、マルボロのカートンを取り出して警備兵に渡した。警備兵はジョニー・ウォーカーの壜を見つけて、それも手にとった。「ミン・ファドリカ」と、ハートは言った。「よかったらどうぞ」。ハートはラホーダの肘を押して国境のほうへ身体の向きを変えさせた。夕暮れのなか、トルコ側の街灯の光の下に二人の男が立ち、タバコの煙が頭上に立ちのぼるのが見えた。そのとき不意に、ヘイルとランスが走り出した。ハートはこう思ったのを覚えている。「そんなことをしてはいけないのに」。国境のイラク側では、六人のうち三人がトルコに向かって疾走するのをエウゲニウシュが見ていた。彼はたちまち気絶した。

ハートとラホーダがトルコに通じる橋に近づくと、突然、別の警備兵が姿を現した。「またかよ」と、ハートは思った。イラク兵はタバコをすうしぐさをしてみせた。ハートもラホーダも最後のカートンを渡してしまっていた。だが、ハートのシャツのポケットにパッケージが一つ残っていた。「ミン・ファドリカ」。またそう言って、ハートはイラク兵にタバコを渡した。それから歩く速度を速めた。圧倒的に不利な状況でありながら、六人はついにやり遂げた。

トルコの税関を通るときも、米国人たちはおとなしい態度を崩さなかった。浮かれ騒ぐ者はいなかった。ハートは、この先どうなるかまだ疑心暗鬼だったのを覚えている。待っていた二人の男のうち、黄褐色のスーツを着た大男が近づいてきて、握手の手を差し出し、「自由へようこそ」と小声で言った。「リチャードと呼んでください」。大男は二十年のキャリアを持つポーランドの情報員で、シカゴに駐在していた頃に野球ファンになった。はるか遠方のトルコの東南部で彼の口から出たシカゴ・カブスの本拠地「リグレー・フィールド」という言葉が、その場のぎこちない雰囲気をほぐした。全員が緊張をゆるめた。

一九九〇年十月二十五日の午後六時二十分、リチャードともう一人の情報員に案内され、一行はリチャードのフォルクスワーゲン・パサート・ステーションワゴンで出発した。最初に停まったのは、三十キロほど行ったところにある小さなくすんだ街シロピだった。リチャードはその街を下調べしており、使える公衆電話ボックスが二つしかないのを知っていた。一つは警察署の隣、もう一つは街外れの長距離トラック用サービスエリアにあった。リチャードは車をトラック用サービスエリアに乗り入れた。アンカラのポーランド大使館はリチャードに、公衆電話用にトルコ通貨のリラを一ポンド分、袋に詰めて持たせていた。彼は国際長距離電話でワルシャワに電話した。スパイたちを取り仕切っていたヘンリク・ヤシクはデスクで待機していた。「いま荷物を完全な状態で受け取りました」と、リチャードは報告した。「傷みはありません。現在、道路を運搬中です」

「きみは私を幸せな気分にさせてくれた」と、ヤシクは答えた。「待っているぞ」。トルコでは午後七時、ワルシャワでは午後六時になっていた。ほぼ同時に、電信の翼が米国大使館からヴァージニア州ラングレーのCIA本部へ飛んだ。ラングレーは正午だった。ひと部屋に詰めかけて「友好的なサダム」作戦をモニターしていたCIA局員から歓声が上がった。その日遅く、ミルチャノフスキUOP長官はマゾヴィエツキ首相に報告しに行った。ひととおり話を聞くと、マゾヴィエツキはそのニュースを反芻《はんすう》するようにしばらく沈黙した。顔に安堵の表情が広がっていく。「ちょっとは心配していたようだった」と、ミルチャノフスキは回想する。

トルコでは、リチャードの相棒が伝説のF1レーサーばりの運転で夜のとばりに包まれた田園地帯を駆け抜けていた。もっとも、トルコ国籍のクルド人勢力とのあいだに高まる緊張に備えて、トルコ軍戦車が大規模展開している地点ではさすがにスピードを落とさなければならなかった。ディヤルバクルの街で夕食をとる際にトルコ・ビールで乾杯したが、それ以外はおとなしくしていた。

ハートとフィーリーは、おそらくポーランド人は国境近くに二つあるNATO基地の一つに自分たちを落としていくのだろうと予想していたが、リチャードの話はそうではなかった。「きみたちをワルシャワに連れて行く」と、彼は言った。「きっと気に入ると思うよ」

その夜遅い時間にホテルで小休止してシャワーを浴びると、一行は千二百キロ離れたアンカラへと出発した。リチャードの相棒がハンドルを握り、夜が明けてまもなく到着した。リチャードは長距離バスに全員分の席をとった。七時間も乗客がひっきりなしにすうタバコの煙のなかにいたラホーダは咳の発作が止まらなくなった。リチャードの指示で、全員いままでどおりの偽装のままでいた。十月二十六日にイスタンブールへ到着すると、リチャードは一行をまっすぐ空港へ案内した。

ワルシャワでは、第一局時代にシカゴで活動していたUOPのスモレンスキがLOT航空の副社長を訪ねた。その日のイスタンブール－ワルシャワ間の航空便はすべて満席だった。調整が行われ、何人かの乗客の予約が取り消されて、夕方の便に八つの空席ができた。飛行機が離陸すると、リチャードが一行に合図した。「きみたちは米国人に戻れるぞ」と、彼は言った。六人中五人が大きな歓声を上げた。ラホーダは弱々しく微笑んだだけだった。

ワルシャワで飛行機を降りると、ラホーダはひざまずいて地面にキスした。ポーランドの情報員が、一九八八年に来訪したソ連の指導者ミハイル・ゴルバチョフも泊まった菜園付き別荘《ダーチャ》に六人を案内した。ビル・ノーヴィルCIA支局長がそこで彼らを出迎えた。「ぼくらの姿を見て、とてもうれしそうだった」と、フィーリーは言う。「事態がようやくまともに回り始めたのだから」

ノーヴィルは男たちがラクダの糞《ふん》のような臭いを発しているのに気づいて、シャワーを浴びてきれいな服に着替えさせてほしいと頼んだ。ポーランド人が別荘の敷地内にある蒸し風呂と温水プール付きのスパに案内した。食事をすませ、別荘に一泊すると、六人はワルシャワの市街地へ向かった。ノーヴィルが一人に三百ドルずつ渡し、土産を買いに繁華街のペヴェックス百貨店へ連れて行った。当時この会社の社長になっていたマリアン・ザハルスキが穏やかな笑みを浮かべて一行を出迎えた。フィーリーは黒い革のジャケットを買った。その夜はポーランド人とパーティを開いて、しこたまウォッカを飲み、体験談を語り合った。ラホーダは文字盤にサダムの顔が描かれた偽のロレックスをイラクから持ち出せたことをことのほか喜んでいた。ラホーダは時計のことをそう呼んだ。「言うまでもないが」と、ハートに向かって言う。「わが友サダムだ」と、ラホーダは時計のことをそう呼んだ。「この件に片がついて家に帰ったら、起きたことを全部忘れて、きみにも二度と会うことはないだろうな」。そのとおりだった。翌日、ワシントンから四人のCIA代表団がやって来た。パレヴィッチを先頭に、局の中東部門の責任者レン・ミラーや六人を診察する精神分析医が加わっていた。四人目の人物は黒いスーツケースを手錠で手首とつないでいる謎の人物だった。その男は「金庫番のパブロだ」と、ポーランド人たちに紹介された。ノーヴィルがスモレンスキに語ったところでは、パブロのスーツケースには現金が詰まっているらしい。米国政府は、この作戦にかかった費用をポーランド政府に弁済したがっていた。スモレンスキがそれを伝えると、ミルチャノフスキUOP長官は即座に弁済を拒否した。ポーランドがこの作戦を遂行したのは、とミルチャノフスキは米国人に言った。「金のためではなく、米国の公務員が危険にさらされていたからだ。そうするのが、パートナーの務めではないか」。米国が財政援助を行ったのは、それからかなりあとのことだった。

米国では六人の家族が連絡を待ちわびていた。フレッド・ハートの妻のクリスなどは、情報を求めてわざわざCIAのハンター・ダウンズの同僚に電話までした。「私が聞きたいのは、もしずっとフレッドからの連絡がなかったら、どこへ探しに行けばいいのかってことよ」と、彼女は不安そうに言ったという。「北へ行くんですね」と、局員は答えた。

脱出から数時間とたたずに、米陸軍戦傷者・戦死者担当部門の少佐が、ジョージア州コロンバスの母親の家にいたクリスを訪ねてきた。「戦死者担当ですって？」と、玄関で自己紹介する少佐を見ながら、クリスは思った。もう少しで気を失うところだった。すると少佐は、フレッドは生きており、いま帰国の途上だとクリスに伝えた。

イラク国境のほうに話を戻すと、チェムピンスキは気絶して地面に倒れたエウゲニウシュを立ち上がらせると、一緒に車へ戻った。計画ではその夜モスルに一泊する予定だったが、油がぎとぎとのソーセージをようやく飲みこみ、みすぼらしいホテルをチェックアウトして、そのままバグダッドへ帰ることにした。エウゲニウシュは一度セダンのタイヤを道路の側溝に落としてしまったが、残りの道のりはチェムピンスキの車のテールランプから目を離さずにいたので無事に帰着できた。彼らが予定より早く帰ってきたのを見て、マロンデの顔が青ざめた。「モスルで一泊してくるんじゃなかったのか！」と、彼は叫んだ。いくら注意されても直らないチェムピンスキの自由奔放さに慣れていなかったのだ。翌日仕事に行くと、運転手がエウゲニウシュに昨日までどこにいたのだと尋ねた。「大人が娼館に行くときは」と、エウゲニウシュはもったいをつけて言った。「子どもには黙っているものさ」

この作戦のことを誰にも知られないように、ポーランド人は最善を尽くした。任務の話が西欧のメディアに知られたのは一九九五年になってからだ。それでも、サダムの秘密警察が手がかりをつかんだことを示す兆候はいくつか存在した。この時点で、現実のポーランド人の任務は映画の『カサブランカ』

の展開とたもとを分かつことになる。映画のなかでは、ボガート演じるリックはバーグマン演じるイルザを安全な場所へ逃がしてやる。だがチェムピンスキはその脚本どおりには動かなかった。彼は一人でバグダッドをあとにしたのだ。

イラクのコンピューター・システムは先進的なものだったので、それが誰であれ、米国人に出国ビザを発行した人間を追跡できた。当然のように、システムは運輸省の役人とその妻を突きとめた。米国との同盟を築くことにあまりにも熱心になりすぎたせいで、ポーランド人は作戦全体の成否の鍵を握っていた女性を犠牲にした。その女性は処刑されたのだろうか？　それはいまでも謎のままだ。だが、「友好的なサダム」作戦のあと、彼女の姿を見たポーランド人はいない。

十月二十九日、米空軍のパイロットが操縦し、ふだんはバーバラ・ブッシュ大統領夫人が使用している、何も標示のないガルフストリームⅡ機が六人の米国人を引き取りにワルシャワへ到着した。税関検査のためにアンドリュー空軍基地に規則上やむをえず着陸したのち、六人はヴァージニア州ウィリアムズバーグ郊外の大規模軍用地キャンプ・ピアリーのなかにあるＣＩＡの秘密訓練所「ザ・ファーム」まで運ばれた。それぞれの家族がそこで待ち受けていた。ちょうどその日はフレッド・ハートの弟の誕生日だった。「素敵なプレゼントだ」と、弟はハートに言った。

翌朝、ハートとフィーリーは特別作戦担当官たちに会い、大使館の敷地や障害物、周辺のイラク軍の配置などに関する質問を受けた。そのあと国防総省《ペンタゴン》に移動し、職員にブリーフィングを行った。ハートはまだ長髪で、髭を生やしたままだった。ある少将が彼を脇へ連れて行き、髭を剃ったほうがいいと忠告した。国防総省は二人に、彼らの苦難のことを報道記者はもちろん、誰にも話してはいけないと命じた。

二日後、フィーリーがヴァージニア州北部のホテルの一室で眠っていると電話が鳴った。「フィーリー少佐ですか?」と、電話の声が言った。「そうだ」と、フィーリーは答えた。

「シュワルツコフ将軍がお出になりますのでお待ちください」

「ジョン、休暇が少し長すぎるぞ。リヤドできみが必要なんだ」と、シュワルツコフがうなり声を上げた。「わかりました」と、フィーリーは返事をした。短い休息を与えられたあと、フィーリーは「砂漠の嵐」作戦が進行中のサウジアラビアで、将軍のそばに付き従うことになる。のちにクウェートでの彼の働きに対して、陸軍勲功章が授与された。

独立戦争の英雄タデウシュ・コシチューシコの像が、ハドソン川とハイランズの町を見下ろして立っている。母校の陸軍士官学校《ウエストポイント》を訪ねたときはいつも、フィーリーはその像のところまで上っていき、祈りを捧げ、米国の――いまでは自分自身の――ポーランドとの末永い関係を祈念して赤いバラを供えている。

フレッド・ハートはいまだにあとに残してきた大使館の人々のことが心配で、胸の騒ぎがおさまらなかった。世界各国から強い圧力を受けて、サダム・フセインは一九九〇年のクリスマス直前に大使館の人々を解放した。米国内でしばらく休暇をとったあと、ハートもまたクウェート地上部隊の再建のために湾岸へ呼び戻された。彼にも勲功章と、ニック・ラホーダを守ったことで青銅章が授与された。ハートは一九九八年に大佐に昇進している。

ラホーダにはイラクでの体験がつきまとって離れなかった。彼はサダムが自分の首をとるために刺客を送りこんでくると信じこんでいた。「あまりぼくのそばにいないほうがいい。だって、あいつらはまだぼくを捕まえられるんだから」と、繰り返し友人や家族に話していた。時がたつにつれて、暗殺される恐怖が強迫観念にまでふくらんだ。そのために酒びたりになり、最初の妻とは離婚した。一九九二年、CIAは彼を退職させた。ラホーダはヴァージニア州北部からペンシルヴェニア州に戻った。暮らしていくために、わずかな賃金で棺桶製造の簡単な仕事をやっていたが、そのうち地元の高校の営繕課に職を得た。それでもまだ、サダムの刺客がどこかそのあたりにいて、不意をついて出てくるにちがいないという思いを捨てられないでいた。

なぜラホーダが六人の一行のなかに交じっていたのか、彼の家族はずっと不審の念を抱き続けた。彼は自分の仕事のことをいっさい話さなかった。機密扱いだったからだ。二〇〇八年九月二日、ラホーダは心臓発作に襲われ、ペンシルヴェニア州プレインズ郡区の退役軍人医療センターで亡くなった。六十歳だった。遺族は情報公開法に基づく申請をラホーダが関わっていたさまざまな政府機関に提出したが、返事は一つも来なかった。

「友好的なサダム」作戦が終わって三週間たった一九九〇年十一月十七日、CIA長官のウィリアム・ウェブスターはワシントン郊外から何の標示もない米空軍のジェット機でワルシャワに飛んだ。CIAの長官が東欧を訪問するのはこれが初めてだった。(115) ワルシャワの航空管制官は注意を惹かないようにその飛行機を空港の端の人気《ひとけ》のない隅に誘導した。ウェブスターはCIAの高官たちを引き連れていた。作戦部の副部長ディック・ストルツ、ミルト・ビアデン、ジョン・パレヴィッチという面々だ。

マゾヴィエツキ首相はちょうど大統領選の真っ最中で、ウェブスターとの会談に時間を割くのは容易ではなかった。UOPのスモレンスキが、十一月十七日に首相がワルシャワ郊外の行事に参加して戻ってくる午後八時半に三十分の空き時間があるのを見つけ出した。ウェブスターはブッシュ（父）大統領の書簡を持って訪ねてきた。「米国はポーランドの情報員が米国市民を救ってくれたことを決して忘れません」と、ブッシュは書いていた。さらにブッシュは、米国がポーランドを見捨てることはないと誓い、ポーランドの三百三十億ドルにのぼる対外債務の一部を免除するよう西欧諸国を説得すると約束した。そのときから三十年以上たったいまでも、ブッシュの書簡は全文が機密扱いになっている。

ウェブスターと今後の協力体制について話し合ったあと、UOPはCIA代表団を観光に連れ出し、ワルシャワ市外にある城を見せてから、かつては統一労働者党第一書記ヴォイチェフ・ヤルゼルスキが使っていたヘリコプターで歴史的な都市クラクフに案内した。その十一月の寒い夜に旧市街のレストランで、ウェブスターとヘンリク・ヤシクは杯を交わした。乾杯のあと、チェムピンスキが挨拶をした。部屋が静かになった。

「そこにいるのがジョン・パレヴィッチだ」と、チェムピンスキは言った。「彼はぼくらを一人ずつリクルートすることにキャリアを費やし、結局みんなをいっぺんに宗旨替えさせてしまった」

自分が生涯かけてやってきた仕事をかつての敵から認めてもらい、パレヴィッチは大いに感動した。しかもその言葉は米国の協力者になるのを拒否したワルシャワ条約機構の情報員の代表的存在で、六人の米国人を救うことでキャリアに華を添えたチェムピンスキからのものだったから、なおさらうれしかった。「ウェブスターたちの前であんなふうに言ってもらい、ただただ晴れがましい思いだった」と、

パレヴィッチは言った。「ミスター・ポーランド」がポーランド人から栄誉を授けられたのだ。(116)

第十三章　堰が切られる

イラクでの作戦のあと、ＣＩＡはミルチャノフスキ、チェムピンスキ、スモレンスキらを米国に招待し、徐々に築かれつつある協力関係のさらに詳細なプランを話し合った。ポーランドの代表団はＣＩＡを皮切りに、国家安全保障局と連邦議会を訪問した。ミルト・ビアデンの手配でヒューストンのＮＡＳＡ（米国航空宇宙局）本部のツアーにも参加し、宇宙飛行士と面会した。旅の初めに、チェムピンスキがケネディ空港で数時間足止めを食う事件が起きた。一部の人間にとって、いまだに冷戦は終わっていないのだ。

だが、そうでない者も数多くいた。「友好的なサダム」作戦のおかげでポーランドと米国の協力関係の扉が開いた。「両国の機関のあいだにたちまち強い絆が結ばれた」と、どんどん数が増えていく共同作戦の管理者になったビル・ノーヴィルが回想する。湾岸戦争以前は、関係は友好的とはいえ狭い範囲に限られていた。「砂漠の嵐」作戦以降、扉は全開した。

情報機関の協力体制が強化され公認されたのは、ウェブスターの次のＣＩＡ長官ロバート・ゲーツが一九九二年十月にポーランドを訪問したときだった。今度はお忍びではなかった。ゲーツの訪問によって、CIA、FBIと、UOPその他のポーランド情報機関のトップレベルの持続的な接点が生まれた。その後のCIA長官はみんな、ためらいなくポーランドを訪問先にした。ポーランドは他の同盟国の情報機関のようにCIAを（それにFBIを）批判しなかったからだ。

一九九三年にヘンリク・ヤシクが内務大臣に就任したミルチャノフスキの補佐役として副大臣に昇進すると、チェムピンスキがUOPの舵をとる立場になった。CIAがポーランドのスパイと協力して活動する範囲が増え、いつの間にか世界中に広がっていた。「彼らがわれわれを支援するのを渋った仕事は一つもなかった」と、当時CIAワルシャワ支局長だったノーヴィルは言う。そしてポーランドのスパイ活動の能力を考えれば、「われわれが彼らに頼みたくないと思うこともほとんどなかった」と、言い添える。

ポーランドはユニークな立場にいた。米国が近づけない国々に大使館を置いていた。冷戦の遺産で、そうした大使館の多くは広々とした敷地を持ち、場所も社会主義の同朋として中心地にある土地を選ばせてもらえた。北京がそうで、平壌も同じだった。平壌のポーランド大使館は大学の構内ほどの広さがあり、それよりずっと小さい英国大使館のそばにあった。

冷戦時代、ポーランドは北朝鮮と親密な関係を結んでいた。一九五三年の朝鮮戦争休戦の際、ポーランドはチェコスロヴァキアとともに、休戦監視のために設置された機関、中立国監視委員会に北朝鮮の要望で参加した。スウェーデンとスイスが西側の代表だった。一九五〇年代から、ポーランドの将校はワルシャワ条約機構のために、韓国にある委員会事務所をスパイして報告を送っていた。

一九八〇年代にポーランド統一労働者党第一書記ヴォイチェフ・ヤルゼルスキが北朝鮮との関係を深めようとした。一九八六年九月、ヤルゼルスキはスパイの親玉であるチェスワフ・キシチャク内務大臣を伴って平壌を訪問した。その際に、北朝鮮の情報機関と協定を結んだ。一九八六年と八七年には、将校やピアニスト、科学者、実業家など二百八十人のポーランド人が北朝鮮を訪れた。

ポーランドが冷戦から足抜けすると、米国にはポーランドの持つ北朝鮮との関係、接近手段、知識が情報の宝庫になった。そしてポーランドはワルシャワ条約機構のために韓国をスパイする代わりに、中立国監視委員会に籍を置いたまま米国のために北朝鮮をスパイし始めた。

一時は平壌はじめ世界各地の大使館の敷地を売却して、外交施設費用を削減することが検討された。ワシントンがそのプランに反対したので、ポーランドは売却を断念した。まもなく、ポーランドの外交伝達使が米国製の情報活動用機器を北朝鮮の大使館に運んできて、空きスペースにそれを詰めこんだ。北朝鮮とポーランドの通商がなくなってからのほうが、ワルシャワと平壌の行き来は盛んになった。それにつれてCIAによるUOPの金庫への財政的貢献も増えていった。

しばらくして、北朝鮮もポーランドの変節に気づいた。とはいえ他の国でもそうだったように、平壌の場合は予想された時期よりはるかに遅かったので、ポーランドの情報員が活動する時間はたっぷりあった。元反体制運動家タデウシュ・マゾヴィエツキの首相就任から数カ月たつ一九八九年十一月にも、北朝鮮当局者はポーランドの変革は短命に終わり、統一労働者党がいずれ「帝国主義の協力者」を打倒するという予測に自信を持っていた。ポーランドの将校は変わらず中立国監視委員会の仕事を続けていたが、一九九五年になると北朝鮮当局は大使館への水道と電気の供給をストップした。米国との協力体制ができてから六年目のことだった[117]。

　ポーランドに出入りできて米国が出入りできない国は北朝鮮だけではなかった。キューバもその一つだ。ポーランド初の非共産主義者のワシントン現地担当官はベテランの情報員リシャルド・ウニヴェルサルだった。ＣＩＡの百戦錬磨の局員バートン・ガーバーは、ベセスダに建つジョン・パレヴィッチの中二階のある家で開かれたプール・パーティで隣に座ったウニヴェルサルを見て、冷戦が終わったことを改めて実感したという。ウニヴェルサルはハバナの連絡先がずらりと並んだリストを持ってワシントンにやって来た。一九七〇年代の末、彼はハバナに駐在し、フィデル・カストロにも会ったことがあるし、キューバのスパイ機関と情報交換のルートをいくつも築いていた。ウニヴェルサルらはそうした関係を一新して、今度はキューバ人とともにではなく、キューバ人をスパイし始めた。ポーランド人は他の国や地域の情報も提供した。ナイジェリア、イラン、アンゴラ、ヨルダン川西岸とガザ地区のパレスチナ自治区などだ。ポーランドは世界各地にいる国連代表団に情報員を配置していた。一九九三年ソマリアの首都モガディシオでは、のちに『ブラックホーク・ダウン』なる書籍や映画で詳述される米軍の軍事作戦が行われている最中、ポーランドの上級工作員が国連の仕事に就いていた。フィーリーやハート、ラホーダの移動を担当した情報員リチャードも長年中東で国連の仕事をしており、ヒズボラなどイランの支援するテロ組織に関する詳細な報告を送っていた。

　ポーランド人は協力者《エージェント》のリクルート――情報機関の内部で「人を介した諜報活動《ヒューミント》」と呼ばれるもの――に定評があった。一九九〇年代にはそこがＣＩＡの弱点となっており、リクルートしたエージェントの数は史上最低まで減り、冷戦の頃の四分の一になっていた。歴代の長官のもと、ＣＩＡはそうした面倒な仕事を軽視し、「通信に基づく諜報活動《シギント》」（要はハイテク盗聴のこと）に頼った。

ポーランド情報機関の強みとその力がおよぶ範囲を考えれば、CIAの理想的なパートナーになりうる。CIAのガーバーは平然とこう言った。「国家の安全保障に大きく関わる問題でも彼らを利用できると確信していた」

ポーランド人は無邪気なほどCIAを信用しており、ポーランド駐在の局員をまるで全員が同じ機関で働いているように遇した。「付き添いなしで庁舎のなかを歩きまわれた」と、あるCIAの上級局員は語っている。「〝きみを一人にするけど〟と、彼らは言った。〝デスクのものを持っていくなよ〟と」

そうやって内務省のなかをうろついた者のなかに、ポーランドと崩壊しつつあるソ連の国境沿いに情報収集所を建てた米国の国防情報局（DIA）の職員たちがいた。CIAはまた、スタレ・キエイクティの情報員訓練センターに施設を建設する費用も負担した。これはソ連でさえやらなかったことだ。この軍事施設は情報員ピオトル・ニェムチクが言うように、「極秘扱いの場所」だった[118]。ノーヴィルが言ったとおり、大西洋を隔てた二国のスパイはこのつながりを「特別な関係」と認め始めていた。

UOPもまたDIAと協力して活動した。十年以上にわたって行われた最も大きな作戦の一つが、ユーラシア大陸でのUOP-DIA共同活動である。「統一作戦」を考案したポーランドの優秀な分析官アンジェイ・デルラトカはこう説明する。「われわれは米国人の入れないテロ支援国で活動していた。共産政権時代からの手づるをまだ持っていた。双方にとって、このうえない協力関係だった」

米軍が巡航ミサイルを（のちにはドローンを）使ってスーダンやアフガニスタンなどの目標を攻撃する際、ポーランドの工作員が地上にいて、ミサイルを標的へ誘導することも少なくなかった。デルラトカに言わせれば、米国のGPSも常に正確ではなく、人が多くいる地域に「ピンポイント攻撃」を行うには十分でない場合があるという。

こうした作戦は市民の命を救い、巻き添え被害を減らす効果があり、「われわれの共同作業と共通利益のすばらしい事例だった」と、デルラトカは主張する。彼はその詳細をつまびらかにするのは拒んだ。代わりに、「一九九〇年から米国の情報機関とはきわめて緊密に協調してきた」と、思い出を語る。「できることを何でもやった。なかには危険な作戦もあったが、その意義は理解していた」。DIAと行った作戦における働きに対して、デルラトカほか三名の情報員に、米軍が外国人に与える勲章では最も名誉ある勲功章が二〇〇四年に授与されている。

ポーランド人スパイは旧ソ連で、最も際立った仕事をいくつか行った。彼らはイランとイラクから仕事を依頼されたウクライナ人物理学者たちを特定し、追跡した。テヘランもバグダッドも核兵器の製造に関心を抱いていた。ポーランド人は核物理学の学位を持ちながらナイトクラブでホステスをしている女性を見つけた。彼女をリクルートして、CIAに身柄を預けた。[119]モスクワでは、ズジスワフ・サレヴィチがUOPの現地担当官になって六年がたっていた。一九九一年にミハイル・ゴルバチョフに対するクーデターが発生した際には、最良の情報収集を行ったとして、サレヴィチは各方面から評価された。「ロシアの情報機関にいる友だちは彼を同志のように扱った」と、ポーランドのベテラン・スパイ、ヤン・オルボルスキは言っている。「彼には隠さず何でもしゃべった」。サレヴィチの成功を見れば、ポーランドの情報機関は冷戦の最中も、表向きは同志とされていたKGBの局員にも知られずにソ連国内に情報提供者を抱えていたことがわかる。

さらに遠方に目を向けると、第二次世界大戦後では最大とも言える外交政策の危機を引き起こした旧ユーゴスラヴィアでは、国家を四分五裂させることになる各勢力に関する重要な情報をポーランドのスパイがかき集めていた。北アフリカ関連では、一九九〇年にポール・レドモンドが知りたがっていたリビアの化学兵器工場に関する情報を提供したのはポーランド人だった。ポーランド人の専門家が長年カダフィの「アルファタ」・ミサイル計画を支援し、またリビアに二つある化学兵器工場でも働いていた。表向きは農業機械のスペア部品の生産に関わる技術者として登録されていたが、実際には化学兵器を搭載できるミサイルの製造に携わっていた。UOPは、そうした人々から大量破壊兵器を開発するカダフィの計画の詳細を拾い集めた。そして、集めた情報はCIAと共有した。何年かのちに、リビアで二人のポーランド人外交官が死亡した。それがスパイ活動と関係があるのかどうかはわからない。それでも、どれほど危険な任務であったかはその出来事から読み取れるだろう。

ただし、ポーランドにはソ連（それに、のちのロシア）の影響力がまだ残っていることが問題だった。デルラトカによれば、米国のDIAがUOPと組んだのは、WSIと呼ばれるポーランド軍の情報局にソ連のスパイが浸透しているのを恐れたからだという。一九九〇年代には、ポーランドの対外諜報機関がWSI内に潜む五人のソ連のスパイの正体を暴くのに成功している。二〇〇〇年にはワルシャワのロシア情報員の拠点を破壊し、九人を追放してロシアのスパイ組織の活動を停止させた(120)。

ワルシャワはかつて、KGBが引退前の古参のスパイに楽な仕事をさせるために送ってきた場所だった。「きれいな街、高収入、すぐそばにペヴェックス百貨店。努力する必要はなく、すべてがソ連には公開されている。政府の電話の番号を回せば、何もかも知ることができる」というのが、内務大臣クシシュトフ・コズウォフスキがソ連のスパイを評した言葉である。だが、ポーランドが西側へ接近し、ソ連がなくなると、ロシアはもっと若くて攻撃的なスパイをワルシャワに送りこんだ。コズウォフスキはこのことに皮肉を感じた。「米国とドイツがまだわれわれによそよそしくて、信用できずに疑っているときに」と、彼は言う。「ソ連はわれわれを西側の一員と分類した。そう認めたのは彼らが最初だった」[121]

新しい世界の難問に対処できるように組織を改革する方法をミルチャノフスキUOP長官にアドバイスするために、CIAの上級局員が何人もポーランドを訪問した。モーリス（モー）・ソヴァーンは経験豊かな工作員で、CIAの渉外係として米国の他の情報関連機関との連絡役をしていた人物だが、何時間もミルチャノフスキと過ごして、CIAがどのように米国の制度に組み込まれているかを理解する手助けをした。ワルシャワで行われた最初の会議に参加したカレン・ロズビキーは何度かポーランドを訪れてテロ関連の問題に対処する一方で、UOPに分析部門を創設する手伝いをした。ポーランドの情報機関はほぼ全員が男性だったから、女性の情報員と一緒に働くのに慣れていなかった。だが、彼らも徐々に慣れていった。「特別な時期だった」と、第一局からUOPへの改編時にトップの地位にいたヘンリク・ヤシクは思い返す。「社会全体が新しい考え方を採り入れるようになっていた。情報機関だって例外ではない」

CIAは資金も提供した。それも、たっぷりと。GROM（機動緊急対応作戦グループ）だけでなく、数々の共同作戦の資金を供給し、UOPにもほとんど寄付に等しいかたちで何百万ドルも提供した。CIAはいずれ元がとれると思っていた。だからこそ、史上最大とも言える債務の削減を陰から助けもしたのだ。

一九九一年三月、イラクでの作戦のあと、西側政府の非公式な集まりである「パリ・クラブ」は、ポーランドに対する債権三百三十億ドルの半額を免除することで合意した。これは西側諸国が、ポーランドの市場経済への移行とソ連ブロックからの離脱を支援することが利益になると判断して実現した措置だった。「ショック療法」による移行はすでに他の国でも結果を出していたが、借金の半分を帳消しにしてもらった国は他にない[122]。そのためにポーランドはＣＩＡに部分返済を行っていたとも言えるかもしれない。六人の米国人をイラクから救い出すことで、一人あたり三十億ドルを返済した計算になるわけだ。

むろん、不満は生まれていた。ワシントンの現地担当官リシャルド・ウニヴェルサルはＦＢＩの連絡相手と会うたびに、共産政権時代にポーランドが米国内に持っていた情報源のリストを出せと要求された。「返事はいつも同じだった」と、ウニヴェルサルは言う。「そんなのおれには関係ない。昔のことさ」。ＦＢＩは何度も同じ話を蒸し返した。「次の会議も同じ話題で始まった。そのうち慣れたけどね」

一九九〇年四月、ソビエト連邦はすでに誰もが知っていた事実を正式に認めた。五十年前、ソビエト軍がカチンの森の虐殺を行ったことである。一九四〇年の四月から五月にかけて、ポーランド軍将校、政府官吏、指導的知識人二万二千人を殺害したのだ。一九九一年にモスクワを訪問したＵＯＰの長官ミルチャノフスキはルビャンカ広場にあるＫＧＢ本部に来るように言われた。建物の外でソ連の役人が出迎え、彼にリストを渡すとそのまま歩き去った。リストにはミルチャノフスキの父親の名前が載っていた。スタニスワフ・ヨゼフォヴィチ・ミルチャノフスキと、他に三十人ほどのポーランド人の名前があった。リストは全員がロシア西部の森で銃殺されたことの証拠だった。

ミルチャノフスキは父親がまだシベリアかどこかの強制収容所で生きているなどという幻想を抱いた

ことは一度もない。だがソ連の秘密警察の本部の前で一片の紙に書かれた父親の名前を見ると、これまでずっとどこかで見守ってくれていると思っていた人物の無惨な最期を見せつけられた気がした。それはまた、自分たちの組織にいる共産主義者に過酷な復讐をするのを自制したミルチャノフスキや「連帯」運動の同志たちの信じ難いほどの情け深さを際立たせるものでもあった。

とはいえポーランドの全国民が、共産主義の過去と民主主義の現在のあいだに明確な線を引くという考えに同意したわけではなかった。一九九一年十月、ポーランドは史上初の完全な自由選挙を実施した。百を超える政党が参加して、得票が一三パーセントを超えた党は一つもなかった。なかでは右翼が健闘し、新しい首相に穏健派の弁護士で元「連帯」の司法担当チームにいたヤン・オルシェフスキが就任した。

オルシェフスキは、著名な反体制運動家で服役経験のあるアントニ・マチェレヴィチを内務大臣に任命した。一九六〇年代に学生だった頃、マチェレヴィチは熱烈な反共産主義者だったが、南米の革命家には弱かった。チェ・ゲバラの写真とキューバの国旗をベッドの上に吊していた。彼の縮れ毛のもみあげはフィデル・カストロを連想させた。

一九七六年マチェレヴィチは、ストライキを行うポーランド労働者を支援するために早い段階に組織された団体に加わった。この労働者防衛委員会はやがて「連帯」の前身と言っていい重要な団体になった。だが、マチェレヴィチの毒舌と非妥協的な態度のせいで、委員会の創設者でポーランドの変革の理論的指導者となるヤツェク・クーロンとアダム・ミフニクとは疎遠な関係になる。

マチェレヴィチは戒厳令のときに下獄したが、刑務所を脱走し、潜伏しながら共産主義との戦いを継続した。伝えられるところでは、一時ポーランド国家転覆を目指す暴力的な都市ゲリラ活動を唱道する理論をもてあそんでいたという。彼の闘争好みは、非暴力を好む「連帯」の同志を困惑させた。一九八九年の冬と春のあいだ、マチェレヴィチは円卓会議から閉め出された。彼は大いに不満だった。そこで世間に向ける顔を入れ替えることにした。喧嘩腰で厚かましい革命家志望から、度を超すほど保守的な姿勢をとるヨーロッパ風の紳士に変身したのである。狂信とも言えるほど熱心なローマ・カトリック信者にもなった。もじゃもじゃのもみあげはなくなり、きちんと手入れされた口髭が取って代わった。

オルシェフスキとマチェレヴィチは「連帯」運動のなかで反共産主義派の最右翼だった。彼らは、祖国の民主主義への移行は銀行などの金融業界を支配している元共産主義者の怪しげな徒党の邪魔が入って頓挫するものと心から信じていた。招かれなかったこともあり、マチェレヴィチは円卓会議を「ソ連の陰謀」と決めつけた。

マチェレヴィチは内務大臣に就任すると、マゾヴィエツキ前首相とミルチャノフスキ前内相の推進した非共産化の努力を新政権が不十分と判断していることを明確にした。彼は「共産主義者ハンター」を自称し、情報機関から元党員を全員追放すると公約した。マゾヴィエツキの融和的アプローチと実利的な妥協に代わって、復讐と報復の政治力学が幅を利かせるようになった。

ＣＩＡとポーランド情報機関の関係の性格も変化した。ノーヴィルなどのＣＩＡ局員は元共産主義者と協調してきた。ノーヴィルとＵＯＰのチェムピンスキはテニス仲間だった。ノーヴィルの妻のマギーとチェムピンスキの妻バルバラはショッピングや昼食をともにする仲だ。マギーはＳＡＴ（大学進学適性試験）を受ける準備をしているチェムピンスキの娘のイヴォナに勉強を教えていた。ノーヴィルは同じ地区に住んでいるザハルスキとよく食事をした。ザハルスキはうなるほど金を持っているようだった。

自宅のキッチンにはキプロス島の大理石がふんだんに使われているし、ワルシャワで大流行する何年も前に高性能の水道濾過《ろか》装置を設置していた。

マチェレヴィチが内務省の舵取りをするようになると、ノーヴィルはポーランドの公安部員がまた自分を監視の対象にしたのに気づいた。冷戦時代に米国人の往来を記録していた大使館裏の小さなブースにも、いかにも公安部員らしき人物が常駐するようになった。一九八九年以来のことだった。電子機器を用いた監視もまた再開した。「あんなものは過去の遺物だ」と、ノーヴィルは言う。「ああいうことをやるとはとても信じられなかった」。ノーヴィルはマチェレヴィチにやめるよう求めた。マチェレヴィチはその要求に応じた。

一九九二年初頭、マチェレヴィチはすでに身上調査に合格している元共産主義者の情報員を再調査する意向を発表した。それは非共産化の適正な実践ではなく、自分の敵を追い落とす手段だと見なす者が多かった。米国大使館からの電信にもこうある。「元共産主義者に対するマチェレヴィチの〝十字軍〟は、実は〝連帯〟陣営にいるライバルを攻撃する口実である(123)」

六月になると、マチェレヴィチ内務大臣は盟友とともに共産国の秘密警察に協力した(と彼が主張する)六十四人の主要政治家のリストを作成したことを明らかにした。さらにもう一つ、ポーランドの共産政権時代に「連帯」の指導者でありながら秘密警察に情報を提供していたとして、直接ワレサ大統領を譴責する文書も作成した。同時にマチェレヴィチは、第一局で働いていた情報員の名前を明かすようにUOPに要求した。UOPの幹部だったグロモスワフ・チェムピンスキはその要求を無視した。

マチェレヴィチは政治的危機を引き起こす狙いで、リストを国内メディアにリークした。だが、その策略は裏目に出た。マチェレヴィチのリストは粗雑なものだった。作成チームには何人かの高校生も加わっていて、ミスを犯したのだ。リストに挙げられた者の多くは共産主義者への協力など何一つしていなかった。それに、ポーランド民主化の英雄ワレサを攻撃したのは勇み足だった。ワレサが一九七〇年代初頭に公安部の情報源だったのはほぼ間違いないが、彼の協力はかたちだけのもので、「連帯」をつくる前の一九七六年に情報提供をやめている。おおかたの国民はマチェレヴィチの意趣返しを支持しなかった。「誰でもいっさい汚れのない純粋な状態になれるという考えに基づく、狂気に近い政治的パラノイアがときおり見られる」(124)。かつての反共産主義運動家ヤン・リティンスキは当時、そう述べている。

議会の下院にあたるセイムは秘密警察に関する公文書悪用のかどで、マチェレヴィチ内務大臣を調査する委員会を設立した。委員会が下した結論は、マチェレヴィチの行動は「国家の最高機関の弱体化を招く可能性がある」というものだった(125)。マチェレヴィチの策略のおかげでオルシェフスキ首相の不信任投票が議会で可決され、首相と内務大臣がそろって辞職を余儀なくされた。まずいことにこの危機が起きたのは、軍の撤収に関するロシアとの交渉が最終段階を迎えたときだった。ロシアの政府関係者はこの政治的混乱を歓迎した。

マチェレヴィチとその支持者は深刻な打撃をこうむった。彼らの標的となったチェムピンスキらUOPの職員やCIAワルシャワ支局員は安堵のため息をついた。とはいえ、「連帯」内のもっと非妥協的な人々が抱いている確信――ポーランドの変革を完了させる必要があること、陰で糸を引く元共産主義者が存在すること、昔の恨みは返さなければならないこと――が政界の力強い底流となっていた。それがふたたび表面化することになる。

第十四章　NATOへのすり寄り

ポーランドの情報機関とCIAが世界各地で協力し、アンジェイ・デルラトカのようなUOPの局員が米国との同盟だけがポーランドの未来を保障すると唱えてはいたものの、ワシントンとワルシャワの政治家たちはもっと慎重だった。ワシントンではロシアの反発を恐れたこともあり、ヨーロッパで同盟国を増やそうとする米国の決意に水を差す動きがあった。

実のところ、一九八九年の夏から冬にかけて世界が変化しているときでも、ブッシュ（父）政権の直感的反応はNATOをこれ以上拡大しないというものだった。モスクワの懸念を和らげるためである。十一月に何千もの人々の手でベルリンの壁が崩されたあと、ジョージ・H・W・ブッシュ大統領は一九八九年十二月にマルタでソ連の指導者ミハイル・ゴルバチョフと会談を行った。ブッシュはゴルバチョフに、米国は東欧諸国の騒乱を利用してソ連の国益を脅かすことに関心はないと請け合った。また、「私はベルリンの壁のうえで小躍りしたりはしていない」とも言ったという。

米国の政府高官はソ連側に対して、米国はポーランドであれその周辺国であれ、加盟国を増やしてN

ATOを拡大するつもりはないと公言した。一九九〇年二月九日には、ジェームズ・ベイカー国務長官がゴルバチョフに、「NATOの管轄は一インチたりとも東へ拡大しない」と伝えた[126]。ドイツ、フランス、英国の指導者も同様に次々とNATO拡大を否定し、ソ連の懸念する安全保障問題は今後、国境沿いに生まれつつある新世界のなかで取り組まれることになるから安心せよという口裏を合わせたような保障の大合唱が湧き起こった[127]。

「連帯」出身の政治指導者たちもまた、ポーランドをどんな方向へ向かわせるべきなのか迷っていた。ポーランドの政治家や知識人は国の歴史的な難題を解決するさまざまな手段を検討した。他民族の侵攻を受けやすい位置にいて、安全保障を確保するにはどうしたらよいのか？　民主化されたポーランドの初代首相のタデウシュ・マゾヴィエツキは東欧諸国との小同盟を構想した。知識人のなかには、ポーランドがロシアと米国の中間に「第三の道」を見いだすことを期待する者もいた。

これに対して情報機関の内部では、元共産主義者のチェムピンスキ、スモレンスキ、デルラトカなどが米国と同盟しNATOに加わるのが唯一の道だと信じていた。かつては米国を不倶戴天の敵と見なす制度のなかの歯車の一つだった人々だ。それがいまや、米国こそポーランドの安全を守る最大の保護者であると考えていた。彼らはほとんど幻想を抱かない実利主義者であり、権力政治のなかで鍛えられてきた。社会主義の擁護者として働く身から、国家を守るための必然性を信奉する立場へとあっさり宗旨替えした。「モスクワとワシントンの中間の第三の道という考え方は知識人がでっち上げた幻想でしかないと考えていた」と、デルラトカは言う。「もはやモスクワには寄りかかっていないのだから、唯一の選択はワシントンに寄りかかることだ」

皮肉にも、こうした考え方は（少なくとも当初は）ポーランドのリベラル派をさほど惹きつけなかった。むしろ、この国の政治勢力で右翼に位置する人々の共感を呼んだ。ヤン・オルシェフスキ首相やアントニ・マチェレヴィチ内務大臣といった情報機関から元共産主義者を一掃せよと主張した政治家が、国のとるべき外交戦略上の方向性に関しては攻撃の対象である元共産主義者と基本的に意見が一致したのだ。右翼政治家は情報機関の元共産主義者とともにNATO加盟を西側諸国に働きかけた。

一九九二年の春、オルシェフスキ内閣の国防副大臣ラドスワフ・シコルスキは国防省で開いた会合にNATO加盟国の大使全員を招待した。オックスフォード大学で学んだ向こう見ずな二十九歳の報道記者だった頃、シコルスキはソ連占領下のアフガニスタンの前線から英国の週刊誌『スペクテイター』に記事を送っていた。そこでソ連の力を直接目撃した経験から危機についての理解を深めたシコルスキは、ソ連のナショナリズムの復活は避けられないものと考えていた。英国の上流階級のアクセントで、彼は会議の冒頭にこう宣言した。「われわれはここに、NATOの拡大を話し合うために集まったのです」。高位の政府関係者がポーランドの意向をおおやけに発表したのはこれが初めてだった。米国大使トマス・シモンズはただちに席を立って部屋を出た。数週間後、四月のワシントン訪問の準備をしていたオルシェフスキはシモンズに、米国の国防長官ディック・チェイニーにNATO加盟の話を持ち出すつもりだと明かした。シモンズはそれを話題にしないほうがいいと説得した。[128] ワシントンにはまだその話をする準備ができていないからだ。

まもなくさまざまな出来事が重なって、ポーランドのNATO加盟を目指す考えは右翼のみならず、中道の政治勢力にも広がっていった。一九九一年九月に起きたモスクワのクーデター未遂事件を見て、ポーランド国民はロシアの水面下で沸き立っているゴルバチョフの改革への抵抗を感じとり、自分たちの脆弱《ぜいじゃく》さを改めて思い知らされた。一九九一年はまた、国粋主義者ウラジーミル・ジリノフスキーに率いられた極右政党（のちの自由民主党）の勢いが増した年でもある。ジリノフスキーはソ連の崩壊を悪し様にののしり、もしロシアの影響圏再建を阻止しようとするなら、「ポーランドを地図から消し去ってやる」と脅した。

一九九三年八月、ロシアの新指導者ボリス・エリツィンが、最後の旧ソ連軍がポーランドの領土から撤収するのに合わせて来訪し、一日半滞在した。

八月二十五日の夜、ワレサはエリツィンにポーランドはＮＡＴＯ加盟を望んでいると打ち明けた。エリツィンが黙ってうなずいたので、ポーランド人たちはそれを加盟の意図に共感を示したものと解釈した。その夜、両国の実務官吏が公式声明の原稿を作成した。ロシア側は、独自の安全保障協定の可能性を探りたいというポーランドの希望に理解を示す文言を入れるのをいっさい拒否した。八月二十六日の朝早く、すでにたっぷりウォッカを飲みかわしたあとで、ワレサがエリツィンに恐る恐る尋ねた。「誰がボスなんだ、ボリス？　あんたなのか、それともあんたのとこの国民なのか？」と、尋ねる。「ボスは私だ！」と、エリツィンがわめいた。すぐに公式声明が書き換えられた。ＮＡＴＯとは明記されなかったが、ポーランドが新たな同盟を選択する権利をロシアが承認するという意味であるのは明らかだった。記者会見が開かれ大変な騒ぎになった。

ロシアの官僚はすぐに被害を最小限に抑える努力を始めた。モスクワに戻って二週間後、エリツィンは矢継ぎ早にＮＡＴＯの主要加盟国の指導者に極秘書簡を送った。ロシアはＮＡＴＯの拡大に反対するという内容だった。ポーランドはＣＩＡの友人たちからその書簡を入手した。

それでもポーランドはワレサとエリツィンの公式声明を活用し、自国とその他の東欧諸国を仲間として迎え入れるべきだとさらに強く米国に訴えかけた。この頃からポーランドは東欧諸国を二つに分け、ハンガリーや新たにできたチェコ共和国と、東側に位置するウクライナやベラルーシといった発展の遅れた国のあいだに線を引き始めた。

米国では一九九二年十一月にビル・クリントンが新大統領に当選し（就任は九三年一月）、ＮＡＴＯの拡大を米国政治の主題に組み入れた。影響力の大きい外交問題評議会の機関誌である『フォーリン・アフェアーズ』の一九九三年九月／十月号には、ＮＡＴＯの拡大を初めて正面から主張する記事が掲載された。これはランド研究所の三人のアナリストが書いた記事で、ＮＡＴＯが境界線を東に移さなければ、中欧に安全保障の真空地帯が生じて民主化や経済改革が頓挫する危険があると警告していた。ズビグニュー・ブレジンスキーもその考えを支持した[129]。これには反論もあって、それなりの説得力を持っていた。ニューヨーク・タイムズ紙のコラムニスト、トーマス・フリードマンとクリントンの友人で顧問でもあるロシアびいきのストローブ・タルボットはモスクワを敵に回すのを恐れて拡大に反対した。元駐ソ大使のジャック・マトロックは、ＮＡＴＯの拡大は東欧からのソ連の撤退につけこまないという米国の暗黙の約束に反するものだと主張した[130]。

ウィリアム・ペリー国防長官がＮＡＴＯ拡大に反対したのは、同盟国の結束がゆるむのを心配したためだ。ペリーは「軽《ライト》」ＮＡＴＯの創設を提案し、「平和のためのパートナーシップ」と名づけた。ＮＡＴＯと東欧諸国をゆるやかに結びつける新たな機構のことである。中欧文学の伝統のなかで育った東欧

NATOの東方拡大

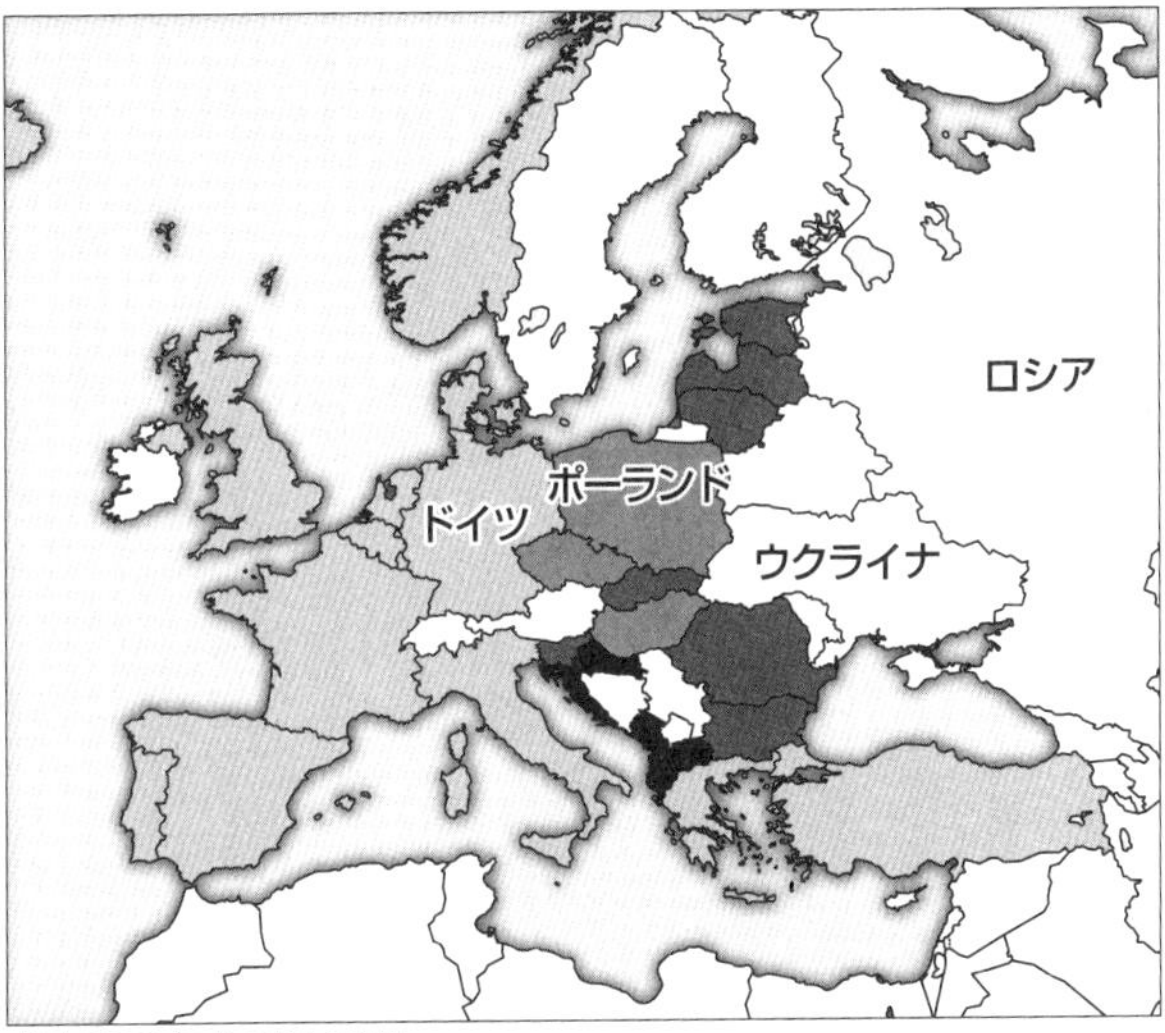

1990年までに加盟

1999年加盟 ポーランド、チェコ、ハンガリー

2004年加盟
エストニア、ラトヴィア、リトアニア、スロヴァキア、
スロヴェニア、ブルガリア、ルーマニア

2009年以降に加盟
アルバニア、クロアチア、モンテネグロ、北マケドニア

（朝日新聞2022年4月22日朝刊24面より）

諸国の指導者たちは、「パートナーシップ」という言葉をカフカの小説に出てくる控えの間のようなものと受けとめた。つまり、平和のための「パートナー」という控えの間では、ほとんどの東欧諸国がNATOに加盟する日をいつまでもむなしく待ち続けることになるであろうと。

一九九四年一月六日、アル・ゴア副大統領はポーランド系米国人が聴衆のほとんどを占めるミルウォーキーの集会に出席してから、クリントン宛のメッセージを携えてホワイトハウスに戻った。中西部ではNATO問題が選挙の大きな争点になろうとしていた。二千万の中欧系米国人が、二百名の選挙人（現職が勝つために必要な票数の三分の二を超す数）を抱える激戦区の諸州に集中していた。ポーランド、ハンガリー、チェコのNATO加盟は、いまや米国の国内政治問題になろうとしていた。

ゴアが集会で演説を行った日の翌日、三人の東欧出身の米政府関係者――マデレーン・オルブライト国連大使（プラハ出身）、ジョン・シャリカシュヴィリ統合参謀本部議長（ワルシャワ出身）、チャールズ・ガティ国務省職員（ブダペスト出身）――がワルシャワを訪問し、レフ・ワレサ大統領に「平和のためのパートナーシップ」を売りこんだ。歴史には不案内だが、歯に衣着せぬ物言いを得意とするワレサは、またしてもヤルタ会談を再現するつもりかと非難した。三人はワシントンへ戻り、クリントンに警告した。米国が正式加盟を提案しないと激しい反発が起きるだろう、と。

状況は変わろうとしていた。一九九四年一月十日、クリントンは大統領として初めてヨーロッパを訪問した。最初にブリュッセルで開かれたNATOのサミットに出席し、翌日プラハに移動して、四つの中欧諸国の指導者と共同記者会見を開いた。その席でクリントンは「いまや、するかしないかの問題ではなく、いつ、どうやって（NATOを拡大するか）の問題になっている」という歴史的な演説を行った。

ワルシャワのＣＩＡ支局では、一九九二年七月にバトンタッチが行われた。ビル・ノーヴィルに代わって、ベトナム帰還兵で、フォーダム大学で比較文学の博士号を取得後、一九七八年にＣＩＡに入局したマイケル・スリックが支局長になった。ブロンクスで生まれ育ったスリックはロシア移民からロシア語を学び、ポーランドの実存主義詩人たちの作品を英語に翻訳した。博士論文のテーマはシェイクスピアの『ハムレット』のフランス語版とロシア語版の比較だった。スリックはＣＩＡの分析部門の仕事に関心があった。ところが、マンハッタンのダウンタウンにある連邦政府ビルで面接を受けようとすると、その部門に空きはないと言われた。そして、そこにいた局員に作戦部門はどうかと勧められた。スリックは勧めに応じ、合格した。やがて、二〇〇六年のニューズウィーク誌で「情報局で最も腕の立つ現場工作員でありスパイ管理官」と称されるほどに成長した。スリックはワルシャワに拠点を置き、新たに独立を果たしたバルト三国のできたばかりの情報機関と連絡を取り合った。リトアニアへはすでに、モスクワからの独立を宣言した直後の一九九一年八月の秘密任務で訪問していた[131]。

米国とポーランド双方の政治家が両国の関係の未来について頭を絞っているあいだに、両国の共同作戦のペースはますます速まった。ソ連のハードウェア——兵器システム、コンピューター、衛星の配置など米国の専門家が関心を持つ情報は大使館の外交文書用郵袋に入って送られてきた。そればかりか、ポーランドの情報機関は自国政府の情報まで分け与えて、米国の政策立案者たちを手助けした。一九九四年一月のＮＡＴＯサミットのあと、クリントンはポーランド、ハンガリー、チェコ、スロヴァキアの大統領と会談を行う予定だった。一週間前にワレサが米国代表団を悪し様にののしったことに恐れをなし、クリントンはポーランド大統領が何を言うつもりなのか前もって知りたがった。ワレサは気まぐれな性格だった。米国人は彼がクリントンを脅して、NATOの拡大に向けて綿密なスケジュールを作成しろと要求するのを恐れた。スリックはポーランドの上級情報員に連絡をとった。その情報員は電話を折り返し、ワレサの態度を逐一報告してくれた。「他の国ならとうていできないことだった」と、スリックは言う。米国の情報機関が気の置けない関係を築ける国は、ポーランドを除けばほんのわずかしかない。

マリアン・ザハルスキはスパイ・ゲームに復帰したくてうずうずしていた。ペヴェックス社にいるあいだは、よく西側メディアの粗探し記事に取り上げられた。それまでの経歴がめずらしかったし、自由市場経済に移行しているポーランドで時代にマッチした人物として注目されたのだ。「小売業界に入ったスパイ」と、ニューヨーク・タイムズ紙の見出しでからかわれ[132]、ビジネス専門誌フォーブスでは「あるスパイへの墓碑銘」という見出しが付けられた。米国では旋盤セールスマンとして大成功したザハルスキも、新生ポーランドで事業を切り盛りする段になるとへまをやった。輸入品販売の独占権を失ったペヴェックスは、小売の私企業に太刀打ちできなくなった。命運は尽き、一九九三年にペヴェックスは破産申告を行った。

ザハルスキはアンジェイ・ミルチャノフスキの顧問になった。ミルチャノフスキは、面目を失って辞職したずる賢い反共産主義者アントニ・マチェレヴィチのあとを襲って一九九二年に内務大臣に就任した。ザハルスキは韓国の同業者と良好な関係を築きながら、朝鮮半島での情報活動を始めた。だが、米国で有罪判決を受けたことが呪いのように彼につきまとった。罪人であるスパイとの仕事を嫌って、フランス、ドイツ、スイスの政府は彼にビザを発行しなかった。

ミルチャノフスキは米国人と会うたびに、ザハルスキの処遇について文句を言った。一九九四年七月一日、FBI長官ルイス・フリーは東欧初のFBI支局開設のためにワルシャワを訪れた。フリーと会談したミルチャノフスキは、その時間の大半を使ってザハルスキを許すよう催促した。「彼を赦免してほしい」と、ミルチャノフスキは言い張った。「おたがい、いまは同盟国なんだから」。ジョン・パレヴィッチもまたザハルスキを褒めたたえた。パレヴィッチがCIA内部とポーランド人相手にあまりに強くザハルスキを擁護したので、同僚の局員からもっと冷静になれと注意された。パレヴィッチは常日頃好んで、CIAの工作担当官が守るべき一番のルールとして「協力者《エージェント》に惚れこむな」と言い続けてきた。本人がそのルールを破ってどうするんだ、と感じた同僚は少なくなかった。

パレヴィッチのザハルスキ擁護は危機を招く一因になった。一九九四年八月十五日、ミルチャノフスキはザハルスキをUOPの長官に任命した。パレヴィッチ同様、ミルチャノフスキもずっと、彼呼ぶところのザハルスキの「活力」に魅了され、ザハルスキの考えた組織改革案を気に入っていた。パレヴィッチのザハルスキ礼賛もミルチャノフスキの決断に影響をおよぼした。「私はいつもジョン・パレヴィッチの言うことに耳を傾けてきた」と、ミルチャノフスキは思い返す。もっともザハルスキの昇進は、米国の連邦裁判所で有罪となり終身刑を宣告された重罪犯が、NATO加盟の道を探っている国の文民情報機関を統括することを意味する。

一九九三年十二月、トマス・シモンズに代わって、ポーランド生まれの投資銀行家ニコラス・レイが米国大使として赴任した。レイは娘の結婚式を祝い、ポーランド南部のタトラ山脈で短い休暇を過ごしているときにザハルスキ昇進のニュースを耳にした。「電話が鳴りっぱなしだった」と、レイは思い出す。「彼らはいったい何をしてるんだ？……まだＮＡＴＯに入る気があるのか？」[133]。ポーランドの加盟に反対する者は、ポーランドはＮＡＴＯの機密を託せるほど信頼が置けないと力説していた。そしていま、ポーランドは米国でスパイ活動をしてキャリアを築いた人物を情報機関の長に任命した。

　レイは休暇を切り上げてワルシャワに戻り、ワレサ大統領とミルチャノフスキ大臣に面会した。任命を撤回すべきだ、とレイは言った。八月十七日の米国大使館の申し入れ《デマルシュ》によって、抗議は公式なものになった。「レイには冷たい返事をした」と、ミルチャノフスキは言う。「われわれには、われわれのやり方がある、と言ってやった」。それに対して、レイはこう応じた。「もしポーランドがロシアなら、われわれは我慢しただろう。だがポーランドはロシアではない。だから抗議するんだ」

　八月十七日の夜、ザハルスキはスリックの家を訪ねた。二人は近所同士だった。スリックの家は箱だらけだった。家族を連れてモスクワに引っ越す準備をしていた。ＣＩＡのモスクワ支局長に任命されたのだ。スリックはザハルスキに同情し、高飛車とも言える米国の態度に少し決まり悪そうだった。ＣＩＡはまるでＫＧＢのようで、ポーランドに指図している。スリックに言わせれば、ザハルスキはプロであり、卓越した技能を持っているのに。「ぼくは明日辞表を出すよ」と、ザハルスキはきっぱり言った。

「私があんまり褒めそやしたものだから、連中は彼を情報局のトップに据え、米国の怒りを買ってしまった」と、のちにジョン・パレヴィッチは笑いながら振り返る。「結局ザハルスキから地位を取り上げなければならなくなったが、彼はびっくりするほど頭が切れた」。ザハルスキはＵＯＰに残ったが、長官の座を降りた。危機は去ったものの、それはポーランド人の頭に、米国はポーランド人であるとはどういうことか、愛国者であるとはどういうことかを自分たちの一存で決められると考えているらしいと印象づけた出来事だった。米国政府、特にＦＢＩはザハルスキが共産国家ポーランドを裏切って米国に寝返るのを拒否したことをいまでも根に持っていた。米国がポーランド人に、同盟を管理していく正しい方法を教えようとしたのはこれが最後ではなかった。

ミルチャノフスキはＵＯＰ長官の後任に、穏やかなしゃべり方が特徴の、尊敬を集める技術者ボグダン・リベラを任命した。リベラはザハルスキのような大言壮語やうぬぼれとは無縁である。彼とミルチャノフスキの生い立ちは重なるところがあった。リベラの家族も共産主義者に殺されていた。リベラが四歳のとき、ナチの占領軍に対する反共産主義者のレジスタンスに加わっていた件を取り調べると言って、秘密警察が父親のステファンを連行していった。それから半年父親は帰ってこず、リベラの母親は仕事も収入もなく、物乞いをして三人の幼い息子を育てた。近所の人が一家にヤギを一頭貸してくれた。「ヤギの乳がぼくらの命を救ってくれた」と、リベラは当時を思い出す(134)。

リベラは、共産主義者の指導者たちが新規採用者のイデオロギーの純粋さに重きを置かなくなった一九七〇年代に情報機関に入った。大学時代は成績優秀な学生で、石油工学を学び、夏休みには小遣いを稼ぐために鉱山で働いた。「テキサス人にもなれたかもしれない」と、リベラは軽口をたたく。彼はまた学校ではチェスのチャンピオンであり、ボート競技チームの一員でもあった。

リベラはグロモスワフ・チェムピンスキらと並んで、スタレ・キエイクティの情報員訓練センターでは最優秀クラスに選抜された。もっぱらドイツ関連の案件を担当し、表向きは鉱山省の職員と称して西ドイツのノウハウを盗み出す仕事をした。

スパイの親玉として、リベラはＵＯＰがＣＩＡとともに仕事をする機会を積極的につくろうとした。対外諜報部の部員同様、ポーランドが貢献すればするほどＮＡＴＯに加盟するチャンスが増えると考えていた。「統一作戦」のときは、みんなが支持してくれたではないか。リベラはリビアにチームを送りこんで化学兵器の行方を探させたり、武器の密輸や核兵器の拡散と戦う任務の手はずをととのえたりした。彼が舵をとるＵＯＰは、米国が北朝鮮、キューバ、イランに関する情報を集めるのを手伝った。「われわれは米国人が手づるを持たないさまざまな場所で働いた」と、リベラは思い返す。「眠れない夜をいやというほど過ごしたものだ」。いま彼の慰めとなるのは、自分の在任中にポーランドのための、さらに言えば、米国のためのスパイ活動において、追放されたり逮捕されたり殺されたりした局員が一人もいなかったことだ。

　ＣＩＡの歴代長官はリベラの貢献を高く評価した。二〇〇一年に彼が引退した数カ月後に、ＣＩＡ長官ジョージ・Ｊ・テネットは長い手紙を書いて、彼を「過去一世紀の大半を特徴づけていた古い規範や政治的結びつきの域には留まらない未来のチャンスを正確に見抜いた先駆者」として絶賛した。

　テネットは「米国がこれまで築いた情報機関同士の関係のなかでもとびきりと言える二つの関係のうちの一つ」をつくり上げるのに尽力したとして、リベラを褒めたたえた。米国が情報活動に関する協力体制を長年にわたって築いてきたのが英国、オーストラリア、カナダなどの民主主義国であることを考えれば、まさに特段の賛辞と言えよう。[135] ビル・ノーヴィルの言葉は正鵠《せいこく》を射ていた。ポーランドは米国と特別な関係を築くのに成功したのだ。

　それでもポーランドは、この特別な関係がＮＡＴＯ加盟につながるのを待たなければならなかった。

一九九四年四月、ポーランド政府は新しい米国大使を任命した。一九九〇年代前半にショック療法を施す経済改革の中心人物だった新任大使イェジ・コジミンスキに与えられた目標はただ一つ――NATOだった。それから五年間、数多の高官たちが――四人の首相、五人の国防大臣、四人の外務大臣、四人の情報機関責任者、二人の大統領――入れ替わり立ち替わりワルシャワの官庁を出入りした。その間、コジミンスキはワシントンに留まり、ポーランド政治のとりとめのなさを力に変えようと努めた。国内ではどの政党が権力を握ろうと、どれだけ政党があろうと、どの党もNATO加盟国の称号を欲しがっていた。コジミンスキはポーランド情報機関の外交版とも言える存在だった。どちらもただ一つのゴールを目指していた。米国との同盟を築くことである。

コジミンスキにはワシントンに同調者がいた。その一つが共和党で、NATO拡大を支持し、それをクリントンたたきの棍棒にしようとしていた。コジミンスキは、共和党が一九九四年の中間選挙の際、ここ数十年で初めて上院、下院ともに多数派となるための先導役として発表したマニフェスト「アメリカとの契約」のなかにNATO拡大を入れるように働きかけた。

また、著名なポーランド系米国人も力を貸してくれた。コジミンスキはブレジンスキーや、ヤン・ノヴァクという偽名でよく知られた第二次世界大戦の自由の戦士ズジスワフ・イェジョランスキと親密に協力し合った。ノヴァクは小柄ではあったが、ポーランドにおいて巨人だった。ナチの占領に抵抗して敵軍の背後にパラシュート降下し、戦後はラジオ・フリー・ヨーロッパのポーランド支局を運営した。日々の放送を通じて、彼は共産政権のポーランドと世界中のポーランド系コミュニティで最も敬愛されるパーソナリティになった。

クリントン政権の内部にさえ、コジミンスキは支持者を見つけ出した。長年外交官として働き、ソ連問題の専門家であったダニエル・フリードはワルシャワの米国大使館に勤務していたことがあった。帰国後、クリントン政権の国家安全保障会議（NSC）に職を得て、中欧問題に関する大統領顧問になった。フリードとコジミンスキは兄弟と言っていいほど似ていた。どちらもやせ型の体型、少年のような顔、鼻にかかった声が特徴だった。コジミンスキは腕立て伏せとヨガ、延々とオフィス内を歩きまわることで体型を保った。フリードは強迫観念に取りつかれたようなランナーだった。

ホロコーストを逃れたユダヤ人の息子であり、ポーランド語を話すフリードは、NATO拡大が一九三〇年代にファシズムの台頭に目をつむって孤立主義をとった米国の選択を帳消しにするものと考えた。彼はずっと、お粗末な決断は歴史的な過ちに直結すると考えていた。

もう一人の精力的な外交官の米国への帰還がポーランドのロビー活動を活気づけた。一九九四年秋、駐独大使を退任したリチャード・ホルブルックはヨーロッパ問題担当の国務次官補に就いた。伝説的存在であるホルブルックの名が一番知られたのは旧ユーゴスラヴィアのボスニア・ヘルツェゴビナ紛争を終わらせたことだった。また彼の影響力が一番発揮されたのは国防総省の尻をたたき、渋る同盟国、特にフランスにNATO拡大を認めさせたことであるのはほぼ間違いない。ポーランド人はホルブルックを「戦車」と呼んだ。

ホルブルックがNATOの拡大を支持したのはフリードとは別の理由だった。彼は新たに加わった同盟国がドイツを友人として温かく抱擁すれば、ドイツが独断で中欧をうろつきまわるのを防げると考えた。

コジミンスキは限られた予算でロビー活動を行っていた。ポーランドの外務省は駐米大使館の業務費を三万ドルしか認めていなかった。それは当時、同じくＮＡＴＯ加盟を目指していたハンガリー、ルーマニア、チェコの大使館の持つ莫大な資金に比べればスズメの涙だった。

コジミンスキとそのチームはホワイトハウスの有力スタッフ全員、国防総省の有力スタッフ全員、それにＮＡＴＯの協定文書のいかなる変更にも最終的な判断を行うことになる上院の有力スタッフ全員と親しくなった。大使館の職員は国防総省のスタッフとサッカーをして、大使館でビールを振る舞った。コジミンスキのチームは大使館の小部屋の壁に表を貼った。そこには上院の全議員の名前が書かれ、ＮＡＴＯの拡大を支持する度合いによって五つに分類されていた。その表が最初に貼られたときは、公然と支持を表明している議員は四人しかいなかった。承認には六十七票必要であるのに。

クリントンの曖昧なＮＡＴＯ拡大の約束はあったが、同盟国を増やすことへの反対は根強かった。コジミンスキは、ＮＡＴＯの一員になりたければ現在の加盟国に匹敵する役割を果たさなければ――いや、むしろ現在の加盟国をしのぐ働きをしなければならないことを理解した。ポーランドは、米国が同盟する価値を具体的に実感できる状況をつくらなければならない。ワルシャワでは、レイ米国大使が想像したとおりの場面が展開していた。「さまざまな党派の人々が……タバコの煙でむっとする部屋に一堂に会して決めなければならなかった。〝われわれは何をすべきなのか？　ＮＡＴＯに加わるために、西側のいけすかない連中を困らせるには何をすべきなのか？　とりわけおれたちを加わらせるよう米国を動かすには？〟」(136)

この問題を進展させるにはポーランドの情報機関が不可欠だった。情報活動がポーランドの強みだからだ。「スパイ活動の協力が大切だった。われわれが他とは違うのをみんなに見せてやれる」と言ったのは、コジミンスキのもとで大使館の議会担当を取り仕切っていたボグスワフ・ヴィニドだ。「あの頃、連邦議会のあるキャピトルヒルでは、誰もが他人と自分を差別化できるものを探していた。情報活動の協力はわれわれの切り札だった」。成功した作戦はポーランドを「クラス一の人気者に変えてくれた」と、ヴィニドは往時を思い返す。「みんながわれわれを愛してくれた」

ダニエル・フリードは、そういった任務の秘密報告書を読んで考えを変えた有力な上院議員が何人かいたと語っている。「そうした作戦は、果たしてポーランドは同盟国に足りうるのかと疑う者が米国内に多かったことを明らかにした」と、フリードは言う。「まあ、彼らが優秀であったこともだが」。このことはフリードには意外ではなかった。「ポーランドのような国は優れた情報機関を生み出すことが多い」というのが、フリードの見解だ。「でなければ、国ごと消滅してしまうのだから」[137]

第十五章　首相がスパイだ!

NATO加盟は避けられないというのがおおかたの見方だったが、ポーランド国内ではいまだに対立が続いていた。政界の内紛、権力の追求、出自や経歴の洗い出し、ポーランドのチャンスを潰しかねないさまざまなものへの過剰な忠誠心。果たしてポーランドは貴重な機会を失うのだろうか、それともあくまで目標に目を据えて進んでいくのか?

一九九四年晩春のある日曜日、米軍統合参謀本部議長のジョン・シャリカシュヴィリ将軍はワシントンDCの自宅にイェジ・コジミンスキ駐米大使を呼び出した。ワルシャワ生まれのシャリカシュヴィリは、ポーランドと新任の大使に好意を抱いていた。将軍は、米国はカリブ海の島国ハイチに民主主義が戻ることを望んでいると語った。三年前にハイチの国軍が、この島で初めて実現した自由で公平な民主的選挙で選出されたジャン゠ベルトラン・アリスティド大統領を追放し、このクーデターを指揮したラウル・セドラ将軍が国政を掌握した。クリントン政権はセドラに対して、権力を手放してアリスティドを復帰させるように要求した。米軍最上層部でポーランドの安全保障に関心を寄せる者はわずかしかいなかったが、その一人であるシャリカシュヴィリは米国が対ハイチ政策のパートナーを探していることをポーランド大使に打ち明けた。「ポーランドが名乗り出てはどうだろう?」と、彼は提案した。「NATO加盟の助けになるはずだ」

コジミンスキはワルシャワに報告した。レフ・ワレサ大統領はすぐに閣僚会議を開き、ハイチに部隊を集結させるのにどれぐらい時間がかかるのかと国防大臣に尋ねた。「六カ月」という答えが返ってきた。そこでアンジェイ・ミルチャノフスキが口をはさんだ。「われわれなら六時間でできる。GROMがありますから」

一九九〇年に創設されて以来、機動緊急対応作戦グループ、すなわちGROMの訓練はCIAが行ってきた。最初期のメンバーの一人にピオトル・ガスタウがいた。一九八八年に法科大学院の入学試験に失敗したのち、ガスタウはポーランド軍に入隊した。二年ほど勤務した頃、友人から内務省内にできる新しい部隊のことを教えられた。空手の黒帯で英語を流暢にしゃべるガスタウを面接したGROMの司令官スワヴォミル・ペテリツキは、ガスタウが自分と似た気質の持ち主であるのに気づいた。ペテリツキは訓練演習の模範演技で、顔の左右どちら側からも正確無比な射撃をしてみせた。「ペテリツキはまさに異常だった」と、ガスタウは懐かしげに当時を思い出す。「異常さもあそこまで行くと、まったく新しい世界が見えてくる」

ガスタウら新入局員は米国の情報員やFBI捜査官、デルタ・フォース特殊部隊員、海軍特殊部隊員《ネイビー・シールズ》らの訓練を受けた。一九九二年の春までには、ガスタウと同僚たちは実戦に参加する準備ができていた。シャリカシュヴィリはその部隊の話を、共同特殊作戦演習で彼らを見た特殊部隊の上級隊員から聞いていた。

ハイチ軍がどんな展開をしているかわからなかった。それでもセドラ将軍が頑として譲らなかったので、米軍の計画立案者は侵攻の準備を始めた。ガスタウほか五十名のＧＲＯＭ隊員がプエルトリコに進駐し命令が下るのを待った。彼らは米軍のグリーンベレーに編入された。グリーンベレーは、侵攻軍の本隊である米陸軍第八十二空挺師団に先立ってハイチに上陸する予定になっていた。

一九九四年九月十八日、第八十二師団の小部隊が飛び立ち、グリーンベレーが攻撃の準備をととのえたとき、外交交渉によって戦争が回避された。元大統領ジミー・カーターの説得でセドラが辞任し、アリスティドが公務に復帰した。それによって、ガスタウらＧＲＯＭの部隊の任務が変更された。ＧＲＯＭは島の軍事占領の一翼を担う警備任務を遂行し、第十山岳師団のデヴィッド・ミード少将はじめ何人かの高官の警護を担当した。ＧＲＯＭの隊員はその程度の任務ではもったいないほど訓練を積んでいた。クリントン政権の国家安全保障問題担当大統領補佐官トニー・レイクはハイチを訪問したときに、黒い軍服を身につけ、稲妻の肩章を付けた不気味なポーランド人に囲まれた体験をのちに面白おかしく語っている。

ポーランドの懐疑主義者たちは、歴史が繰り返されるのを心配していた。一八〇二年にポーランドの官吏は強国との同盟（このときの相手はナポレオンのフランスだった）を実現しようと、五千を超す兵士を奴隷暴動鎮圧のためにハイチに派遣した。そのときは、ポーランドがロシアとプロイセンとオーストリアによって分割されるのをフランスに阻止してもらうつもりだった。だがそうはいかず、一八一五年のウィーン会議でポーランドは事実上消滅した。

今回のハイチでは、この部隊配備をポーランド人は喜んでいた。なかにはボディガードの任務に文句を言う者もおり、「石炭を掘るのにフェラーリを送るようなものだ」と、GROMの隊員の一人が皮肉った。それでもCIAの落とし子とも言えるGROMは見事な働きをして、米国の国防総省やその他の安全保障関連組織から絶賛を浴びた。やがて、彼らにはふたたび出番が回ってくることになる。

いまだにソ連の亡霊が、米国との同盟体制を築こうとするポーランドの夢に影を落としていた。クリントン政権の内部でも東欧の安全を保障するより、モスクワとの良好な関係の維持を優先すべきだと主張する者が少なくなかった。そればかりか、米国の政策立案者を悩ませる別の問題も存在した。民主主義になってまだ日の浅い東欧諸国の政府や情報機関、軍にはまだロシアのスパイが潜んでいるのではないかという疑念だった。

そうした状況を背景に、ワシントンはポーランドで民主左翼連合（SLD）と党名を変えた元共産主義者の党派が急成長しているのを憂慮した。一九九三年九月、八九年以来三度目の議会選挙でSLDが第一党に躍進した。表向き、選挙綱領には前の右翼政権と同じ対外政策を掲げていたものの、ワシントンの疑念は消えなかった。

一九九五年になると、マスコミ受けする元共産主義学生運動家のSLD党首アレクサンデル・クファシニェフスキが現職大統領レフ・ワレサに対抗して大統領選に出馬すると宣言した。セイウチ髭に大衆の味方を気どった物腰のワレサは、これまでずっと人々を鼓舞する革命家だった。ところが組織を統轄するには粗雑すぎて、そのせいで「連帯」を構成する労働者と知識人はいくつかの党派に分裂した。ある評論家が言うとおり、「英雄は必ずしも良い政治家にはなれない」のだ。ワレサは選挙運動でもミスを犯し、候補者公開討論会で若くて口の達者なクファシニェフスキに打ち負かされた。十一月十九日、有権者はクファシニェフスキを選択し、直接選挙で選ばれた初の元共産主義者の大統領が誕生した。(138)これは東欧全体でも初めてのことだった。

ワレサは敗北を受け入れられなかった。この結果を無効にし、元共産主義者のSLDを打倒する手段を探し求めた。そのときミルチャノフスキ内務大臣（元UOP長官）が、自分はそれを実現する情報を持っていると申し出た。

夏のあいだに、ミルチャノフスキは取って置きの情報員マリアン・ザハルスキをスペインのリゾート、マヨルカ島に派遣した。ザハルスキはそこで、KGBだけでなくその後継のロシアの情報機関FSBでも働いていたロシア人の情報将校ウラジーミル・アルガノフに会った。ザハルスキの話では、アルガノフをうまくたぶらかしてロシアがこの十年間、ポーランド政界の既成勢力のなかに協力者《エージェント》を抱えているのを認めさせた。そのエージェントこそ、ポーランド首相でSLDの指導者の一人であるユゼフ・オレクスィその人に他ならないという。それが真実であれば、この疑惑によってSLDは二度と立ち上がれないほどの打撃を受けるだろう。

十二月初旬、ワルシャワのCIA支局はワレサの一党が首相をスパイと名指しして、元共産主義者たちの影響力を奪おうと画策しているという噂を耳にした。レイ駐ポーランド米国大使はその噂をワシントンに報告した。これを受けて、国家安全保障会議のダニエル・フリードがコジミンスキ駐米ポーランド大使に連絡し、自分のオフィスのすぐ近くにあるラファイエット・スクエア公園の散歩に誘った。「この件について、きみは何を知っている？」

コジミンスキ大使がワルシャワに問い合わせると、フリードの懸念が当たっているのがわかった。コジミンスキはズビグニュー・ブレジンスキーに助けを求めた。ブレジンスキーはもともとポーランドの最高勲章である白鷲勲章を受けるために十二月なかばにワルシャワへ行くことが決まっていた。十二月十九日にワレサに会ったブレジンスキーは、はっきりした証拠のない申し立てはしないように敗軍の将を説得した。そして、この嫌疑を調査する非公開の委員会を設けてはどうかと提案した。ロシアのスパイがらみの内輪の恥が世間に知られれば、ＮＡＴＯ加盟につながる道の障害となるだろう、とブレジンスキーは警告した。

ワレサは譲らなかった。ミルチャノフスキ内務大臣に命じて、申し立てを公表させた。十二月二十一日、セイム（下院）の議場でミルチャノフスキはオレクスィ首相にロシアのスパイの烙印を押した。ワシントンでは、コジミンスキが打撃を最小限にする努力を行った。彼は二つの質問の両方に答えなければならなかった。もし申し立てが真実なら、ポーランドがＮＡＴＯ加盟を真面目に目指すことなどどうしてできるのだ？　もしそれが嘘なら、ポーランド大統領はそんな扇動的告発をする内務大臣をどうして使っていられるのだ？[139]

コジミンスキにはいたるところに友人がおり、ＣＩＡも例外ではなかった。ＣＩＡの最初の見立ては、オレクスィはスパイではないというものだった。ＣＩＡの分析官はオレクスィを小売政治［社会の特定層を意識した「卸売政治」に対して、一般有権者との直接交流を重視する政治のこと］に長《た》け、愛想が良く、酒飲みだが、なかなか優秀な首相だと評価していた。よく磨いたビリヤードの突き玉を連想させる禿げ頭が、いつもタバコの煙が渦を巻いて立ちのぼっている取り巻きたちの騒々しいかたまりの真ん中で輝きを放っていた。彼の周囲に集まったのは、神父や情報機関の大佐、学生、作家などだった。「人と会って、だらだらとおしゃべりしたり議論したりするのが好きだった」と、コジミンスキは言う。「だが、それが理由でロシアの情報源になったわけではない」

さらなる調査が行われ、その焦点はこの件でザハルスキが演じた役割に絞られた。ずっと以前からUOP内の口さがない人々は、彼をせいぜいのところ「できそこないのスパイ」にすぎないと主張していた。ザハルスキは一九七〇年代に米国でたまたまビル・ベルと出会い、個性的な冒険家であることを証明した。米国人のなかには彼のスパイ活動技術に魅せられた者も少なからずおり、ジョン・パレヴィッチもその一人だった。だがUOPの同僚たちは、ザハルスキを優秀な工作担当官に不可欠の几帳面さに欠けるほら吹きと見なしていた。もしウラジーミル・アルガノフのようなプロと対決することになったら、冷静に行動できるだろうかと心配する者もいた。

ロシアはNATOの拡大に反対した。政府関係者も軍の高官もおおやけに口をきわめてののしった。その陰でモスクワは東欧全体に政治的分裂の種を蒔《ま》き、ワシントンとワルシャワを離反させようと企んだ。ザハルスキがマヨルカ島でアルガノフに出会ったとき、ポーランド情報機関の多くの者はザハルスキがうっかり罠に落ちたものと結論した。ワルシャワにいる情報提供者の名を問われて、アルガノフは当然オレクスィを指さした。オレクスィはただの飲み友だちでしかなかったとしても、NATOファミリーにポーランドを招き入れるのを米国に考え直させるには、ポーランドの首相その人がFSBの情報提供者だと断言することほど良い手段は他にないだろう。ザハルスキは自信過剰なので、自分が利用されているのに気づかなかったのだ、とワルシャワの同僚たちは考えた。

ワルシャワの米国大使館では、この件で何本も本国に電報を送りながら、レイ大使は自分が「三文小説」を書いているような気分になった。彼は元共産主義者への攻撃が「政治的策略」であり、「NATOに加わりたいというポーランドの願望を台なしにするものではない」と、CIAの助力を受けて強調した。レイに言わせれば、ワレサは「以前アカどもを懲らしめてやったときの気分をもう一度味わおうとした」だけなのだ。[140] ところがその策略はワレサの政治的経歴を汚し、彼を結局後悔させることになった。ワレサが危機をつくり出してからひと月あまりたった一月二十五日、オレクスィは辞職した。だが、彼の辞職はSLD（民主左翼連合）の終焉を招くことはなかった。それどころか、これはクファシニェフスキ大統領がSLDとその後十年間のポーランドの政治状況を牛耳るきっかけとなった。

もっともオレクスィの一件がクファシニェフスキに影響をおよぼさなかったわけではない。KGBの浸透があるという申し立てはその後しばらくのあいだわだかまりとして残り、元共産主義者であるクファシニェフスキとその一派は頻繁に、自分たちが米国との同盟にどれだけ肩入れしているかを証明してみせなければならなくなった。それがのちにCIAにつけこまれる弱みとなる。

オレクスィ事件によって、反体制派転じてスパイの親玉となったアンジェイ・ミルチャノフスキの波乱に満ちたキャリアも終止符を打った。議会でオレクスィにスパイのレッテルを貼ってまもなく、彼はシュチェチンのテラスハウスに引っこみ、特許専門の弁護士をしながら米国のジャズを楽しむ暮らしを始めた。

マリアン・ザハルスキもまたワルシャワを離れ、一九九六年にスイスに引っ越した。前の勤務先であるペヴェックス社における目に余る経営の失敗を告発され、追われるように出国したのだ。家族に最適の場所だと思ってスイスを選び、前もって娘たちをスイスの寄宿学校に入学させていた。ところが妻のバーシャは年老いた母親のそばを離れるのを拒んだので、夫婦は離婚した。ザハルスキはレマン湖のほとりで暮らし、回顧録と第二次世界大戦の諜報作戦の歴史についての本を書いた。彼は再婚し、娘たちは米国に行って、マウゴーシャはコーネル大学、カロリーナは出生地に近いペパーダイン大学へ留学した。ザハルスキは、米国の当局が父親の罪を理由に娘たちから教育を受ける機会を取り上げなかったことをありがたく思った。CIAのジョン・パレヴィッチもその措置に若干の助力をし、二人の娘のお目付役も引き受けた。

一つの時代の終わりにも見えたが、それでもまだポーランドの愛国者がどうあるべきかという問題については、本国でも米国でも戦いの場を残していた。スパイ活動がその中心になった。ザハルスキのよく知られたスパイとしての経歴がクライマックスを迎え、突然終わったことは、もう一人の米国のスパイの物語と深く絡みあうことになる。

長年、米国の当局者はCIA最大のポーランド人情報源リシャルド・ククリンスキが身の証しを立て、ポーランドが正式に彼を売国奴ではなく愛国者として認めることを要求していた。一九九二年のテレビのインタビューで、ズビグニュー・ブレジンスキーは、ククリンスキのスパイ活動はソ連に対抗する米国を支援するためだったと評価した。「そうした行為を裏切りと考えるべきではない」と、ブレジンスキーは言った。「もうそろそろククリンスキがポーランドのために働いたことを認めてもいい頃だ」。CIAでのククリンスキの工作担当官デヴィッド・フォーデンはこのスパイと固い絆で結ばれていた。彼は一九八八年に退職すると、ククリンスキの汚名返上に一身を捧げることにした。フォーデンとその支持者は、ククリンスキの赦免をポーランドのNATO加盟の条件にするように働きかけた。
ポーランドの最高裁判所はすでに、一九八九年十二月制定の恩赦法に基づき、欠席裁判でククリンスキの死刑を二十五年の禁固に減刑していた。だが、ポーランド社会は無罪放免については意見が分かれた。「連帯」運動から生まれた右翼団体はククリンスキを偶像視していたが、他の元反体制派はククリンスキが一九八一年に戒厳令が敷かれるのを前もって知っていながら、弾圧が始まることを反体制組織に警告しなかったと強く根に持っていた。一九九四年九月に行われた世論調査によれば、ザハルスキのほうがポーランドのために働いたと考える人（一七パーセント）が、ククリンスキ支持者（七パーセント）より多かった。
一九九四年にザハルスキが情報機関の長になったとき、ポーランド人のなかにはククリンスキの赦免をザハルスキ就任の承認と引き換えにするチャンスだと考えた者もいた。だが米国はその提案に興味を示さず、ポーランドも強くは迫らなかった。「それは過去の痛ましい出来事と向き合い、折り合いをつける良い機会だった」と、当時のポーランドで最も有力な日刊紙だったガゼタ・ヴィボルチャ紙の副編集長ピオトル・パツェヴィチは言っている。「だが、そうはならなかった」[141]
ワシントンではコジミンスキ駐米ポーランド大使がプレッシャーの高まりを感じていた。大使館の行事の際にCIA局員が近づいてきて、「もしポーランドが燃料を必要としているのなら、うちの局が連邦議会情報委員会の上院議員たちに」米国のためにポーランドが果たした功績を説明してやろうか、と申し出た。その舌の根が乾かないうちに局員は、ポーランドはククリンスキの件に真剣に取り組んだほうがいいと言い添えた。「二つのメッセージが同時に届いた」と、コジミンスキは思い起こす。プレッシャーはクリントン政権にもかかっていた。前の駐ポーランド米国大使ジョン・デイヴィスが、ポーランドはNATOの加盟国になろうとロビー活動をしている一方で、自分たちの情報員の一人がNATOの安全に大変重要な貢献をしたことを認めるのを拒否しているのは皮肉であるという内容の書簡を送ってきたからだ。米国国家安全保障会議のダニエル・フリードはコジミンスキ大使に、この問題が処理されないかぎりポーランドのNATO加盟は「難しい問題」になると伝えた。結局ホワイトハウスはズビグニュー・ブレジンスキーを関与させることにした。それまでにブレジンスキーとコジミンスキは親しい間柄になっていた。一九九六年に二人は協力してこの問題の解決にあたった。だが、やがて期限を切られることになった。NATOは一九九七年七月にマドリッドで首脳会議を開く予定だった。ポーランドとチェコ、ハンガリーはそこで加盟を決めるために招待されることを希望していた。

元共産主義者のなかで、ククリンスキの判決の再検討に執拗に反対したのは元大統領ヴォイチェフ・ヤルゼルスキ将軍だった。黒のサングラスを掛けて、「連帯」の弾圧を指揮した独裁者である。ヤルゼルスキは一九八一年の戒厳令の施行を、二つの悪のうちの小さい悪を選んだだけだと言って正当化していた。戒厳令を敷くか、ソ連の介入を許すかで、事実上選択の余地はなかったと主張した。彼は自分をポーランドの救世主と考えていた。だが、ククリンスキがスパイ活動で明らかにしたことはヤルゼルスキの話とは矛盾した（のちにソ連の公文書館が公開した機密文書もそれを裏付けた）。切迫したソ連の脅威は存在しなかったのだ。ヤルゼルスキをさらに激怒させたのは、信頼していた情報員が自分の見えないところで外国勢力に協力していたことだった。コジミンスキ大使は、いまだに老将軍に忠誠心を持つ軍人がククリンスキの赦免計画をぶち壊しにして、ポーランドのNATO加盟の夢を挫折させてしまうのを恐れた。

だが、ポーランド軍を赦免反対に向けて団結させたのは、老将軍と彼の傷ついた自負心だけではなかった。士官たちはこう問いかける。もしわれわれがスパイをちやほやしたりすれば、祖国に忠誠を尽くすよう若い兵士をどう教育すればいいのだ、と。

コジミンスキは一度、ククリンスキに米国で会っている。コジミンスキはこの元スパイのなかに、世界を敵に回す一匹狼というポーランドの壮大なロマンチシズムの伝統が息づいているのを感じた。同時に米国への亡命後、ククリンスキ家に起きた悲劇にも心を揺すぶられた。ククリンスキの息子は二人とも米国に来てから亡くなっていた。

コジミンスキは元共産主義者によって組織されたワルシャワの新政権内部に、信頼して話のできる相手がいないかと捜し始めた。一人、レシェク・ミレルという人物が見つかった。ミレルは一九九六年の夏に米国に来て、オリンピックが行われていたアトランタを含めて三都市を回ったことがあり、コジミンスキとはその際に出会った。ポーランドでは、ミレルは「毛むくじゃらの同志」と呼ばれており、筋金入りの共産党幹部の典型と言える人物で、自分の出身地で繊維産業の中心でもある、ワルシャワから五十キロ弱のすすけた小都市に君臨していた。それでもミレルはＳＬＤの実力者であり、クファシニェフスキ大統領の都会的な魅力とは好対照の粗野な田舎者の役を演じていた。見かけはどうあれ、コジミンスキはミレルが実行力のある政治家であるのを認めていた。

コジミンスキはククリンスキの境遇に心を動かされたが、ミレルは情に流されなかった。「米国の政治家たちがこの件をうるさくせっついてくるのが問題であるのはわかっていた」と、ミレルは当時を振り返る。「私個人は、ククリンスキが裏切り者であろうと英雄であろうとかまわなかった。彼の件がNATOへの加盟の障害となっていたから、それを取り除かなければならなかった」。ミレルはこの仕事に最適の候補者だった。彼にすれば、それはニクソンが北京に赴いたときを彷彿《ほうふつ》とさせた。情報機関や軍に元共産主義者の勢力が残っている国でククリンスキの一件を解決できるのは、ミレルのような策略に富んだ元共産主義者の当局者だけだった。

一九九七年一月、ミレルは内務大臣に任命された。翌月、米国を訪問、忙しい日程をぬってCIAとも会談を持った。コジミンスキ大使がミレルとブレジンスキーを酒席で引き合わせた。ミレルは二人に、自分が米国に来たのはクファシニェフスキ大統領からククリンスキの一件に解決法を見つけるよう命じられたからだと打ち明けた。条件はただ一つ、ククリンスキの赦免には、ポーランドの検察官の関与と本人の証言が必要だという。

会談の席でブレジンスキーは、もしククリンスキが証言を行ったら、結果が（ブレジンスキー言うところの）「生産的に処理される」ことを約束せよとせっついた。コジミンスキ大使によれば、ミレルはククリンスキ赦免の「おおよその保証」を与えたという。家に帰ったブレジンスキーはフロリダにいるククリンスキに電話をして、ポーランド軍の法務士官と話すためにワシントンへ来ることを承知させた。

四月十九日土曜日の夜、ポーランド軍の法務士官二名がダラス国際空港へ向かっていた。コジミンスキは一人で空港まで迎えにいった。ところが待合室で、やはり同じ二人を迎えに来たポーランド大使館の駐在武官の少佐と鉢合わせした。これは極秘の任務のはずなので、武官を遠ざけておかなくてはならない。そうしないと、軍にいるヤルゼルスキ信奉者に情報が伝わり、ひいてはメディアにも漏れるかもしれない。ところが法務士官の旅の手配をしたポーランド国防省の秘書官が、何も疑わずに二人の法務士官がそちらへ向かうと大使館の駐在武官に知らせてしまったのだ。極秘任務が通常の業務処理手順とかち合い、通常の業務処理手順のほうが優先されたわけだ(142)。

コジミンスキは話をでっち上げた。訪ねてくる法務士官の一人は自分の友人なのだが、彼を驚かせてやりたいんだ、と彼は駐在武官に言った。「きみがここにいたら台無しになってしまう」。その策略は功を奏し、少佐は帰っていった。

翌月曜日から金曜日まで休みなしで、二人の法務士官は戦略国際問題研究所にあるブレジンスキーのKストリートのオフィスでひそかにククリンスキと会った。ブレジンスキーとコジミンスキが証人役を務めた。規則上、法務士官たちはククリンスキを「大佐」と呼んだ。CIA局員のデヴィッド・フォーデンと大男の元FBI局員が即席のククリンスキ護衛小隊をつくって、毎日ヴァージニア州北部にあるフォーデンの家とワシントンDCのダウンタウンのあいだを送り迎えした。コジミンスキとブレジンスキーは会話の方向を、ククリンスキの赦免に利用できるポーランド法の原則――なかでも「より必要性の高い状態」と言われるもののほうに向けようとした。これに則《のっと》れば、より大きな善のために役立つ犯罪は正当化される。二人は、ククリンスキが敵と内通したのはポーランドを救いたかったからだという論理を構築するために助力した。コジミンスキ大使は大使館の電話でミレル内務大臣に逐一報告を行い、文書はいっさい残さなかった。みんなが暗号名を持っていた。ククリンスキは「わが友」、法務士官は「旅行者」、ブレジンスキーは「教授」だった。

過去をめぐる苦闘が繰り広げられているあいだに、未来が始まろうとしていた。GROMの特殊部隊が二度目の展開要請を受け、今度は旧ユーゴスラヴィアへ派遣されることになった。旧ユーゴスラヴィアの内戦では数十万の死者が出たが、それも一九九五年の末に終結し、不安定な平和を維持するために国連とＮＡＴＯの部隊が派遣された。ＧＲＯＭはクロアチアのセルビア国境に近い地域で活動する国連暫定統治機構を護衛する任務を与えられた。

　ＧＲＯＭ部隊を率いるのはヤツェク・キタ少佐だった。一九九〇年のときのアンジェイ・ミルチャノフスキと同じく、キタには証明しなければならないものがあった。この部隊を解散させようとする圧力が国内で高まっていたので、キタは自分の部下がどんな国の特殊部隊にもひけをとらず、ＮＡＴＯの加盟国にふさわしいことをやれるのを見せたかった。ハイチでは端役を演じたが、キタはＧＲＯＭにはもっと力があるとわかっていた。(143)

　一九九六年三月、ハーグの旧ユーゴスラヴィア国際刑事裁判所の検事はこの紛争のなかでも最悪の犯罪の一つ――一九九一年十一月にクロアチアの傷病兵と市民二百六十人の殺害事件に関与した大量虐殺の容疑でセルビアの指導者スラヴコ・ドクマノヴィチを非公開で起訴した。ヴコヴァルの街で作戦行動をしていたセルビアの準軍事組織が病院のベッドから患者を連れ出し、車で草原へ運んで射殺した事件だ。ドクマノヴィチ容疑者はクロアチア国境に近いセルビアの町に隠れていた。フランス風の名前を持ち、いつも葉巻を噛みつぶしているテキサス出身のジャックス・ポール・クラインに率いられた国連派遣団は、ＧＲＯＭのキタ少佐とともに「小さな花作戦」と呼ぶ計画を立て、ＧＲＯＭの隊員にドクマノヴィチを逮捕させようとした。イラクでの作戦のときにミルチャノフスキがそうだったように、キタもワルシャワの指揮官にはいっさい報告しなかった。

バルカン半島が熱暑の夏日になった一九九七年六月二十七日、国連派遣団はクロアチアでドクマノヴィチらセルビア人が所有していた財産の弁償について話し合うという口実を設けて、ドクマノヴィチをクロアチアにおびき寄せた。ドクマノヴィチは国境で国連のシボレー装甲車に乗り換えさせられた。装甲車はGROMの隊員が運転し、キタはショットガンを持って同乗した。GROMの基地は国連事務所へ行く途中にあった。シボレーがGROMの基地に近づくと、別の隊員が運転するトラックが行く手をさえぎった。衝突を回避するふりをして、シボレーはそのまま基地のなかへ走りこんだ。

黒装束に身を包んだGROMの隊員がどこからともなく現れ、シボレーの後部ドアを開くとドクマノヴィチを車外へ引っ張り出し、旧ユーゴスラヴィア国際刑事裁判所の代理人の前に連れて行った。代理人は起訴状を読み上げた。GROMの隊員がドクマノヴィチの頭にフードをかぶせ、シボレーの後部に押しこむと、車は地元空港に向かって疾走した。そこにはベルギー空軍の飛行機が待ちかまえ、ドクマノヴィチと裁判所の捜査官をハーグへと運んだ。オランダに到着すると、捜査官たちはドクマノヴィチの手持ち鞄に拳銃があるのをGROMの隊員が見逃していたことに気づいた。GROMはテレビのゴールデンタイムにふさわしい活躍を見せたが、それでも常に改善の余地はあるものらしい。

ドクマノヴィチ逮捕は大ニュースになった。第二次世界大戦のニュルンベルク裁判以来初めて、国際法廷の命令によって起訴された戦争犯罪人が勾留されたのである。ホワイトハウスでは、クリントン大統領が感服していた。その日の声明で、クリントンは法廷を褒めたたえた。クリントンの声明にはなかったが、その賞賛のなかにはボスニアにいまも展開している何万もの米国軍はいったい何をしているのだという疑問も含まれていた。なぜ戦犯容疑者を一人も逮捕していないのだ、と。

クラインはＧＲＯＭの貢献について熱のこもった手紙を書いて、クリントンのデスク宛に送った。ＧＲＯＭのキタ少佐の上官は、旧ユーゴスラヴィアから帰国してワルシャワの米国大使館の催しに参加したときに米陸軍士官からおめでとうと言われ、初めてＧＲＯＭが任務に参加したことを知った。セルビア人はドクマノヴィチを逮捕したのはロシア人の傭兵だと聞かされた。ドクマノヴィチは一九九八年に独房で縊死《いし》した。

ドクマノヴィチ逮捕からわずか二週間後、ポーランド、チェコ、ハンガリーはマドリッドで開かれたＮＡＴＯの十五回目の首脳会議で正式に加盟を招請された。米国の忍耐力も尽きかけている。いまがクリンスキを赦免する潮時だ。

「恐るべき双生児」ダニエル・フリードとイェジ・コジミンスキが取引を進めた。ＮＡＴＯのマドリッド首脳会議が終わると、六月十日にクリントンはワルシャワへ移動してクファシニェフスキ大統領と会談を行う予定だった。その席でクリントンは、ククリンスキの件でクファシニェフスキが動いてくれたことに感謝し、米国は「時宜を得た結論」を期待していると伝えることになっていた。批判も露骨な圧力も必要なかった。ひと言口にするだけで十分なはずだった。

クリントンは予定どおりワルシャワに到着した。着陸する前に、米国大統領は閲兵をする部隊について注文を出した。ＧＲＯＭを閲兵したいというのだ。出迎えの列の前を進みながら、クリントンは全員と握手をした。ポーランド人はそこにいるのがドクマノヴィチを逮捕した部隊ではないことをクリントンには黙っていた。

六月十日の閲兵後、クリントンは嵐のような歓迎を受けた。ヤルタ会談のことを念頭に置いて、クリントンはワルシャワの歴史地区に集まった陽気な聴衆に向かって、NATOによるポーランド受け入れは「果たされた約束」であると語った。「ありがとう、ビル」と書かれた横断幕が聴衆の頭上ではためいていた。クリントンは宣言した。「あなたがたが生まれながらに持っている自由の権利が否定されることは二度とありません」

一九九七年九月、ククリンスキに関わる事態が動き出した。米国から検察官たちが、ククリンスキが推敲して署名した十六ページにわたる供述書を持って帰国した。検察官は当人に、法を破ったのは事実だが、それは「より必要性の高い状態」で行ったものであると結論したことを伝えた。ワルシャワでは、厄介な仕事を進んで引き受ける性質《たち》ではないクファシニェフスキがこの知らせをヤルゼルスキに伝えるようミレルに命じた。ミレルはのちに、それが生まれてこの方最も困難な会話だったと振り返る。「身がすくんでしまった。足ががくがくした」と友人に語ったそうだ。

九月二十日、ポーランド政府はククリンスキの嫌疑がすべて晴れたと発表した。ヤルゼルスキに率いられた三十人ほどの元将軍が抗議文に署名を行った。そこには、「彼は英雄になった。では、私たちは国賊なのか?」と書かれていた。これでまた、ポーランドの愛国者とはどうあるべきかの問題は争点となって残ることになった。

NATO加盟を正式に招請されても、コジミンスキの仕事は終わったわけではない。まだ六十七人の上院議員から条約の改定に必要な賛成票を得なければならない。猛烈なロビー活動が継続された。ポーランド大使館のNATO対策センターの壁にはまだ、「反対」から「たぶん反対」「たぶん賛成」「消極的賛成」、そして「間違いなく賛成」まで上院議員を分類した表が貼られていた。一九九八年四月三十日の夜、賛成八十、反対十九で、上院はポーランド、チェコ、ハンガリーのＮＡＴＯ加盟を承認した。

ククリンスキは、ＣＩＡ局員によって毛布でくるまれてクリスマスプレゼントと一緒に祖国を脱出した一九八一年末以来初めて、ポーランドに公然と帰国した。ワシントン現地時間の午後十時四十一分にポーランドのＮＡＴＯ加盟に関する議決の最終結果が出ると、コジミンスキはククリンスキに電話してニュースを知らせた。ポーランド南部の街クラクフに夜明けが訪れ、その日ククリンスキはこの街の名誉市民の称号を受けることになっていた。コジミンスキがニュースを伝えると、ククリンスキは声を上げて泣き出した。「それはククリンスキのグランドフィナーレだった」と、コジミンスキは言う。「脚本家だって、これ以上うまく書けなかっただろう[144]」

第十六章　消えたビンラディン

米国とポーランドのスパイ同士の友情は組織を超えて広がっていた。任務をともにする連帯感はとても強かったので、ＵＯＰを追われた者でさえ米国に助力する機会を見逃さないように注意を怠らなかった。アレクサンデル・マコフスキがその好例である。

共産政権時代、マコフスキは第一局の優秀な情報員の一人だった。子どもの頃、父親がポーランドのスパイとして駐在していた米国と英国で育ったので、英語、イタリア語、フランス語、ロシア語を流暢に話せた。情報員訓練センターの一九七二年のエリート・クラスではグロモスワフ・チェムピンスキと一緒だった。

教会の侍者のようなあどけない顔つきではあったが、手際の良い工作員に成長した。小柄なせいで、長距離走と実戦空手で鍛えたアスリートの肉体は目立たなかった。科学警察アカデミーの法科学研究所員という隠れ蓑で働いていた一九七五年に、ワルシャワを訪問した何人かの米国の教授と会い、うまく籠絡してハーヴァードの法科大学院《ロー・スクール》に一年留学するための奨学金の手配をしてもらった。ワルシャワ条約機構のスパイ、マコフスキは憲法学を専攻した(145)。

ハーヴァードでの留学期間が終了すると、マコフスキはニューヨーク駐在となり、そこでFBIの稚拙なリクルート活動の対象になった。ニューヨークではスワヴォミル・ペテリツキらとともにスパイ活動にあたった。一九八〇年代の中頃に、現地担当官としてローマに異動し、「連帯」運動への西欧からの物資支援を追跡するチームの指揮をとった。「連帯」に対抗する仕事をしていたせいで、ポーランドの体制転換後の信頼度審査に不合格だったわずか三人の対外情報員の一人になった。仕方なく、警備コンサルタントの会社に入った。それでもアルバイトでスパイをすることをやめなかった。

一九九三年にマコフスキはフリーランスの協力者《エージェント》としてUOPに雇用された。そこでの上役は、共産政権時代には彼のもとで働いていた情報員だった。その情報員の名はヴォージミエシュ・ソコウォフスキ、自分ではいくつか持っている偽名のなかからヴィンセントを名乗っていた。

長身で禿げ頭、顎髭を生やし、かすれ声とわし鼻の持ち主であるヴィンセントは、黒いタートルネックを着てクールさと快活さを同居させ、かすかに抑制された攻撃性を感じさせる人目を惹く人物だった。共産政権時代、ヴィンセントはマコフスキのチームに加わっていた。ペテリツキと同様、ヴィンセントも自分が拠点とするストックホルムから「連帯」の海外支援組織を悩ませる仕事をしていた。

一九九〇年、ヴィンセントは情報員の審査に合格したが、スウェーデンに留まり、起業家としての手腕を試してみることにした。「三十三歳だった」と、彼は思い返す。「ビジネスで成功のチャンスがあると思っていた」。だが、それまで何人かの元スパイがそうだったように(たとえばポーランドのFM放送局の広告部長になったのはいいが、局がつぶれてしまった者もいた)、ヴィンセントも資本主義社会で成功するのは容易ではないのを思い知らされる。ＵＯＰからもう一度声がかかると、彼は庁に再就職した。

ワルシャワへ戻ると、庁内が大きく変わったことに驚かされた。「連帯」出身者と元共産主義者が交ざって働いていた。新しい理念も生まれていた。「われわれはとても強靱だった、とても広い心を持っていた、とても行動的だった」と、ヴィンセントは思い出す。何より驚いたのは女性の存在だ。昔の第一局は男の独擅場で、多くの階に女性トイレすらなかった。それがすっかり様変わりした。

「オフィスへ行くと女性がいたんで、こう言った。〝やあ、お嬢さん、ここで何をやってるんだね？〟」と、ヴィンセントは語る。「彼女は振り向いてこう答えた。〝私はあなたの新しい上司よ〟」。その女性は「連帯」の運動家だった。彼女とヴィンセントは結局息子を一人つくることになる。ＣＩＡの局員もこの文化的変化を目撃していた。「もし女性蔑視や見下す態度が見られたら」と、対テロ活動でＵＯＰと協力したＣＩＡの女性分析官は語っている。「決して見逃さなかったでしょうね」

ＵＯＰに再就職したのち、ヴィンセントは訓練のために米国へ派遣された。ワルシャワへ戻ると、兵器密輸と大量破壊兵器の拡散を監視する部門に選抜された。ヴィンセントは二〇〇七年に引退するまでに、ＣＩＡとイスラエルの情報機関と緊密に協力して五十カ国で百四十の任務をこなした。その仕事については「いまだに最高機密だ。できれば永遠にそうであってほしい」と、ヴィンセントは言う（のちに彼は資本主義世界でも成功を収める。事業家ではなく、冒険小説のベストセラー作家になり、〝ポーランドのジョン・ル・カレ〟と呼ばれた）。

マコフスキがＵＯＰの情報員ではなく、エージェントとして参加した最初の作戦は、英国の対外情報機関ＭＩ６との共同任務だった。これはマコフスキのスパイ学校の同級生グロモスワフ・チェムピンスキが一九九〇年にウィーンでまとめ上げた連携協定の成果だった。この作戦には、アイルランド共和軍（IRA）との闘争を続ける北アイルランドのロイヤリスト集団アルスター義勇軍への見せかけの兵器売却が含まれていた。ポーランドの武器商人を装ったマコフスキは、一九九三年の春にジュネーヴのパブで北アイルランドのテロリスト二人と会った。二人とも強面《こわもて》で、殺人の容疑者だった。バーのテーブルの下で二人が開いたスーツケースには二十万ドルに相当する英国のポンド紙幣が詰めこまれていた。マコフスキは金を持ってその場を去り、それと引き換えに三百挺のAK-47自動ライフルとポーランド製グラウベリット・サブマシンガン、弾薬数千発、二トンの爆薬と起爆装置の入ったコンテナを引き渡すことになっていた。同年十一月二十四日、イングランド北部の港湾に駐在する税関係官がポーランドから到着した船荷を押収した。アルスター義勇軍はこの一件を「兵站上の後退」と呼んだが、実は大変な打撃になった。(146) 感謝の意をこめて、英国のスパイたちはマコフスキにマーガレット・サッチャーのサイン入り回顧録を贈呈した。

一九九七年三月に、ポーランドの商社インターコマースがマコフスキに、アフガニスタンへの旅に興味はないかと尋ねてきた。国際的に認められているアフガニスタン政府「タリバンに首都カブールを奪われた旧政府、アフガニスタン・イスラム国のこと」は三つのものを求めていた。兵器、通貨を印刷する安全な場所、それに世界各国で引っ張りだこのエメラルドを輸出するルートである。その翌月、マコフスキはアフガニスタン北部に到着し、「パンジシールの獅子」として知られる名高き自由聖戦士《ムジャヒディン》の司令官アフマド・シャー・マスードに会見した。それがマコフスキのアフガニスタンとの関わりと、UOPのヴィンセントとCIAのための仕事の始まりになった。

マスードの部隊は北部同盟と呼ばれるゲリラ・グループのゆるい集合体に属し、国の支配権をめぐってパキスタンが後ろ盾についたタリバンと戦っていた。マスードがポーランドの武器を欲しがったのは、配下の戦士たちがソ連式の武器の扱いに慣れていたからだった。マコフスキの概算によれば、武器の売買契約の総額は一億五千万ドルに達するものだった。

マスードはまた、米国政府が回収を望んでいるスティンガー・ミサイルの情報も持っていた。一九八九年まで九年にわたってアフガニスタンを占領していたソ連との戦いのために、CIAは聖戦士《ムジャヒディン》に二千基を超すスティンガーを供給し、聖戦士たちはそれを用いてソ連のヘリコプター部隊に壊滅的な打撃を与えた。その後、数百基のスティンガーが行方不明になり、使い勝手の良さからテロ組織もそれを欲しがっていた。CIAは一基の回収につき数十万ドル払ってもいいと言っていた。マスードはその情報をポーランドに提供することで、CIAとの関係を深められると踏んだ。彼はマコフスキに自分が所有する四基のスティンガーのシリアルナンバーを教えた。

ワルシャワに戻ると、マコフスキはポーランドから北部同盟への武器売却の提案書を渡すとともに、シリアルナンバーをヴィンセントに教えた。そのときはすでに、ポーランドの上級情報員とCIAの副長官ジョージ・テネットとの会議が五月に行われることが決まっていた。スティンガーと武器売却がそこで議題にのぼった。

テネットはポーランドの武器売却の提案に反対した。CIA局員から、マスードがロシアに近すぎると聞かされていたからだ。おまけに、マスードはアフガニスタン全体のさまざまな部族や党派を相手に回して勝利を収めているタリバンに対抗するには弱すぎると見られていた。そうは言っても、CIAはスティンガーが欲しかった。一九九八年の初頭、ワルシャワ駐在のＣＩＡ局員Ｊ・Ｎ（いまも現役なので身元は明かせない）がマコフスキと会って、米国の当局者がシリアルナンバーを確認し、きみの仕事ぶりを絶賛していると伝えた。「ほんの数年前まで、ＣＩＡの情報員に礼を言われるなんて夢にも思っていなかった」と、マコフスキは記憶をたどる。(147)「時代が変わったんだ」

それからまもなくアフガニスタンの情報源がマコフスキに伝えたところでは、二月にＣＩＡの派遣団がシリアルナンバーを持ってマスードを訪ね、四基のスティンガーを六十万ドルで買い取ったという。

マコフスキとＵＯＰの上司たちは、ＣＩＡが自分たちに何も知らせなかったことに腹を立てた。

その春、ヴィンセントとＪ・Ｎとの侃々諤々《かんかんがくがく》の話し合いの席で、マコフスキはＣＩＡが自分のコネに強引に割りこもうとしたことを強く非難した。ＣＩＡの策略によって、紛争地帯にいる情報源である彼の立場が危うくなっていた。「この先もこんなことを続けるのなら、ひどい厄介事がすぐそこで待ちかまえているぞ」と、マコフスキはＪ・Ｎに警告した。「きみたちの目的に同情的な人々もいずれ何もしゃべらなくなる」

マコフスキはアフガニスタンで仕事を続けた。あるときなど、北部地方までエメラルド掘削用のポーランド製機材と、ポーランド国内でうまく印刷できたアフガン通貨数トンを運んだこともあった。

帰国するたびに、彼はＵＯＰのヴィンセントに報告を行った。ＣＩＡは詳細な情報を求めてうんざりするほど長い質問状を送ってきたが、彼らの狙いは別のところにあるのをマコフスキもヴィンセントも知っていた。その頃には、アフガニスタンもマスードもタリバンもすでに本題ではなくなっていた。

一九九八年八月七日、ケニヤとタンザニアの米国大使館の正面でほぼ同時に爆弾が炸裂し、米国人十二人を含む二百二十四人が死亡した。この攻撃はサウジアラビア出身のテロリスト、オサマ・ビンラディンを指導者と仰ぐアルカイダによるもので、これによってアフガニスタンにふたたびスポットライトが当たった。ビンラディンとアルカイダはアフガニスタンのパキスタン国境沿いを拠点にしていた。八月二十日、クリントン大統領は米艦から七十五基の巡航ミサイルをビンラディンの訓練キャンプに向けて発射する命令を出した。その数日後、ニューヨークの連邦起訴陪審はテロ行為の容疑でビンラディンを起訴した。こうしてこのサウジ人の追跡が始まり、CIAはふたたびマコフスキに注目した。

大使館攻撃から三カ月後の一九九八年十一月、マコフスキはアフガニスタンに戻った。翌年七月に彼はロンドンでマスード派の情報将校に会い、八月にはアフガニスタンを再訪した。こうした話し合いの場で、マスード配下の情報将校は自分たちの情報源を使えばビンラディンをほとんどリアルタイムで捕捉できると主張した。ビンラディンの居場所だけでなく、彼とタリバンやパキスタンの軍統合情報局（ISI）その他の組織との関係についての情報も持っているという。

大言壮語はスパイの常である。マコフスキはそれを知っていた。だから、マスード派から得たビンラディンの最近の行動日程の情報を携えてワルシャワに戻ると、CIAのために裏取りを行った。この情報には、ビンラディンがカブールの旧キューバ大使館に潜伏していたことも含まれていた。マコフスキはそれをヴィンセントに渡して、CIAに届くようにした。のちにCIAは、マコフスキの情報の裏付けがとれたとヴィンセントに伝えた。

一九九九年九月にマスードの部下がマコフスキに、ビンラディンが二週間（十一月十五日から十二月一日まで）アフガニスタン南部の街カンダハルの家で過ごす予定であるという情報を届けてきた。情報にはその家の位置と周辺地域の詳細が含まれていた。

マコフスキは、アフガニスタンの複数の情報源からビンラディンが中東のどこかで米艦船を攻撃する計画を立てていると聞かされた。ドバイにいる補助的情報源も、その攻撃の実行部隊として経験豊かなテロリストの指揮のもと、二十七名で編成されるチームがつくられると知らせてきた。ビンラディンは「派手な花火が大好きだ」と、ドバイの情報源は言っていた。訓練キャンプに巡航ミサイルを撃ちこんだのは米国の艦船だった。だから艦船を攻撃して借りを返す――それがビンラディンのやり方だった。マコフスキが渡した情報は、UOPの工作担当官を通じてCIAにも伝わった。マコフスキはまたしてもCIAから送られた何通もの質問状に回答するはめになった。

十月十四日、マコフスキはUOPの本部でCIA局員と会議を持った。出席した者のなかにはワルシャワ駐在のクサヴェルィ・ヴィロジェムスキというCIA局員がいた。他にCIAの対テロ活動センターのメンバーが一人、ワシントンからやって来ていた。(148)

マコフスキは、ビンラディンに対処する最良の方法は彼を暗殺することだと主張した。拉致する作戦は危険が大きすぎる。米国の工作員が捕まるか殺されるかするかもしれない。誰かに暗殺を依頼するか、ドローン攻撃をしかけるべきだ、とマコフスキは提案した。それに対してワシントンから来た局員はこう答えた。CIAは「殺しのライセンス」を持っていない。米国は「彼を生け捕りにして、何としても法の裁きの場に立たせなければならない……それ以外の解決法は考えられない」と強調した。

会議の最中にマコフスキは、これまでCIAのおびただしい質問状に答えたとおり、アフリカの大使館への爆弾攻撃は、米国という標的にさらに破壊的な攻撃を加えたいというビンラディンの欲望をさらに刺激しただけだと述べた。そして、ビンラディンは米国の軍艦を沈めたがっていると、肝心な点を繰り返した。「軍艦だって?」と、ワシントンから来た局員は戸惑ったように尋ねた。この対テロ活動担当局員が、局の質問状に書かれたマコフスキの返答を読んでいないのは明らかだった。

会議を終えたとき、マコフスキは胸騒ぎを覚えた。もしこの対テロ活動担当局員のような人物がCIAのビンラディン対策を行っているのなら、「ビンラディンは長く幸せな人生を生きられるのに対して、西欧社会は大きなテロ行為に何度も直面することになる」。それでも会議の席で、CIAはマコフスキがさらに情報を集めるのを支援するという名目で、UOPに二万四千ドル支払うと約束した。

のちにヴィンセントがCIAから聞いたところでは、CIAはアルカイダが、成功の見込みは薄いとして米海軍艦船を攻撃する考えをいずれ放棄するはずだと思いこんでいたらしい。マコフスキの情報源はCIAがまんまとだまされたと言っていた。確かに、CIAが一杯食わされたところをマコフスキは前にも見たことがあった。CIAはビンラディンが病気であるという噂を事実として信じていた。マコフスキが他の情報源にあたってみると、米国の目をくらませるためにビンラディンの健康に関する誤った情報が意図的に流されたと教えられた。

二〇〇〇年十月十二日、二人の乗った小型ボートが、イエメンのアデンの港で給油中の誘導ミサイル搭載の米駆逐艦コールの舷側近くで停止した瞬間、大量の爆薬が炸裂した。爆発によってコールの船体には幅十二メートルの破孔が生じた。十七名の米兵が死亡し、三十九名の負傷者が出た。もし自爆部隊がもう数メートル船尾側にずれた弾薬貯蔵庫の前で起爆させていたら、コールは沈没し、はるかに多数の人命が失われていただろう。艦には三百五十名が乗り組んでいた。

アルカイダが米軍艦を攻撃する機会を探しているという報告を、ＣＩＡが米海軍に伝えたかどうかは定かでない。明らかなのは、海軍が中東にいる自軍の艦船にもっと強力な部隊保全プランを用意していなかった点だ。小型ボートがコールに接近したとき、ブリッジには誰もいなかった[149]。

　マコフスキはマスードの情報ネットワークを通じて、実行したのがアルカイダであるのをすぐに知った。彼はその詳細をヴィンセントとＣＩＡに伝えた。ところがＣＩＡが同じ結論に達したのは、攻撃の二カ月後の十二月になってからだった。ＣＩＡがなぜビンラディンのことをもっと真剣に考慮しないのか、マコフスキにはさっぱり理解できなかった。

　むろん、ビンラディンは満足していなかった。二〇〇一年九月十一日、自爆犯がニューヨークのワールド・トレードセンターに旅客機二機、国防総省に一機を突入させ、四機目は乗客がハイジャッカーと戦った末にペンシルヴェニア州の田園に墜落する事件が起きた。その年大統領に就任したばかりのジョージ・Ｗ・ブッシュは復讐を誓い、それからまもなく「テロとのグローバル戦争」を宣言する。

　同時多発テロがあったとき、マコフスキはワルシャワにいて、アフマド・シャー・マスードの死を悼んでいた。マスードは9・11の二日前にアルカイダの自爆テロで殺された。マコフスキはユナイテッド航空一七五便がワールド・トレードセンターの南棟に突っこむ様子を、お茶を飲みながらＣＮＮで見た。「私がバリケードを挟んで反対側に立っていたときに知っていた昔のＣＩＡとはまったく変わってしまった」と、マコフスキはアフガニスタンにいた頃のことを書いた回顧録のなかでそう言っている。「一九八〇年代に聖戦《ジハード》の矛先をアフガンの親ソ派に向けさせて、その勝利のために支援した頃のＣＩＡとも」

　マコフスキには、ＣＩＡが自分の与えた情報をまったく無視したのが腹立たしかった。それは、一部には自意識から生じる怒りでもあった。彼は自分の仕事を高く評価していたからだ。ＣＩＡ局員のなかには、ポーランドのような二流国がそんなに良い情報を手に入れられるはずがないと思いこんでいる者が少なくないという彼の推測は正しい。ポーランドのスパイ技術に敬意を払いながら成長した米国スパイの世代は、すでに一線を退いていた。ジョン・パレヴィッチは一九九四年に引退した。ビル・ノーヴィルは別の分野に移っていた。元駐ポーランド米国大使レイが引用したように、ポーランドをただの「小国」と見なしている新参の当局者も多かった。

だが、ＣＩＡが耳を貸さなかった理由はそれほど単純ではない。悪者を一人仕立てればすむ話ではなく、官僚制そのものも責められるべきだ。意思伝達経路がもともとひどく厳格なＣＩＡの情報管理のせいで、実際に業務を担当する人間にマコフスキの情報が届いていなかった。一九九六年から九九年までビンラディンの追跡チーム「アレック・ステーション」を指揮していたマイケル・ショイアーは報道記者に、テロリスト指導者に関するポーランドの情報は知らなかったと述べている[150]。もっとも、ＣＩＡのなかにはマコフスキの得た情報のことを知っていて、それが正確であると考えた者もいた。問題は、ＣＩＡの高官が語っているように、マコフスキはただ一つの情報源に依存しているように見えたため、情報が広く拡散されなかった点にあった。

なぜマコフスキは米国を助けようと思ったのか？「米国には借りがあると思っていた」と、マコフスキは言う。「高校生のとき、ハーヴァード・ロースクールのとき、それにもちろんニューヨークに住んでいたときも。まわりくどい話に聞こえるかもしれないが、私は米国で九年も暮らしていたのだから。9・11のあとは意欲がますます強まった」

マコフスキはビンラディンを取り逃がしたことをとても悔やんだ。回顧録のなかでは自分に対しても容赦ない。「たぶん、もう少し強く押すべきだったのだ。主張し続ければよかった。中途半端に終わらせず、邪魔者扱いされてもあきらめてはいけなかった」と、彼は書く。「ときには、正しいことをやっただけではすまないこともあるのだ[151]」

第十七章　テロ容疑者収容所協約

9・11事件に対して、ポーランドは米国にしっかりと寄り添う姿勢を示した。何千もの家族が米国の死者を追悼するために窓辺にキャンドルを置いた。若者は「ぼくはニューヨーカー」と書かれたTシャツを着た。元共産主義者のアレクサンデル・クファシニェフスキ大統領と事件直後に首相に就任したレシェク・ミレルは、テロを自分たちの米国への忠誠心につきまとう疑惑を追い払う良い機会と見なした。「心底、疑惑から解放されたかった」と、イェジ・コジミンスキ駐米大使は当時を思い出す。「何でもやる覚悟だった」。ポーランドはアフガニスタンへ侵攻するNATO軍にすぐさま参加した。アレクサンデル・マコフスキは活動の重心を移し、米国のためにスパイをするのではなく、アフガニスタンのガズニー州に展開したポーランド部隊の安全確保を目的に活動を始めた。

9・11から六日後、ジョージ・W・ブッシュ大統領はCIAにテロの容疑者を捕獲する権限を認める秘密工作の告示覚書に署名した[152]。十一月になると、CIAのワルシャワ支局長が新任のUOP長官ズビグニェフ・シェミォントコフスキに相談を持ちかけてきた。シェミォントコフスキは読書好きの元教授で、一九九〇年代初頭から管理者兼改革者として情報活動に関わるようになった。彼はUOPの最後の長官だった。二〇〇二年に彼の主導でUOPの諜報部門と防諜部門が二つに分割され、対外情報局《アゲンツィア・ヴィヴィアドゥ》（AW）がCIAに似た対外諜報活動を行い、国内治安局《アゲンツィア・ベズピエツェンストヴァ・ヴェヴネントゥシュネゴ》（ABW）はFBIをモデルに防諜を担う組織になった。

CIAワルシャワ支局長D（現在も現役で働いているので身元を明かしたがらなかった）はシェミォントコフスキに、ポーランドは領内に米国が数人のテロ容疑者を勾留するのを認めるだろうかと質問した。「国内では、われわれにできることは何でもやりたいという気持ちで一致していた」と、シェミォントコフスキは言う。D支局長は駐ポーランド米国大使クリストファー・ヒルに、ポーランド政府にアプローチしたことを伝えた。

二〇〇一年十一月は、アフガニスタンでは悲惨なほど混乱した月になった。9・11のあと、米国の特殊部隊がこの国に入り、タリバン体制を覆すために北部同盟に加勢した。数百のアフガニスタン人、アルカイダ戦士が捕虜になり、北部の街マザーリシャリフ近くのカライジャンギ要塞に勾留された。CIA局員が彼らの尋問にあたった。

十一月二十五日、勾留中の捕虜の暴動が発生し、たちまちこの内戦で最も死者の多い戦闘の一つに拡大した。米国と英国の特殊部隊の支援を受けた北部同盟が暴動を鎮圧するのに六日かかった。五百人いた捕虜のうち、生き残ったのはわずか八十六人だった。米国の戦死者はCIA局員ジョニー・スパンただ一人で、二〇〇一年のアフガニスタン侵攻で最初の米国人戦死者となった。

この暴動を知ったCIAは、その頃から「高価値勾留者」と呼ばれるようになった者たちを尋問する安全な場所の必要性を痛感した。要塞に勾留されている者のなかに、「米国人タリバン」として知られているジョン・ウォーカー・リンドがいた。ブッシュ政権は新たなテロ攻撃を心配し、その計画をアルカイダのメンバーが知っているはずだと考えた。ＣＩＡは9・11を予測しそこなったときから百八十度方向転換し、時限爆弾から放射性物質を含んだ汚い爆弾まで、ありとあらゆる恐怖のシナリオを検討の対象にするようになった。

もともとＣＩＡは、容疑者を海外の米軍基地に勾留するつもりだった。だがすぐに、捕虜を外国政府の管理する施設に収容すれば、捕虜の身元を赤十字国際委員会に報告しなくてもすむことに気づいた。拘禁を秘密にしておけば、ＣＩＡ局員は情報を引き出すために捕虜の人権問題に悩むことなく、より乱暴な尋問技術を駆使できる[153]。

そうする場合、最も必要なのは慎重さだった。ＣＩＡはＤ支局長に、ポーランドへの要請の内容をヒル駐ポーランド大使に伝えてよいと許可した。大使がおしゃべりなポーランドの連絡相手からその計画のことを聞かされるのを恐れたからだ。Ｄはヒル大使に、国務省の人間にもいっさいこの情報を漏らしてくれるなと頼んだ[154]。

六週間後の二〇〇二年一月十日、ヒル大使はミレル首相に随行してホワイトハウスを訪問した。大統領執務室《オーヴァル・オフィス》での会談の席で、ヒルはジョージ・Ｗ・ブッシュ大統領を脇に連れて行き、「このことは当然ご存じであるのを確認したいだけなのです」と、ＣＩＡの計画について言った。ブッシュはうなずいて、「シーッ」と言った。ワルシャワへ戻ると、ヒルはＤ支局長に、勾留者が実際にポーランドへ来るようになったら、自分にも知らせてほしいと頼んだ。Ｄは了承した[155]。

ＣＩＡの対テロ活動センターでは、のちに「ブラック・サイト」として知られるようになる秘密軍事施設をポーランドに設置することの是非について議論が戦わされた。センターの法律顧問は、ＣＩＡが採用している「拘禁と尋問の手法に疑義を唱える」国では訴訟を起こされる可能性があると指摘した[156]。ポーランドには特にその懸念が強かった。指導者の多くがソ連支配下の数十年を耐え忍んで生きてきた。多くの者が、ソ連による祖国の支配に反抗して殴打され、投獄されている。またしても別の強国によって人々が監禁され尋問される場所を提供すれば、国民は政府を疑いの目で見るようになるだろう。ただし、ＣＩＡ内部ではそうした懸念は広がらなかった。興味深いことに、ポーランド政府の上層部のなかでも大勢を占めることはなかった。考えられる一つの理由は、ポーランドの大統領も首相も共産政権時代には弾圧の犠牲者の側にはいなかったからかもしれない。

二〇〇二年七月十七日、アレクサンデル・クファシニェフスキ大統領はワシントンを公式訪問した。時刻は正午少し前で、ポーランド大統領はブッシュ大統領とともにオーヴァル・オフィスにいた。二人は二時間にわたる会談を終えたばかりで、共同記者会見の準備をしていた。側近がぞろぞろと出て行くと、ブッシュはクファシニェフスキに部屋に残るよう合図した。「頼みがあるんだ」と、ブッシュは言った。

米国大統領は要請を改めて述べた。米国は捕獲したテロリストを自国に連れて来ずに尋問できる場所を必要としている。「オーヴァル・オフィスには私たち二人しかいなかった」と、クファシニェフスキは回想する。「ブッシュは私を隅に連れて行き、ささやいた。これは大切なことなのだと私に言った」。クファシニェフスキはただちに要請を受け入れた[157]。

クファシニェフスキがそう思ったとおり、ポーランドに選択の余地はなかった。米国、とりわけCIAが、ソ連の衛星国から米国の同盟国へポーランドが転身できるかどうかの鍵を握っている。かつてブッシュ（父）の政権は、ベルリンの新政府がポーランドとの既存国境を承認することを条件にドイツ再統一を支持した。クリントン政権はロシアの反対を無視して、NATO拡大を急いだ。そして、今度のブッシュ（子）政権は、EU加盟を目指してひと筋縄ではいかない交渉を行っているポーランドを一貫して支援してくれている。

ポーランドは、NATOとEUの拡大に対するフランスの消極論を乗り越えるために苦しんできた。事あるごとに、フランス大統領のジャック・シラクはクファシニェフスキに圧力をかけてきた。ポーランドのLOT航空がエアバスの代わりにボーイング機を購入したとき、シラクはクファシニェフスキに電話して怒鳴りつけた。ポーランドがフランス製のミラージュではなく、米国製のF-16を選択したときも同じだった。「きみたちはヨーロッパ・ファミリーのメンバーになりたがっているのに、われわれの製品は買いたくないと言うのかね？」と、シラクは詰問した。フランス大統領は好んでポーランドを「米国のトロイの木馬」と呼ぶようになった。

クファシニェフスキはじめ元共産主義者は、米国の同盟の信頼に足る守衛に見られるのを望んだ。「彼らにとっては、米国と友だちになり、国内の足場を固める良い機会だった」と、長年「連帯」で活動してきて政治犯として下獄経験もあるヨーロッパ議会の議員ユゼフ・ピニオルは言う。「彼らは米国にノーと言えなかった」。クファシニェフスキも言うように、ポーランドにテロ容疑者を収容してほしいというブッシュの要請に同意したのは、「もっと大きなゲームの一部分」だった。

七月十七日、ブッシュはクファシニェフスキとその妻ヨランタのために公式晩餐会を開いた。翌日、ポーランド系米国人たちに会いに中西部へ行くクファシニェフスキに大統領専用機エアフォース・ワンが貸し与えられた。元共産主義者であるだけに、クファシニェフスキはポーランド系米国人に人気がなかった。ブッシュは喜んで、強い影響力を持つポーランド系米国人に対するクファシニェフスキの信用に箔を付けてやった。数カ月後、CIAによるポーランドへの捕虜輸送が始まった。

十二月五日、午後二時五十六分、タイのバンコクを飛び立ったガルフストリーム機がポーランド北部の町シマニの小さな空港に着陸した。雪が降っていた。空港長は部下全員に、離着陸場を離れて小ぶりのターミナルビルに入るように命じた。すべての飛行機と車両が滑走路から移動させられた。

着陸の一時間前にCIA局員が空港に到着し、施設全体を掌握した。ポーランドの国境警備隊員は空港周縁部に散開した。CIAの請負業者ジェプセン国際旅行計画は、飛行機の本当の目的地を隠すために複数のダミーの飛行計画を提出していた[158]。ポーランドの航空交通管制局は、この飛行機のポーランド空域への出入りを文書には残さずに管制を行った。離着陸場はポーランド軍情報局（WSI）の隠れ蓑として機能している会社に貸し出されていた。それればかりか、空港長はWSIの人間だった。

ガルフストリーム機には二人のテロ容疑者——サウジアラビア人のアブド・アルラヒム・アルナシリ、パレスチナ人のアブ・ズベイダが乗せられていた。アルナシリはCIAの一部の者に、二〇〇〇年十月の駆逐艦コールへの自爆攻撃を指揮した人物と見られていた。ズベイダは二〇〇二年三月二十八日にパキスタンのファイサラバードで三発の銃弾を受けて逮捕されたのち、ブッシュ（子）大統領が「米国領土において死と破壊をひそかにたくらんだトップ・スパイの一人」として米国民に訴えた人物だった[159]。

CIA局員はズベイダが今後起きる可能性のあるテロ攻撃のことを知っていると考えていた。

飛行機がシマニに着陸しても、ポーランドの国境警備隊は二人の捕虜とそれを護送する六人のCIA局員の入国審査を行わなかった。追い立てられるように飛行機を降りると、アルナシリとズベイダは二十キロほど離れたスタレ・キエイクティの情報員訓練センターへ車で運ばれた。そこはグロモスワフ・チェムピンスキやアレクサンデル・マコフスキ、ヴィンセントなど、ポーランドの名うてのスパイが卒業した学校だった。

センターのキャンパスの中央にある二階建ての住宅が、その後CIAのブラック・サイトのなかで最も重要になる施設に仕立てられていた。CIAは三十万ドルかけて建物をリフォームした。米国からペンキを持って来て塗り替え、電気設備にも手を入れて、ヨーロッパの標準である二百二十ボルトの電圧を百十ボルトに変更した。もともとは三人の勾留者を収容するようにつくられた建物だったが、まもなく定員オーバーになった。

ポーランド人はその建物に入るのを許されなかった。国境警備隊は周縁部をパトロールした。誰に聞いても、勾留者に近づいたポーランド人は一人もいなかった。ポーランドの湖水地方の真ん中に、小さな米国ができたみたいだった。

着いてすぐに、アルナシリとズベイダは二人とも「機能強化された尋問技術」を経験することになる。殴打、睡眠の剝奪、負荷のかかる姿勢の保持、水責めである。あるときは、尋問官がアルナシリの独房に入ってきて、銃弾の入っていない拳銃をコックして処刑の真似をしたこともあった。別のときには、アルナシリに目隠しをして頭のすぐ脇で電気ドリルを空転させることもした。

二〇〇三年二月八日、三人目のテロ容疑者、イエメン人のラムジ・ビンアルシブがシマニに到着した。このときも滑走路は人払いされて従業員は建物に入るよう命じられ、離着陸場はCIAの管理下に入った。

CIAはビンアルシブが9・11のハイジャッカーの仲間で、資金を電送したり、彼らとアルカイダの指導部との仲介役を果たしたりしたと信じていた。ビンアルシブはすでに五カ月前からパキスタンで勾留されていた。ポーランドに来ると、彼もまた機能強化された尋問技術の対象になった(160)。

ポーランドにいるCIAの局員はビンアルシブには協力する意志があると思っていた。ラングレーのCIA本部はそう考えず、非情な手段を使うように要求した。二月のなかばから、ビンアルシブには三週間にわたってさらに機能強化した尋問が行われた。これには睡眠の剝奪、全裸にすること、食事を固形物から流動物に切り替える操作、頭を両手で押さえつけること、両手で襟をつかんで引き寄せること、腹を手の甲でたたき続けること、顔への平手打ちなどさまざまな手法が使われた。ビンアルシブには精神病の症状が出始めた。幻影を見たり、不眠になったり、自殺を試みたりした。やがて妄想性障害《パラノイア》を発症した。

そうした技術を使う予定であることを、CIAはポーランド政府にはいっさい明かさなかった。ヒル米国大使にさえほとんど教えていない。ヒルがD支局長に、捕虜はどんな扱いを受けているのかと聞くと、Dは「そうですね、コーランには近づけないようにしています」と答えた。それを聞いて、ヒルは不安になった。「とてもいい気分とは言えなかった」と、彼は言っている。

施設のなかで起きている乱暴な扱いの噂がポーランド情報員にも届き始めた。ささいなことが不審の念を呼び起こすことがあった。米国人たちはポーランド人が提供するポーク・ソーセージを受け取らなかった。なかにはソーセージを施設のフェンスの外に放り捨てる者もいて、あの施設はイスラム教徒に乗っ取られたらしいという噂が町でささやかれる原因になった。またあるとき、ポーランドの当局者は近くの町から取り寄せて組み立てた金属製の檻《おり》の領収書を発見した。訊いてみると、トラのための檻だと言われたが、それでは簡易トイレ付きである理由がわからなかった。(161)「当局はすぐに、米国がポーランドの領土で捕虜収容所を運営していることに気づいた」と、ユゼフ・ピニオルは言っている。クファシニェフスキ大統領にもこの報告は届いていた。「心配でいても立ってもいられなかった。われわれはあの建物に近づけない」と、クファシニェフスキは言う。「立ち入り禁止だった」

二〇〇三年三月一日、CIAとパキスタンの情報員が、パキスタン人で9・11事件の首謀者と考えられるハリド・シェイク・モハメドを逮捕した。KSMと呼ばれたモハメドはまずパキスタンで尋問され、続いてアフガニスタンのCIAの施設で尋問を受けた。三月三日、CIAは彼をポーランドに移すと決め、二人の外部の心理学者ジェームズ・ミッチェルとブルース・ジェッセンと契約してアフガニスタンに送りこんだ。

尋問施設の受け入れを不快に感じ始めていたポーランド政府は、施設を閉鎖しようとした。ワルシャワでは、対外諜報を統轄するシェミォントコフスキがCIAのD支局長に、ポーランドはこれ以上この作戦を支援できないと言った。D支局長はヒル大使にKSMを捕らえたことと、彼をポーランドに連れてくる予定であることを伝え、そのためにポーランド人に働きかけてほしいと頼んだ。ヒルはクファシニェフスキ大統領に面会した。「私は大統領に、次の捕虜はきわめて重要な人物なので、どうかあと一人だけ引き受けてほしいと頼んだ」と、ヒルは言っている。ヒルはKSMがオサマ・ビンラディンを捕獲する手がかりになる人物だとほのめかした。ポーランドはそういう作戦に参加したくないのか？　クファシニェフスキは、その件はミレル首相に要請してくれと指示した。

ヒルとしてはミレルと交渉するほうがよかった。クファシニェフスキはどことなくビル・クリントンを連想させる魅力的な人物だった。一緒にいると楽しいが、突き詰めていくと少々当てにならないところがある。ミレルのほうはいまだに「毛むくじゃらの同志」であり、リシャルド・ククリンスキの赦免のときに見せたように困難な仕事をやり遂げる力がある。

ミレル首相は、施設の管理に関するＣＩＡとポーランド情報機関の役割分担を含む合意事項の覚書に米国が署名するように要求した。ＣＩＡに捕虜の取り扱いの一定基準を文書に明記するよう求めたのである。「勾留中に死者が出たらどうするのです？」と、ミレルは尋ねた。だが、ＣＩＡは署名を拒否した。ミレルはポーランド領内で秘密監獄を運営することの適法性を心配した。彼は議会には報告していなかった。「文書は何一つないのです」と、ミレルは不満を漏らした。「全部、私一人でやるしかない」「われわれは、どうしてもこうしなければならないのです」と、ヒル大使は答えた。だが、ミレルの苦しい立場も理解できた。「ミレルは法の支配のことを心配していた」と、ヒルは当時を振り返る。「彼には議会の支持もなく、それをする権限もなかった」。ヒルの覚えているかぎりでは、当時ブッシュ（子）政権の人間で計画の合法性や倫理性を気にする者はごくわずかだった。「われわれが心配していたのは」と、ヒルは言う。「次の攻撃だ」。ヒルからせっつかれて、ミレルはしぶしぶＫＳＭのために監獄の門を開いておくことに合意した。

ヒルは早速、別ルートで働きかけを行っていたＤ支局長に知らせた。ＣＩＡはポーランド情報機関に対する年間の寄付金を増額した。ＫＳＭが逮捕されてすぐに、ＣＩＡは三十万ドルの現金を巨大な段ボール箱二つに入れ、外交郵袋でフランクフルトからワルシャワの米国大使館へ送った。

その頃には、「統一作戦」の扇動者アンジェイ・デルラトカも対外情報局の副局長に昇進していた。シェミォントコフスキ局長まであと一歩の地位だ。ポーランドの変革が起きてから十年ほど、デルラトカはＣＩＡや国防情報局（ＤＩＡ）との共同作戦を数知れず行ってきた。ずっと政府内に留まっていたわけではなく、ロッキード・マーティン社がポーランドへのＦ‐16の販売を模索しているときは、ロッキード社のアナリストとして働いた。不動産業に手を出したこともある。ポーランドが西側諸国と協調して特殊な業務を行う際には、ブリュッセルのＮＡＴＯ本部でポーランド対外情報局の連絡将校を務めた。米国大使館から車で十五分の対外情報局本部まで、Ｄ支局長は現金輸送に同行した。デルラトカと二人の部下が搬入に立ち会った。銀行振込の痕跡が残らないよう、シェミォントコフスキは現金を送るように要請していた。彼はポーランドの財務省が介入するのを望まなかった。現金計数機を何台か使い、情報局員が数日かけて金額を記録した。[162] 同じくこの作戦に協力している軍情報局ＷＳＩにも別途支払いが行われた。

デルラトカはこの金が必ずしも秘密監獄と直接結びつくものとは考えていなかった。ＣＩＡはここ何年もポーランドの諜報作戦に助成金を支給していたからだ。「あの金はブラック・サイトのために支払われたのではなく、ポーランドの情報機関への長期的財政援助だった」と、デルラトカは主張する。

それでも、この追加支払いがブラック・サイト維持の助けになるとＣＩＡは考えていた。現金の引き渡しとヒル大使の介入があったあと、ポーランド政府の上層部は勾留者の人数と施設の閉鎖時期について柔軟な発言をするようになった。CIA本部への電文のなかでD支局長は、ポーランドが心変わりしたのには「われわれの××万ドル（金額は非開示）の贈り物が……少なくとも何らかの役に立った」のだろうと推測している[163]。

KSMことハリド・シェイク・モハメドは二〇〇三年三月七日の午後六時にポーランドに到着した。パキスタンのラワルピンジで捕らえられて、わずか数日後のことだった。施設に着くと、服を脱がされ、睡眠剝奪の立位をとらされた。簡単な検査でさらに手荒い扱いにも耐えられるのを確認すると、七時十八分に尋問が始まった。「やつが何を知っているか知りたい。一刻も早く知る必要がある」と、当時CIAの秘密作戦部の責任者だったジェイムズ・パヴィットはワシントンから要求を出した。

三月十日に水責めが始まり、二週間続いた。全部で十五回行われた尋問のあいだに、縛りつけられたKSMの顔には百八十三回、水が注がれた[164]。三月二十四日、CIAはKSMをポーランドから出国させてルーマニアの秘密施設に移し、そのあとキューバのグアンタナモ湾収容キャンプに移動させた。KSMはいまもそこにいる。

二〇〇三年の晩春、ポーランド政府上層部はブラック・サイトを閉鎖する必要があると判断した。クファシニェフスキ大統領はブッシュ大統領に電話をかけ、「ジョージ」と話しかけた。「そろそろ店じまいしたほうがいい」。ブッシュはしぶしぶ同意した。アルナシリは六月六日にガルフストリームVに乗せられ、最終的にグアンタナモ湾に送られた。九月五日、ラムジ・ビンアルシブがグアンタナモに移送され、そこで精神病の治療を受けた。スタレ・キエイクティに最後まで残った捕虜ズベイダは二〇〇三年九月二十二日に出発、行き先はやはりグアンタナモだった。

ズベイダをポーランドから連れ出した飛行機はガルフストリームよりはるかに大きいボーイング737だった。シマニに到着した他の便と同じく、ボーイング機の乗客は――今度は七人の乗務員と五人のCIA高官だった――誰一人ポーランドの税関を通らなかった。それはまるで、乗客は国籍など超越した次元から降り立ったかのようだった。

米国人が去ると、クファシニェフスキ大統領は対外情報局長となったシェミォントコフスキに、スタレ・キエイクティを訪ねて施設を視察するように命じた。シェミォントコフスキはそこで、クファシニェフスキが慎重に「虐待の痕跡」と呼んだものを目の当たりにした。

少なくとも七人、おそらくは総計で十一人の「高価値勾留者」がポーランドの情報員訓練センターにあったCIAの秘密監獄を通過していった。この施設や他の場所で、CIAが有用な情報を手に入れられたのかどうかは定かでない。米国の上院情報委員会による報告書によれば、機能強化された尋問技術は「情報の取得や勾留者の協力を得るには効果的な手段ではない」とのことだった。だが、当時CIAの対テロ活動センターの部長だったホセ・ロドリゲスは、ポーランドを訪問したときにデルラトカに対し、CIAは「ポーランドで他の情報に通じる門を開く情報を手に入れた。ポーランドの助けがなければ、その門を開くことはできなかっただろう」と述べたという。(165) デルラトカはロドリゲスが真実を語っていると確信した。

二〇〇六年九月二十九日の演説で、ブッシュ大統領はスタレ・キエイクティで集めた情報が人命を救い、陰謀を粉砕したと唱えた。彼は特にKSM、ズベイダ、ビンアルシブの名を挙げた。全員、ポーランドで尋問を受けた者だった。

第十八章　裏切り

忠実ではあっても、ポーランドがいつも米国の手伝いばかりしていたわけではない。二〇〇三年の初頭に、米国がサダム・フセインの政府にかける圧力を増していったとき、GROMはネイビー・シールズなどの米軍特殊部隊と共同作戦を行い、ペルシャ湾の輸送船の護衛や、イラクの原油輸出と国連の制裁破りの阻止などにあたっていた。

ポーランドの政治指導部は、ブッシュ（子）政権のイラク侵攻計画に頭を悩ませていた。参加すべきか否かについては、矛盾した進言が寄せられた。ユゼフ・グレンプは一九八一年の戒厳令の頃にワルシャワの大司教となり、共産政権時代のポーランドのカトリック教会の代表者が突きつけられる難しい決断を少なからず下してきた。開戦直前に行われたインタビューに答えて、グレンプはカトリック教会の見解に則り、戦争反対を表明した。でもポーランドは参戦すべきでは？　と問われて、彼は「もちろんそのとおりです」と答えた。「私たちは米国の同盟国です。忠実な盟友であるべきです」。元米国大統領補佐官ズビグニュー・ブレジンスキーの忠告も同じだった。彼は米国では雄弁で熱心な戦争反対論者だったにもかかわらず、駐米大使コジミンスキがその真意を探ると、ワルシャワは米国に従うべきだと思うと答えた。

クファシニェフスキ大統領とミレル首相は米国の侵攻支持で一致していた。侵攻に反対しているフランスとドイツとの関係がまずくなるのは望まないが、米国への忠誠心のほうが勝《まさ》った。クファシニェフスキもミレルも米国に対する忠義立てを証明してみせる必要を感じていた。「もしそれがブッシュ大統領の構想であるなら」と、イラク危機が明らかになった時点で、クファシニェフスキは記者を前に語った。「私のものでもある[166]」

二〇〇三年三月十九日の夜、イラク侵攻が始まる数時間前に、GROMは第二次世界大戦以降初めて実戦に参加するポーランド軍部隊となった。GROMのチームは米軍ネイビー・シールズとともに、ペルシャ湾から二キロ弱のところにあるイラクの巨大な原油積み出し施設コール・アル・アマヤ石油ターミナル（KAAOT）の確保にあたった。すぐそばにある姉妹ターミナルと合算すると、KAAOTはイラクの原油輸出の八〇パーセントを処理していた。

ターミナル確保は侵攻の重要な一歩だった。一九九〇年の第一次湾岸戦争では、サダム・フセインがクウェートの油田を破壊して大規模な経済上・環境上の惨事を引き起こした。フセインが同じことを繰り返す恐れがあった。また、KAAOTを押さえれば、米軍主導の部隊をイラク南部に進めるのに必要なウンム・カスル港への足がかりにもなる。

GROMの隊員が施設の模型をつくり、各チームは海の他に空からの接近の訓練を行った。万一侵攻の夜に、波が高くてGROMの小型高速艇が使えない場合に備えたのだ。ターミナルは数十の部屋とポンプ場、従業員宿舎で構成されていた。ターミナルに着いたら火器の扱いには特別な注意が必要になるので、その訓練も行った。銃弾が原油タンクに当たれば大変なことになる。

三月十九日の夜、ペルシャ湾は波静かだった。GROMのチームはマークV特殊任務艇と硬船体の膨張式ボートに分乗して、高速で標的に向かった。頭上からGROMの狙撃手の乗った米海軍のヘリコプターが船隊を援護した。エンジン音を落として、特殊任務艇は施設に近づいた。

ほとんど無音のまま、GROMの隊員はKAAOTの敷地に上陸してターミナル内に入り、ポンプ場に突入するとそれを確保し、原油のパイプラインを遮断、そのまま居住区を通過し、機関室のドアを打ち破って施設を占拠した。七時間かけて念入りに一棟ずつ捜索した結果、重武装だが完全に不意をつかれた二十人のイラク兵を捕獲した。GROM隊員の一人によれば、イラクは「準備はしていたが、これほど大胆な軍事行動は予想していなかった(167)」らしい。

侵攻開始の二日後、クリストファー・ヒル駐ポーランド米国大使はポーランドの国防大臣イェジ・シュマイジンスキにGROMが実行した作戦の詳細を公表してもよいかと尋ねた。米国統合参謀本部議長のリチャード・マイヤーズがポーランドの特殊部隊を、「新しいヨーロッパ」が「有志連合」のなかで演じた役割の代表例として利用したがっていた。シュマイジンスキは戦争に反対している「古いヨーロッパ」の反応を心配して、少し時間が欲しいと答えた。だが、ポーランドの自由なメディアは待ってくれなかった。翌日、有力日刊紙『ジェチュポスポリタ』はネイビー・シールズのチームとともにKAAOTの施設の天辺《てっぺん》に立つGROM戦士たちの写真を第一面に掲載した。

ターミナル奪取のあと、GROMの部隊は米国特殊作戦軍の指揮下に組み入れられた。GROMで最高位の士官ピオトル・ガスタウと配下のチームは第三、第五特殊作戦軍の兵士とともに働いた。「ほとんど毎晩のように作戦が遂行された」。イラクで過ごした日々を、ガスタウはそう語る。「チームはごちゃまぜになったので、GROMの隊員をネイビー・シールズの隊員と入れ替えても、言葉のアクセント以外、違いは何ひとつなかった」

　GROMの部隊はモスル、ファルージャ、バグダッドといった最激戦地で戦った。サダム・フセインの息子の一人を追跡したこともあった。乗っていたポルシェは発見したが、フセインの息子は見つからなかった。また、「アメリカン・スナイパー」と呼ばれた名高い狙撃手クリス・カイルのような兵士とも行動をともにした[168]。カイルはGROMの基地に来て記念写真を撮ったという。「われわれはハンターだった」と、ガスタウは振り返る。「いつ戦うかは自分たちで決めた」。何人かの米軍特殊部隊士官が口をそろえて、GROMは世界で最も熟達した特殊部隊へと成長したと評した。

　ガスタウもまた、米軍人との「特別なつながり」を語っている。「自然におたがいをわかり合えた」と言い、人間関係を円滑なものにするのに必要な要素は、「嘘を言わない、ごまかさない、相手を信じる」ことだと言い切った。

　イラクの別の場所では、ポーランドの情報源が提供する情報によって米空軍と海軍によるピンポイント攻撃が可能になった。「もし正確な場所に――バグダッドの国防省などに命中させたければ、情報が必要になる」と、アンジェイ・デルラトカは言う。「では、その情報をどうやって手に入れればいいか？たぶん誰に訊いても衛星を使えと言うだろうが、だが、もし地下の掩蔽壕《えんぺいごう》に煙突のなかを通過させて当てたいのなら、地上にいる人間が必要になる。巡航ミサイルは高価だ。無駄にすべきではない」

サダム・フセイン政権が倒れたあとの五月一日、米国の占領軍はイラクを四つの地域に分割した。ポーランドは、英国と米国に挟まれた中南部地域を割り当てられた。ポーランドにすれば、文句なしの栄誉だった。つい最近までソ連の衛星国だったのが、ワシントンにそれほど重要な任務をまかされる立場になったのだ。マレク・ベルカ元ポーランド首相は「自分の体重より上の階級でボクシングするチャンスを与えられた」と述べている(169)。

とはいえ、米国が新生イラクをどんな国にしようとしているのか、そのビジョンを米当局者と話し合っているうちに、ポーランドの政府関係者は過去にそれとよく似たことがあったのを思い出して心穏やかでなくなった。一九八九年には、米国の外交官やCIA局員、それにとりわけジョージ・H・W・ブッシュ元大統領は、ポーランドの改革を確実なものにするためには旧体制関係者との妥協が必要だと考えていた。当時はCIAとの新たな提携のおかげで、UOPの元共産主義者の情報員が新生ポーランドに忠実であり、かつ有用であることを証明できた。だが、二〇〇三年のイラク情勢に関わっているポーランド人は、イラクにいる現在の米国の立案者たちにはかつてのブッシュ（父）政権時代と異なり、寛大さなどかけらもないことに気がついた。米国人はイラクをゼロからつくり直し、旧体制の要素を一掃するつもりでいた。「歴史を忘れてしまったみたいだった」と、イェジ・コジミンスキ元駐米ポーランド大使は言う。「過去を全部洗い流そうとしていた」

米国がイラク侵攻の準備をしている最中の二〇〇三年二月、当時すでに大使を辞めていたコジミンスキはワシントンに招かれて、国家安全保障会議のスタッフに会った。米政府のスタッフは一九八九年にポーランドが経験したことが侵攻後のイラクと関連性があるかどうか、コジミンスキの意見を訊きたがった。コジミンスキは、ポーランドの改革を成功に導く必要条件のなかには、旧体制から引き継いだものも含まれていたのを強調した。米国は旧共産党員を全部お払い箱にしろとポーランドに迫るようなことはなかった、と彼は言った。コジミンスキ自身、若い頃は統一労働者党の運営する学生組織に属していた。

話し合いの終わりにコジミンスキは、侵攻後のイラクにおける新国家体制の設計はどれぐらい進んでいるのかと米側のスタッフに尋ねたが、ほとんど考えてはいないようだった。どうやら米国人が考えているのは、その後まもなくディック・チェイニー副大統領がテレビの『ミート・ザ・プレス』に出た際に思いつきで語った、米国主導の「有志連合」軍は「解放者として歓迎された」程度のことらしい、とコジミンスキは思った[170]。時がたつにつれてコジミンスキは、かつて米国が行ったポーランドへの啓蒙的アプローチと、イラクで彼らを待っている困難な仕事を米国の当局者が誰も比較してみないことに不安を募らせた。

ポーランドではクファシニェフスキ大統領がコジミンスキに、侵攻後のイラクを占領統治した米国主導の連合国暫定当局で働かないかと打診した。米国人の暫定当局代表ポール・ブレマーのもとで副代表になるという。クファシニェフスキは、「きみはイラクの太守になるんだよ」と冗談を言った。コジミンスキはその申し出をことわった。すると大統領はそのポストを、財務省を辞めたばかりのマレク・ベルカに回した。

五月十六日、ブレマーは「脱バース党化」計画の開始を宣言した。バース党に籍を置いた公務員は全員いまの地位から追われ、今後も公務員任用を禁じるという内容だった。パージの対象は軍と秘密警察だけではすまず、一万五千の教師が職を失った。米国人はイラクを浄化し、フセインの影響力を排除することに取りつかれているかのようだった。この強迫観念は政治の世界以外にも浸透していた。銀行業界さえ再編の対象となった。ベルカ副代表は新しい銀行をつくる一方で、ポーランドの例にならって古いものも残すように主張した。米国人はその考えを受け入れなかった。

ポール・ブレマーが一九八九年の体制転換時にポーランドの回避した道を進むのを見て、コジミンスキは不安になった。ブレマーはイラク軍を解散させた（ポーランドはそのまま残した）。ブレマーは治安部隊と警察を解体した（ポーランドは一部の情報員を辞めさせ、それ以外は残留させた）。ブレマーはバース党を消滅させた（ポーランドでは元共産主義者の組織が新名称で再結成するのを許し、それが選挙で勝つまでになった）。コジミンスキは米国人の友人に警告した。「古い構造物を全部壊して革命を進めれば、混乱して手に負えなくなるぞ」

イラクを占領した当初、ポーランドの管轄地域では、新国家の建設に意欲的に協力しているように見えたイラク警察とポーランド軍が、経験豊富な外交官であるボグスワフ・ヴィニド言うところの「大変素晴らしい関係」を形づくっていた。だがブレマーの命令によって、警官たちは解雇された。「ただちに」とヴィニドは言う。「われわれは異を唱えた」。その動きはイラク全体に広がった。ブレマーの脱バース党化プログラムのせいで、十分な訓練を受け、十分な武器を持つ集団が西欧人を殺したくてうずうずするようになった。

「バース党排除が最大の過ちだった」と、元首相のレシェク・ミレルは言う。彼自身、元共産主義者の政治家として、変革に対するポーランドの柔軟で非懲罰的なアプローチの恩恵を直接受けてきた。「新生ポーランドの建設にわれわれを関与させたように、新生イラクの建設にはあらゆる者を関与させるべきだった」

コジミンスキ、ベルカ、ミレル、クファシニェフスキらは、イラクにおける米国の方針に戸惑いを覚えた。あれほど聡明にポーランドの民主化を応援した国が、過去の教訓をこんなに早く忘れてしまうのだろうか？　むろんポーランドとイラクには大きな違いがあるから、片方に通用した教訓だからと言って、もう片方にも適用できるとは限らないという考えがあっても不思議はない。イラク人は民主主義の伝統は持たず、またヨーロッパ人ではないシーア派かスンニ派のイスラム教徒が大多数を占める。だが、このような認識は多くの類似点を無視している。どちらの国民も教育程度が高く、これまで独裁政治のもとで暮らしてきていた。

イラクにおけるCIAの役割がポーランド人には理解できなかった。CIAバグダッド支局長は脱バース党化に反対していたのに、CIA本部はブレマーの計画に意外なほど影響力をおよぼさなかった。ポーランドでは、CIAがジョン・パレヴィッチやポール・レドモンド、ビル・ノーヴィル、ミルト・ビアデンなどの努力によって、官僚制を破壊したり、まったくゼロからのスタートにしたりしないようポーランド人を説得するのにきわめて大きな力を発揮した。どうやらイラクではそういう議論が行われていないらしい。ブレマーの方針が絶対だった。米国の占領に反対する血なまぐさい暴動が続いた。ベルカ副代表はイラクを離れる日が待ち遠しかった。その機会が訪れたのは二〇〇四年五月、ベルカが首相に就任するためにワルシャワに帰還したときだった。ポーランドは二〇〇八年末の完全撤退まで部隊をイラクに留め置いた。

対イラク作戦に対するポーランド人の不満は、イラク復興のインフラ整備やイラク軍への兵器（特に戦車の）売却の大きな契約をとれなかったことでさらにふくらんだ。米国の当局者は契約はすぐにもとれるとクファシニェフスキ大統領に請け合っていた。ところが入札の段階になると、米国の当局者はポーランドの会社に対抗してロビー活動まで行った。何年もあとになって、当時のポーランド外務大臣ラドスワフ・シコルスキがこの扱いについて文句を言うと、国務省の高官はつっけんどんにこう答えたという。「われわれは約束を守った。クファシニェフスキはホワイトハウスを正式訪問すべきだった」[171]。まるで、そうすればすべてうまくいったのにと言いたげに。

イラク占領中ずっと米国の国家安全保障会議で働いていたダニエル・フリードは、イラクの泥沼がポーランドへの米国の政治資金の多くを食いつぶしてしまったと述べている。「ポーランド人は、われわれがやるべきことをきちんとわかっていると信じたから従ってきたのに」。ポーランド人は裏切られたと感じた。次に起きたことが事態をさらに悪化させた。

二〇〇五年十一月二日、ワシントン・ポスト紙に「CIA、テロ容疑者を秘密監獄に拘束」なる見出しのついた記事が掲載された。記事によれば、CIAは「東欧の民主国数カ国」を含む八カ国でアルカイダ構成員の尋問を行ったとある[172]。ブッシュ（子）政権は、東欧の国名を明かさないようポスト紙の編集長を説き伏せた。ところが五日後、人権NGOのヒューマン・ライツ・ウォッチが八カ国のうち二カ国はポーランドとルーマニアであると特定した。両国の当局者は関与を否定した。「そんな種類の監獄はこれまでなかったし、今後も存在することはない」と、クファシニェフスキ大統領は記者たちに語った。「間違いなく、アルカイダの囚人がポーランドで収容されたことは一度もない」。クファシニェフスキは続けて、ポーランドがそういう施設を提供すると考えるのは実に馬鹿げていると付け加えた。「ドイツとは違って」と、彼は言った。「ポーランドに米軍の基地はないから、われわれが近づけなくて、米国が自由に動きまわれる治外法権の施設は存在しない」。クファシニェフスキは、それは法に反しているとも言い添えた。確かにそのとおりだった。たとえ情報員訓練センターの敷地にある二階建ての建物であろうと、ポーランド政府がひそかに外国の政府に領土を譲り渡すのは非合法だった[173]。記事の出た五日後の十一月七日、人権に関する合意の施行を委託されている汎ヨーロッパの組織体、欧州評議会の議員会議がスイスの元検察官ディック・マーティを調査役に任命した。

ワルシャワでは、ポーランドと米国の当局者が記事をなかったものにする努力を行っていた。二〇〇五年十二月十日、ポーランドの新内閣は「この問題に決着をつける」ために内部調査を行うと発表した。テネシー州ノックスヴィルの元市長で、クリストファー・ヒルのあとを継いで駐ポーランド大使に就任したヴィクター・アッシュはワシントンに送った電文のなかで、「CIAの捕虜問題は、われわれとポーランド人がこの話を闇に葬ろうとどれほど努力しても、長くポーランド政府につきまとうだろう[174]」と予言した。

二〇〇六年一月、ディック・マーティが中間報告書を欧州評議会に提出した。そこには、ポーランドとルーマニアの政府の最高幹部が——みな否定してはいるが——CIAの捕虜引き渡しプログラムのことを知っていたと書かれていた。CIAの懸命の隠蔽工作もむなしく、マーティは拷問の「外注化」システムを暴露し、ヨーロッパに出入りした数十の疑わしい飛行便に関するデータを発見したと語った。

九月六日、ブッシュ大統領は国民に向けて演説を行い、米国外でCIAが運営していた秘密監獄の存在を認めた。その施設が置かれた場所は明かされなかったものの、米国政府はこの演説が行われることを前もってポーランドに知らせていなかった。(175) ポーランド政府はふたたび、ブラック・サイトのことを知っていたのを認めろという圧力にさらされた。二〇〇七年六月、マーティの二度目の報告書が提出された。前回よりさらに手厳しい報告がなされ、軍と文民双方の情報機関とポーランド政府の最高レベルの関与を指摘していた。それでもポーランド政府は施設と尋問については何も知らないと否定し続けた。

二〇〇八年三月、新たに首相に就任したドナルド・トゥスクは、ポーランド政府職員が非合法な勾留を認可し、自国の領土の一部を外国の政府に渡したという疑惑の捜査を行うようワルシャワの検察庁に指示した。否定を続ける政府がまとう鎧に割れ目が広がり始めていた。

六月二十二日にはニューヨーク・タイムズ紙が、ポーランドで数十時間、ハリド・シェイク・モハメドの尋問を担当したCIA局員デュース・マルチネスの暴露記事を掲載した。タイムズ紙は、CIAがポーランドにブラック・サイトを置いたのは、同国の情報機関がきわめて協力的だったからだと報じた。元CIA局員の一人は局の秘密作戦部の部長ジェイムズ・パヴィットが「ポーランドは五十一番目の州だ。米国人にはさっぱり理解できないが(176)」と言ったと語っている。九月には二人のポーランド人情報員が匿名で、ブラック・サイトは確かに存在し、クファシニェフスキ前大統領もミレル元首相もそのことを知っていたと語った記事がポーランドの日刊紙に載った。

二〇一〇年、欧州人権裁判所がポーランドのブラック・サイトに収容された者たちの提訴を受理した。アブド・アルラヒム・アルナシリの弁護士は二〇一二年七月に提訴し、アブ・ズベイダの弁護士は一年後にあとに続いた。二〇一四年七月四日、裁判所はポーランドがCIAと共謀し、二人の男を拷問の深刻な危険にさらしたという画期的な判決を下した。ポーランドの上訴は却下され、裁判所はポーランドに損害賠償として原告一人につき十万ユーロを支払うように命じた。

ポーランドの検察官は米国から何の助けも得られなかった。文書の開示請求はすべて拒否された。そのうえ、ポーランド政府もさほど力を貸してくれなかった。最初に任命された検事は事件から外され、もっと穏健な検事が代わりに指名された。そのうち事件全体の審理がワルシャワから南部の都市クラクフに移管された。それでも検察官たちはこの作戦に関わりのあった当局者一人をなんとか起訴した。

二〇一二年三月二十七日、ポーランドの情報機関の元責任者ズビグニェフ・シェミォントコフスキが非公開で起訴されたことが明らかになった。シェミォントコフスキは「違法に在監者の自由を奪い」、情報員訓練センターとの関連で体罰を許容したかどで起訴された。ポーランドの新聞は、検察官がアンジェイ・デルラトカとレシェク・ミレル元首相の起訴も検討中だと報じた。クファシニェフスキ元大統領はなおもすべての申し立てに対して自己弁護を行っていた。「言うまでもなく、あらゆることが私の知らないところで続けられていた」。同じ年の五月に彼はそう語った。

二〇一四年十二月十四日、米国の上院情報委員会はブラック・サイトに関する六千七百ページにわたる、機密種別から外した報告書を公表した。はっきり名指しこそしなかったが、ブラック・サイトの報告書上の通称「拘禁施設ブルー」がポーランドにあったことは明白だった。この報告書の発行によって、何年も嫌疑を否認していたクファシニェフスキ元大統領とミレル元首相が少なくとも一部は真実を語ることになった。共同記者会見の席で、二人はどちらもこの件への関与を認めた。

「米国側はポーランド側に、すでに米国側への協力を同意している人々から効果的に情報を得る活動を行える静かな場所を見つけて欲しいと依頼してきた」と、クファシニェフスキは記者たちに語った。クファシニェフスキもミレルも、捕虜に加えられた機能強化した尋問技術については何も知らないと嫌疑を否認した。クファシニェフスキは、「自分の技能の使い場所のないサディストを支援したことはない」と述べている。

国内で拷問が行われていたのが明るみに出たことに対する反応はさまざまだった。欧州人権裁判所でアルナシリの代理人を務めたワルシャワの著名な弁護士ミコワイ・ピエチシャクは、クファシニェフスキ元大統領とミレル元首相が「米国との友情を証明するためにわが国土を売り渡した」と非難した。ピエチシャクに言わせれば、この元共産主義者たちは（米国にすり寄ることに）「過剰なほど熱心で」、米国人は「われわれを、CIAと名乗ればいそいそと迎え入れ、段ボール箱に詰めたドル札を運びこめば喜んで自国の憲法を身売りさせる田舎の売春宿のようなものと考えていた」。そんな米国に対して、ポーランドは対等のパートナーではなく、「実益を伴う目的のためにいつでも利用されかねない意志薄弱な国家だ」と、ピエチシャクは断じた。

その他の人間——特にポーランド政府関係者には怒るより失望した者が多かった。とりわけポーランドを傷つける情報をリークしたのが元CIA局員だったことが大きかった。米国への忠誠心をものの見事に裏切られたと受け止めた。懸命に尽くしてきた相手が自分たちを見捨てたのだ。クファシニェフスキが言ったように、「それは信頼を裏切る行為」だった。この話が暴露されたとき国防大臣の職にあったラドスワフ・シコルスキは、「ブッシュのことはそれほど気にしていなかった。われわれが抱える問題は、政治的にばつの悪い思いをし、法的には危険にさらされている点だった」。スキャンダルの中身が明らかになると、シコルスキはポーランドの裁判所に、ミレルは首相在任中に米国人にポーランド領土内でテロ容疑者を尋問するのを認めたときも犯罪には関与していないという内容の宣誓供述書を提出しなければならなかった。「この先、ポーランドの首相が自国法に反する作戦を許可するようなことがあるのだろうか?」と、そのなかでシコルスキは問いかけている。

ＣＩＡはポーランドに埋め合わせをしようとした。「われわれに協力したことで生じた損害を賠償してほしいという要請には、ほぼすべて応じた」と、二〇〇七年から一〇年までＣＩＡの秘密作戦部を指揮していたマイケル・スリックは言う。「われわれにには、相手がどこであれ窮地を救ってやる必要があった」。ＣＩＡはポーランドの協力に対して財政的、技術的支援を与え続けた。スリックはポーランド人との付き合いを謙虚にこう語る。「皮肉なのは、われわれがパートナーに対して傲慢な態度をとっていたことだ。われわれは機密漏洩はしなかった。スパイ活動もしなかった。ところが（ロシア人潜入スパイの）オルドリッチ・エイムズを抱えてからは情報がダダ漏れになった。むしろポーランド人のほうが口は堅かった」。スリックは前から両国にはこの手の危機が降りかかるだろうと予測していた。一九九四年にＣＩＡワルシャワ支局長の職を辞するとき、スリックはポーランド情報機関の連絡相手にこう警告した。「いまわれわれは信じ難いほど素晴らしい関係にあるが、いずれどこかの時点で、われわれはきみたちをひどい目に合わせることになる」

「ソ連がきみたちにしたような種類のことではない」と、彼は言い足した。「われわれは善意でやっており、すべてがうまくいくと思っている。だが、それがいかに誠心誠意であれ、結局きみたちを苦しめることになるだろう[177]」

第十九章　仲間を犠牲にして

ポーランドの最も重要な同盟国との関係が面倒な事態になっていくにつれて、愛国心は何から成り立っているのか、真のポーランド人の証しとは何なのかという難問がふたたび国内で政治問題として浮上した。二〇〇五年九月、レシェク・ミレルの率いる元共産主義者の政党が議会選挙で二つの右翼政党に敗れると、その難問が復讐を伴って蒸し返されたのだった。

二〇〇六年七月、選挙の勝利から一年後、ヤロスワフ・カチンスキという名のタカ派の政治家が新首相に就任し、国防副大臣にアントニ・マチェレヴィチを任命した。一九九〇年代前半に内務大臣になって情報機関から元共産主義者を追放しようと画策し、米国大使館の監視を再開したのと同じ人物である。新しい地位に就いてまもない二〇〇六年八月、マチェレヴィチはテレビのインタビューで、「(ポーランドの)これまでの外務大臣の大半はソ連の特務機関の協力者《エージェント》である」と断言した。と言っても、彼は不十分な証拠しか持っていなかった。米国大使館では、ヴィクター・アッシュ大使がそれを見て警戒心をかき立てられた。八月二十六日に送った電文のなかで、アッシュはマチェレヴィチを「反共主義の扇動者」で「魔女狩りをした過去」があると書いている。マチェレヴィチは「多くの者に、ポーランドの近年の歴史に関する陰謀論にパラノイアとも言えるほど固執していると見られている」とも評した[178]。だが、カチンスキ首相とその双子の兄弟で、二〇〇五年の大統領選挙で当選したレフ・カチンスキはマチェレヴィチを全面的に支援した。

そのテレビインタビューでの告発に続いて、マチェレヴィチは二〇〇七年二月十六日に軍情報局（WSI）による作戦行動を詳述した報告書を公表した。この報告書では、国内・国外を問わず、ポーランドのスパイに協力した多数の情報源の名前が明かされていた。こうした行動はまったく前例のないもので、多くの協力者が敵の情報機関ではなく味方であるはずのポーランドの国防副大臣によって危険にさらされることになった。正体をばらされた者のなかに、アレクサンデル・マコフスキとアフガニスタンの情報ネットワークがあった。リストアップされたのは他に、オーストリア、クウェート、トルコ駐在の大使を含む軍情報局の情報員だった。大使らはただちに召還された。マチェレヴィチの報告書のせいで、ポーランドのエージェントとして働いていたベラルーシ人やロシア人が逮捕され、有罪宣告された。「大変なことになった」と、二〇〇一年から〇五年までWSIの局長を務め、マチェレヴィチのキャンペーンに抗議して辞職したマレク・ドゥカチェフスキは述べている[179]。

マチェレヴィチは、自分がやりたいのは元共産主義者、ロシアのスパイ、腐敗を一掃することだと公言した。確かに、ポーランドが民主主義国家へと移行するあいだに、特務機関、特にWSIのなかで不正行為があったのは事実である。それに、かつてWSIにはモスクワのエージェントが潜入していた。だがマチェレヴィチの焦土戦術はポーランドの自己防衛力と、米国との同盟関係の維持に大きなダメージを与えた。

マチェレヴィチの報告書は、米国主導の戦争に協力するためにポーランドがアフガニスタンとイラクに派遣した数千の部隊にも深刻な影響をおよぼした。アフガニスタンとポーランドを頻繁に行き来していたアレクサンデル・マコフスキは軍情報局に雇われ、アフガニスタン駐留のポーランド軍の警備を手伝っていた。彼の抱える情報提供者のネットワークが暴かれたために、ポーランド駐留軍にも危険がおよんだ。イラクでも事情は同じだった。二〇〇七年の駐イラク・ポーランド大使エドヴァルト・ピエトシクに対する爆弾攻撃は、マチェレヴィチのもたらした災厄が人の生き死にも左右しかねないことを際立たせた。装甲車で移動していたおかげで、ピエトシクは奇跡的に助かった。ポーランド政府関係者によれば、この攻撃をまったく予想していなかったという。マチェレヴィチの報告書が公表されてから、ポーランドの抱える情報源が沈黙してしまったからだ[180]。

WSIに対してマチェレヴィチが攻撃を仕掛けた理由は、一九九二年に彼を行動に駆り立てたものと同じらしい。ポーランドの変革はいまだ完遂されておらず、この国を真に解放するためには国家から苦しみをもたらす共産主義者の最後の病原菌を絶滅させなければならないという根深い信念である。

マチェレヴィチには、共産主義者の影響力を取り除く聖戦のほうが海外派遣軍の安全より優先されると思えたのだろう。二〇〇七年二月に、彼はインタビューにこう答えている。「確かに私は体制転換後の軍情報局を破壊した。私自身、そうしたかったのであり、首相と大統領が私を任命したのは、私がそうすると知っていたからだ[181]」

アレクサンデル・マコフスキがアフガニスタンで軍隊の警備に関わっているのを知ると、マチェレヴィチはマコフスキの関与する部分だけ活動を即刻中止するように命じた。一九八九年に体制が変わるまで、マコフスキは「連帯」を存分にスパイして反体制運動に大きな打撃を与えた。マチェレヴィチには、それほど「連帯」を苦しめた人物が新生ポーランドで信用されているのが信じられなかった[182]。そこで報告書のまるまる一章を使ってマコフスキのアフガニスタンでの行動を詳述し、さらに四ページ、マコフスキの履歴書まで添付した。報告書のなかでこれほど関心を寄せられている人物は他にいなかった。

マコフスキはマチェレヴィチを「かみそりを持った猿」と呼び、全力をあげて被害を最小限に留めようとした。彼は自分の情報源に正体が暴かれたことを伝えた。アフガニスタンに戻って混乱を収拾し、活動ができなくなった理由を説明した。アフガニスタン人たちは戸惑っていたが、それでも、マコフスキが言うには「理解を示してくれた」

マチェレヴィチの報告書によって秘密を暴かれたのはマコフスキ一人ではなかった。報告書が公表されると、マチェレヴィチの上司で、当時国防大臣だったラドスワフ・シコルスキも抗議のために辞任した。報告書には、シコルスキ本人が直接指揮して米国のために行われた秘密任務「ゼン作戦」のことが暴露されていた。シコルスキとマコフスキはアルカイダの上級構成員アイマン・ザワヒリの行方を追っていたのだ。

米国は二〇〇六年一月に、プレデター無人機を使った攻撃でザワヒリを殺そうと試みた。その結果、パキスタンで九人の女性、六人の子どもを含む十八人が殺されたが、標的は逃してしまった。シコルスキのチームがもう一度ザワヒリの命を狙うための情報を集めたが、米国人はまたしても取り逃がした。そのあとマチェレヴィチの報告書が公表され、シコルスキはこの作戦を中止した[183]。ザワヒリは二〇一一年に米軍がビンラディンを殺害したあと、最終的にアルカイダの指導者となった。

マチェレヴィチは、自分の報告書には汚職などの犯罪の証拠が盛りこまれていると力説した。だが、文書のなかの数百の申し立てのうち有罪判決にいたったのはたった一つだけだった。「エージェントとの接点を失うようなやり方で情報機関を改革するなど、まさに危機的状況だ」と、シコルスキは書いている。

マチェレヴィチによる元共産主義者排除は、二〇〇七年の選挙で中道派連合が右派を打ち破るまで続いた。この選挙の結果、ドナルド・トゥスクが首相に選ばれた。トゥスクは特務機関の評判を回復させ、元共産主義者への攻撃をやめさせた。ボグダン・リベラのようなプロフェッショナルが対外諜報活動を指揮するために呼び戻された。

二〇一五年になると、ヤロスワフ・カチンスキ率いる右派政党「法と正義」がふたたび議会選挙で勝利した。「法と正義」は、元共産主義者処罰の意思を前回よりさらに強く持って政権に復帰した。今回カチンスキはマチェレヴィチを国防大臣に指名した。カチンスキとマチェレヴィチはあらゆる犯罪の陰には元共産主義者がいると主張し続けた。

二〇一〇年四月、カチンスキの双子の兄弟で、当時大統領だったレフ・カチンスキがロシアのスモレンスクで起きた飛行機の墜落事故で死亡した。飛行機には、カチンの森の虐殺七十周年の追悼式典に列席するためにロシアへ向かっていたポーランドの政治、経済、軍事の指導者を含む九十六人が乗っており、全員の死亡が確認された。ポーランドとロシアの公式調査では、パイロットのミスが原因とされた。ところがカチンスキとマチェレヴィチは、ロシア人とポーランドのリベラル派と元共産主義者が結託して大統領とその側近を暗殺したという陰謀論をでっち上げた。この主張は右翼のカトリック神父が教会で広めたことで、疑似宗教的な見せかけを帯びることになる。

国防省では、マチェレヴィチが——共産主義が崩壊して三十年以上もたつのに——共産国家ポーランドのために働いた者全員に対する戦いを激化させた。二〇一五年十二月十八日、マチェレヴィチはワルシャワのNATO防諜センターに夜間の一斉手入れを行うよう命じた。NATOの加盟国が自国にあるNATOの施設を攻撃するなど、前例のないことだった。マチェレヴィチは、この手入れは共産国家時代に軍に加わったポーランド人士官を防諜の中枢から除去するためだったと正当化した。

二〇一七年十月一日、マチェレヴィチは共産国家時代に治安機関で働いていた二万四千人の年金を減額する法案を議会に提出して成立させた。スパイ、刑事はもとより、パトロール警官や守衛まで対象になった。共産国家時代にはほんの数カ月働いただけで、体制転換後も勤務を継続した人々でさえ、最低生活ライン以下まで年金を切り下げられた。マチェレヴィチの目標は、米国との「特別な関係」を築きあげた人々を貧困生活へ追いやることにあった。

「元共産主義者の追及はもっとずっと前にやっておくべきだった」と、マチェレヴィチは語った。「彼らは占領者たちに協力していた。裏切り者だった。ごく単純な道理だ」[184]

リスボンでCIA局員ジョン・パレヴィッチが最初に接触した情報員であるリカルドこと、リシャルド・トマシェフスキの年金は、月に千ドルから二百五十ドル以下に減らされた。彼はグダニスク郊外のアパートメントを売り払い、妻と二人で狭いワンルームの賃貸住宅で暮らしている。食べるものにさえ困る日々だという。「どこまでみじめな暮らしになるのか興味津々だよ」と、リカルドは言う。「昔われわれがポーランドのためにやったことなど、どうでもいいらしい」

バグダッドの地図を米国に送り、六人の米国人をイラクから救い出すのを手伝ったアンジェイ・マロンデは年金が月三百ドルに下がった。最初にNATO加盟の構想を広めたアンジェイ・デルラトカの年金も月三百ドルに減った。デルラトカと三人の子どもたちは、大学教授である妻の収入でなんとか飢えをしのいでいる。

テネットCIA長官がべた褒めした元UOP長官ボグダン・リベラは、いつの間にか自分に、秘密警察のメンバーを意味するポーランド語スラング「ウベク」というレッテルが貼られているのに気づいた。「私の父親を連れ去ったやつらのことじゃないか」と、リベラはしかめっ面で言う。「不公平もいいところだ。不道徳だ。金を取り上げるだけじゃない、尊厳まで取り上げている。歴史を知らない連中がしていることだ」

UOPを率いた最初の反体制派であるアンジェイ・ミルチャノフスキは、一緒に自由ポーランドの初めての対外情報機関をつくり出した元情報員を代表してロビー活動を行った。彼は政府に、共産国家のポーランドで働いていた者の年金は維持すると約束したことを思い出させようとした。その決断が民主国家への平和的移行を早めたのだ、と彼は言う。だが、その働きかけは無視された。「血が煮えたぎった」と、ミルチャノフスキは言った。「もしこういうことがもっと早く起きていたら、情報員たちは自前の革命を起こしたことだろう」。だが、いまはそういう情報員のほとんどが六十代、七十代になり、年老いて引退していた。「彼らを見せしめとして苦しめるのは簡単だ。無害な人々だからな」

二〇〇七年にマチェレヴィチ報告書が軍情報局の活動を暴露した。二〇一五年にはポーランド政府が共産国家時代に入局した文民の情報員の正体を暴露し始めた。ヤン・オルボルスキもその一人だった。オルボルスキは一九八五年に対外諜報部に入った。一九八九年の変革の後、彼はベラルーシの現地担当官となり、エストニアでも働いた。二〇一六年六月、政府はオルボルスキの本名と偽名を公表した。「こんなことをすれば、どんな防諜機関だって大打撃を食らう」と、オルボルスキは言った。「だが、おれたちは自分の腹に収めた」

オルボルスキは海外からポーランドへ戻らなければならなくなり、退職した。スパイとして働いていたあいだ、年金は月に千ドルにはなるだろうと腹づもりをしていた。ところがいざ退職すると、三百ドルを下回る額だった。暮らしていくために、オルボルスキは洗濯屋のトラックの運転手を始めた。「キャビアやシャンパンがなくても生きていける」と、彼は言う。「そういうものは以前の暮らしで堪能したから」

グロモスワフ・チェムピンスキは一九九五年に退職してからうまくやってきた。ポーランドの経済が国家主導から市場志向型に移行するあいだ、デトロイトのコンサルタントとして働いていた。フロリダにコンドミニアムを購入し、外洋釣りにのめりこんだ。年金の減額は問題ではなかったが、繰り返し犯罪捜査の対象になったことで苦しんだ。二〇一一年には、国営企業の民営化の過程で利益を得たという容疑で逮捕されたが、不起訴になった。二〇一五年に右派政党「法と正義」がふたたび権力を握ると、検察庁はチェムピンスキを経済犯罪の容疑者として捜査した。彼は一度も起訴されなかったが、嫌疑がすっかり晴れることもなかった。だらだらと果てしなく探りを入れるのが狙いだった。常時、捜査の対象になっていたチェムピンスキはまともな仕事に就けなかった。「自分が無能力な人間に思えた」

チェムピンスキはかつての部下たちに救いの手を差し伸べ、共産主義体制に関わった者に対する弾圧をやめるようポーランド政府に圧力をかけてほしいとＣＩＡに働きかけた。ドキュメンタリー映画製作チームを組織し、現役、退職問わずＣＩＡ局員を説得して、ポーランドのスパイを賞賛する場面を撮影しようとした。ところが、ＣＩＡは協力を拒み、影の存在であることに慣れた元情報員はカメラの前に立つのを尻込みした。二〇二〇年、チェムピンスキは新型コロナに罹《かか》った。なんとか回復したものの、七十五歳の彼は『冬のライオン』の老いた王の心境になった。

自殺する元情報員もめずらしくなかった。ＧＲＯＭの市街戦指揮官スワヴォミル・ペテリツキもその一人だ。ペテリツキは常に神経を張りつめていた。一九九九年に引退したあと経済的な問題を抱え、若い妻や子どもたちのために苦闘した。二〇一二年六月六日、彼の死体が自宅のあるアパートメントビルの駐車場で発見された。頭を自分で撃ち抜いていた。

米国と同盟関係を結ぶためにあれほど危険を冒したのに、その見返りは何だったのだろうかと、ポーランドの情報員たちは首をひねった。ポーランドにとっては国際社会で買った不評であり、プロの情報員にとっては部屋代にも足りないわずかな年金だったのか。

二〇一四年一月、その頃にはポーランドの外務大臣になっていたラドスワフ・シコルスキはポーランドの米国との同盟を「無価値で」有害だったと一笑に付す言葉をテープに残した。「われわれはドイツやロシアと対立することになるだろう。それでもわれわれは、米国のあそこを舐めてやったのだから何もかも万々歳だと考えるだろう」[185]。週刊誌フプロストにリークされたこの録音のなかで、シコルスキはそう言ったとされる。英国のジャーナリスト、エドワード・ルーカスはそこまで辛辣ではなかった。彼は米国とポーランドの関係を、「ロマンチックな熱情ではなく、実用的な家事分担などをおもな絆にする友愛的結婚」にたとえている。[186]

それでも、ポーランドの労苦の結果がそんな敵意に値するものなのかよく考えてみる必要がある。一九九〇年にグロモスワフ・チェムピンスキがイラクの砂漠から六人の米国人を救い出したとき、ポーランドの領土には少なくとも二個師団のソ連軍と核兵器が存在した。二〇二〇年には、一万一千を超す米軍兵士と空軍兵、ミサイル防衛システム、多数の米国の秘密情報収集施設が、いまはEUの構成国であるポーランドに配置されている。「ぼくらは米国との同盟を築く助けをした」と、チェムピンスキは言う。「それは誰にも否定できない」

第四部　カバとの結婚

第二十章　同床異夢

　本書で紹介した出来事が起きているあいだ、そしてその後も、ポーランドは米国というカバとの結婚を貫き通した。二〇〇〇年代なかばには、ジョージ・W・ブッシュ大統領がブラック・サイトのことで恥をかかせたにもかかわらず、ポーランドはイランに送りこんだ情報員に（CIA局員の表現を借りれば）、「何度となくイランの研究施設近辺で危険な散歩を」させていた。ポーランド情報員は米国から提供された小型の超高感度機器を持って、大気のサンプルを採取した。CIA局員はその装置を「ロックス」と呼んでおり、採取物を分析するとウラン固有の化学形態の存在が明らかになり、不純物を取り除けば元素さえ見つかることもある。研究者は空気のサンプルをもとに、イランの研究施設がウランの濃縮をしているのか、あるいは別の核開発を行っているのかを言い当てられる。もしサンプルから金属形態のウランが見つかれば由々しき事態になる。金属ウランは平和目的の使用は限られており、ほとんどが核爆弾の製造に用いられるからだ。

「それはリスクの高い行動」であり、「ポーランド人はわれわれに代わって大変な危険を冒していた」と、米国の上級外交官は回想する。ポーランドの情報員はテヘランの施設近くで大気のサンプルを採取した。施設を見下ろすアパートメントからとることもあったが、施設周辺で働く労働者がよく来る喫茶店でも採取した。労働者の服がかすかに放射能汚染されていることがあるからだ。また危険を覚悟で、テヘランから三百キロ南にあるナタンツの秘密核施設のような隔絶した場所まで出かけることもあった。そうした施設の近くに「ロックス」を落としておき、あとで回収した。逮捕されたり銃撃されたり任務中に行方不明になったりする情報員もめずらしくなかった。ヴィンセントの名で知られた情報員ヴォージミエシュ・ソコウォフスキがワルシャワから作戦を指揮した。

ポーランドのスパイの発見した情報が、イランは核開発プログラムを中止したかどうかをめぐるワシントンの論争に影響を与えたこともあった。二〇〇七年十二月三日、ブッシュ政権が作成した国家情報評価では「高信頼事項」として、イランが二〇〇三年秋に開発を中止したと判定されていた。また大気のサンプルなどの証拠に基づき、二〇〇七年中頃の時点では開発は再開されていないと中程度の信頼度で判定された。

二〇〇八年に米国防省はCIAの勧告を受け、ヴィンセントとその他五人の情報員の功績に対して勲功章を授与した。その際に送られた国防長官ロバート・ゲーツの署名入り謝辞には、叙勲は米国との共同作戦への「秀でて揺るぎない貢献」を評価するものであると書かれている。ヴィンセントは「何件かのきわめてデリケートで危険な任務を立案し、調整し、準備し、実行して」、それを「先例のない成功」に導いたという。そうした任務は、「米国の安全保障の確保を推進するのに役立った」と、ゲーツは書いている。(187)

オバマの政権に替わっても、ポーランドがそうした仕事を継続していたのは明らかだった。ポーランド人が集めた情報を使って、オバマ政権は核開発を中止するようイランに圧力をかけた。二〇一五年にはイランがごまかし続けているのではないかという疑念が払拭されないまま、オバマ政権は中国、フランス、ロシア、英国、ドイツとともにイランの核開発の制限を定める合意に調印した。

米国のためにポーランドが行った仕事の危険度がどれほど高かったかを示すものに、二〇一八年十月、アフガニスタンの戦闘にも参加した軍人で、のちにイラン駐在武官になったダリウシュ・カルバルチクが、テヘランでの謎めいた交通事故で死亡した事件がある。(188) その死の責任を問われた者はこれまで一人もいない。

ポーランドの情報員が米国のために継続的にスパイ活動をした国はイランだけではない。一九九五年に北朝鮮がポーランドの軍人を中立国監視委員会から追放したあとも、ポーランドの情報機関は米国への助力を続けた。二〇〇六年十月三十日、米国大使館の公使ケネス・ヒラスはポーランドの外交官と会った。ヒラスは、北朝鮮に関するポーランドの「卓越した協力」に感謝の意を表した。「ポーランド情報機関から多大な助力をいただいた」。会談でヒラスが感激してそう言ったことを、ガゼタ・ヴィボルチャ紙が記事にしている。平壌の大使館を縮小しなかったことは、ポーランドにとって幸いだった。

旧ソ連でもポーランドは活発にスパイ活動を行っていた。ポーランドの情報員は米国に、一九九四年にベラルーシで行われた大統領選挙に当選し、現在も権勢を振るっている元国営農場の管理人アレクサンドル・ルカシェンコの躍進に関する情報を提供した。「もし地方の役人に、あんたは民主主義者なのか、それとも共産主義者なのかと訊かれたら」と、以前ベラルーシで現地担当官をやっていたヤン・オルボルスキが当時を思い出す。「当然、共産主義者だと答える。するとやつらはおれをハグして、知っていることを全部しゃべってくれる」

ロシア担当のポーランド情報員は、早い時期からウラジーミル・プーチンという元KGB局員に注目していた。もしプーチンが二〇〇〇年の大統領選挙で勝てば、ロシアの外交政策は攻撃的な方向に向くだろうとポーランド情報機関は予測した。ポーランドのスパイと外交官は、ロシアと旧ソ連構成諸国との緊張関係についてめぼしい情報をいくつも掘り出してきた。二〇〇八年八月にロシアとジョージアのあいだで戦争が始まったとき、ポーランドは米国に他の国が真似できないほど明快な見通しを提示した。「われわれのほうが知っていたから、米国が情報を求めてきた」と、国防大臣と外務大臣を両方務めたことのあるラドスワフ・シコルスキは書いている。ジョージア戦争のあいだ、ポーランドの軍情報局はロシア軍の戦力が実質的に改善していることを示すデータを集めた。プーチンは時間と金を使って旧ソ連軍を強化し、それが成功したのだ。ポーランドはまた、二〇一四年二月のロシアによるクリミア併合も含む、ウクライナの最新情勢についても貴重な情報源となった。CIAの秘密作戦部の元部長マイケル・スリックが言うように、二〇〇〇年代を通してポーランドは「われわれが抱えているおもな外交政策のほとんどに対する助力を」継続した。

にもかかわらず、NATOはポーランドによる貢献をなかなか認めようとしなかった。ポーランドが一九九九年に加盟したあとも、NATOの立案者たちはポーランドにロシアが侵攻した場合の有事計画を十年もほったらかしにした。

米国は長年、ポーランドの愛国者であることにどんな意味があるのか、民主主義国家になることにどんな意味があるのかというポーランド国内の議論に積極的に口を出してきた。それは越権行為だろうか？　おそらくそうだろう。だが、米国人がそうした問題を気にかけていたのは間違いない。

ところが二〇一〇年代に入る頃には、米国政府の多くの者はポーランドが民主主義的・経済的転換の面ではルビコン川を渡り終え、普通の国になったと考えるようになった。その結果、米国はポーランドを気にすることをやめ、民主主義と米国との同盟がポーランドにもたらす不利益を省みなくなった。二〇一五年以降、右派政党「法と正義」が国内政治を非民主主義的方向へと導き、司法の独立性を排除しようとした。党支持者はＬＧＢＴの権利を「イデオロギー」と呼んで攻撃した。大統領のアンジェイ・ドゥダはゲイの権利を、かつての共産主義思想以上に大きな危険を国家にもたらすものと主張した。それに対して、米国政府もＣＩＡも異を唱えなかった。

二〇一五年に国防大臣のマチェレヴィチがワルシャワのＮＡＴＯ防諜センターの手入れを命じたとき、オバマ政権は何のコメントも出さなかった。ＮＡＴＯはこの出来事を「ポーランド当局の問題」と呼んだ。共和党と民主党両方の政権で働き、ポーランドに何年も駐在したことのあるダニエル・フリードは、「法と正義」に巣食う権威主義者たちのやっていることは、かつての共産主義の悪い時代に比べれば何ほどのものでもないと主張した。米国は、結果がどうなろうとポーランドが過去の共産主義という宿痾と戦いたければ一人で勝手にやれと宣言したようなものだった。

ジョージ・Ｈ・Ｗ・ブッシュとそのあとを襲ったビル・クリントンにとって、ポーランドはヨーロッパの安全保障再編の中心的存在だった。ところが、やがてヨーロッパの安全保障はワシントンのおもな関心事ではなくなった。米国の同盟国になるマイナス面の一つは、いまや誰もがポーランドが米国の同盟国であるのを知っていることだ。ポーランドのスパイは、以前は自由に歩けた危険な場所を制限なしに動きまわることができなくなった。「ポーランドはもはや独立国とは見なされず、情報関連で米国を積極的に支援する国家と受け止められている」と、軍情報局長マレク・ドゥカチェフスキは言う。[189]「それがわれわれの作戦遂行能力に影響をおよぼしている」

ポーランドの関心もまた変化していた。EU加盟が貿易などの点でますますその重要性を高め、米国との同盟関係を凌《しの》ぐようになった。「ポーランドは世界で最も米国びいきの国だ――米国も含めて」という皮肉もかつてほど正確ではなくなっている。ポーランドはいまでもヨーロッパで一番米国びいきの国ではあるが、その熱意は昔ほどではない。

ドナルド・トランプ政権と彼の「米国ファースト」の政策のせいで、深い関与を避けようとする米国の傾向はさらに強まった。実際にトランプは、ヨーロッパ大陸の友好国を懲らしめ、NATOを脅すためにポーランドとの同盟を利用した。二〇二〇年七月にドイツ駐留米軍の一万二千人削減プランを発表したときは、その部隊をポーランドに移動させるとにおわせた。トランプは二国間同盟だけを維持する考えを抱いており、その例としてポーランドとの関係を強調したのだ。トランプの虚栄心を煽るかのように、ポーランドのドゥダ大統領は建設予定の米軍基地を「フォート・トランプ」と名づけると約束した。

元共産主義者追放をやめるよう、司法の独立を尊重するよう、LGBTの権利の批判を取り下げるようポーランド政府に圧力をかけるのではなく、トランプは「潜入した共産主義者」に対するワルシャワの強迫観念を見て、多様化した多文化社会の危険についてのパラノイアを共有できる旅の友を見つけた思いだった。二〇一七年七月にトランプは、「過激なイスラム・テロリズム」と政治的正しさ《ポリティカル・コレクトネス》をののしる強い調子の演説を行う場にワルシャワを選んだ。聴衆が「トランプ！　トランプ！　トランプ！」と唱和する前で、米国大統領はポーランドと自国を、グローバル化する世界、それに移民とテロリストという一対の危険に対抗する砦《とりで》とするビジョンを開陳した。「われらの時代の根本的疑問は、西欧が生き残ろうとする意志を持っているかどうかなのだ」と、トランプは言った。彼はドゥダの再選キャンペーンを支持し、投票の行われる数日前にホワイトハウスでドゥダをもてなした。ドゥダがＬＧＢＴの権利を批判すると、トランプは沈黙を守った。

ポーランド人はトランプの再選を支持したヨーロッパで唯一の国民である。二〇二〇年十月に行われた世論調査によれば、トランプのほうがジョー・バイデンよりすぐれた大統領になるという回答が四一パーセントを占め、バイデンのほうがトランプより好ましいと答えた人は一五パーセントに留まった。大統領選挙の日、ポーランド国営テレビはトランプが勝利したと報じた。二〇二一年一月六日に、米連邦議会でバイデン当選を認定する手続きを進めている最中にトランプ支持の群衆が議会を襲撃したとき、ポーランド国営テレビは選挙結果に疑問を投げかけた。ドゥダ大統領がバイデンの勝利を祝したのは、かなりあとになってからだった。

それでもバイデンの勝利は、一九八九年以降の民主化の進展に伴って生まれた米国とポーランドの同盟をリセットし強化するチャンスを両国に与えるものだった。バイデンは一九九〇年後半の上院議員時代に、ＮＡＴＯ拡大に反対を唱えていたが、のちに考えを変えた。オバマ政権の副大統領として、バイデンは欧州安心供与イニシアチブの考案者となった。このイニシアチブによって、ポーランド国内に数千の米軍兵士が配置されることになった。バイデンのウクライナ、ベラルーシ、ロシアへの働きかけは、トランプとロシア指導者プーチンとの現実離れした親密な関係を考えれば、トランプよりはるかにポーランドの国益に沿ったものだった。

二〇二一年一月六日のワシントンの暴動でさえ、米国がワルシャワともっと有意義に関わるきっかけになったとも言える。米国の民主主義にも治癒が必要であり、米国にもまたそれなりの数の過激主義者がいることを認めれば、ポーランドの抱える難問についても両国間でより深く議論しうる状況をつくれるはずだ。

元CIA局員ジョン・パレヴィッチは、バイデンがトランプの「ホワイトハウスでの道化師的振る舞い」を終わらせたことに安堵していることをシアトルの自宅で語った。彼はポーランドの権威主義への傾斜については冷静な見方をしている。体制転換後に何らかのかたちの報復主義が伸長するのは避けられない。だが、そんなに長く続くものではない。「とにかく最後までやってみなければ気がすまないだろう」[190]と、パレヴィッチは言う。「その結果、反対の方向へ揺れ戻しが生じるのだ」。同じことが米国にも言えるかもしれない。

第二十一章　何をなすべきか？

二〇二二年に起きたウラジーミル・プーチンのウクライナ侵攻によって、同盟というものについて考察した本書の内容が、突然今日的な意味を帯びるようになった。ポーランドは最前線にある国となり、ウクライナから数百万の避難民を受け入れ、ウクライナの防衛を支援している。一九九〇年に米国の同盟国にふさわしい存在であることを証明したポーランドは、二〇二二年にはＮＡＴＯの同盟の防波堤となったことを証明してみせた。そこには、今日の混沌とした地政学的情況を乗り越えていくためにあらゆる国が探し求めている教訓が埋めこまれている。思うに、教訓は三つある。

教訓１――危険な世界では、同盟は任意に選択できるものではない。

ポーランドの情報員はそれを早い時期に学んでいた。かつて二つの盟主国ドイツとロシアに挟まれて身動きのとれなかったポーランドのスパイたちは、米国との同盟を求めて戦った。その運動に加わった政治家は、ＮＡＴＯに正式加盟するしか道がないのを理解した。

ポーランドは米国との同盟とＮＡＴＯ加盟から多くのものを得た。米国はポーランドの未熟な政府が経済改革と民主化という危険な浅瀬を乗り切るのを助けた。同盟がポーランドのEU加盟の土台となり、ポーランド経済は五億人規模のヨーロッパ市場に統合されることになった。同盟のおかげで避けられたものも大きかった。二〇〇八年にはジョージアで、二〇二二年にはウクライナ侵攻で見られたような、周縁諸国の混乱を助長したいというロシアの異常なまでの衝動から逃れられたのである。

米国に対しても同様に、同盟は任意に選べないことをここで強調しておきたい。ポーランドは米国に忠誠を尽くした――工作員たちは米国人の命を救った。兵士たちは米軍部隊と協調して戦った。情報員たちは米国人が行きたがらない場所でスパイ活動を行った。彼らはそうすべき理由がないときも進んで情報を提供した。

それなのに、米国はポーランドのスパイや外交官が重要な情報を分け与えようとしたときに耳を貸さなかった。ビンラディンの話のときも、イラクの再建のときも。今後は世界各地の同盟国と連係しながら国家戦略を立てていく必要がある。それは同盟国を良い気分にさせるためではない。同盟国がきわめて多くの貢献をしてくれるからだ。友なしで、安全保障を確保し、気候変動や世界規模のパンデミックに立ち向かい、安定した経済成長を実現し、中国やロシア、北朝鮮、イランの挑戦をかわすことができるだろうか?

ドナルド・トランプ大統領は同盟国を粗末に扱った。トランプの国家安全保障問題担当補佐官の一人であるジョン・ボルトンに言わせると、トランプはそもそもなぜ米国が同盟国を必要としているのか理解できなかったという。[191] ジョー・バイデン大統領の選出によって、米国が超大国でいられるのは友好国があるからにほかならないという教えを学び直す機会が生まれた。

教訓2――同盟国は賢く選べ。

ポーランドは四十年以上にわたって、やむをえずロシアとの強制結婚を続けてきた。「スラブの魂」を共有しているはずなのに、二国の同盟関係は常に不安定だった。モスクワの関心はワルシャワのそれとは一致しなかった。ソ連の戦略家はうかつにも、第三次世界大戦が起きた場合にポーランドが消滅するプランを立てていた。冷戦のあいだずっと、ポーランドはソ連支配の重圧に苦しみ続けた。

ワルシャワにすれば、米国との同盟のほうがずっと自然だった。勉強好きなポーランドのスパイ、アンジェイ・デルラトカの言うように、共産政権時代の情報員は「決して米国の情報員を敵とは見なさず、競争相手と考えていた」。もう少し範囲を広げれば、ポーランド人全部が「頭では米国を敵と思っていなかった。米国は本物の自由、民主主義、限りない可能性、個人主義の国であり、ポーランド人はそれを好んだ」

デルラトカの「統一作戦」が示すとおり、元共産主義者のスパイたちは早い時期から、ロシアとの悪い結婚から逃れる手段はNATO加盟だと考えていた。米国との同盟のために戦った人々――チェムピンスキ、コジミンスキ大使、アレクサンデル・マコフスキ。米国側ではジョン・パレヴィッチ、ビル・ノーヴィル、ダニエル・フリード――などは、自分たちの構想した同盟が成功したことに満足しているはずだ。いまのポーランド人はヨーロッパ中で縦横無尽に旅し、働いている。ポーランド軍と他のNATO加盟国軍の基地相互利用も急速に進んでいる。

米国にとっても、ポーランドとの同盟は完全に理にかなっている。フレッド・ハートが言うように、米国人はどこかポーランド人と「波長が合う」。独立戦争以来、二つの国を結びつけるものを米国大使ヴィクター・アッシュは二〇〇九年にこう言っている。「ポーランド人は家族のようなもので、冷遇されたと感じたら遠慮なく指摘するが、それでもわれわれが必要とするときにはいつもそばにいてくれる」。こうした見地からすれば、およそありそうにない同盟というほど縁遠いわけではなかったのだ。

ポーランドのように、小国が強国との関係を形成するには重大な決定をしなければならないときがある。アジアだけ見ても、ミャンマー、ベトナム、台湾、韓国は米国と中国のどちらかを選択せざるをえない情況に置かれている。表面的には、儒教思想を中国と共有しているし、中国経済が目先の利益をもたらしてくれるかもしれない。特にベトナムの場合は、中国の権威主義的政治モデルのほうが米国のかまびすしい民主主義より魅力的に映るだろう。それでも中国のベトナム侵攻の歴史や、人口二千三百万の独立国である台湾を自国のものとする主張、韓国やミャンマーと交渉するときの強圧的な姿勢が、中国との関係強化をためらわせているようだ。米国はどちらかと言えば無責任なパートナーかもしれないが、そちらを選ぶほうが強権でアジアを支配しようとしているとしか見えない国よりも賢明な選択なのかもしれない。

教訓3――何が同盟を長続きさせるかを知ること。

米国のポーランドとの同盟に関する逸話は、米国の友人がどこまで尽くしてくれるかを具体的に物語っている。また同時に、米国が過大な要求をしたときはどうなるかを示してもいる。同盟を存続させるためには、地上軍の投入以上のものが必要になる。必要なのは価値観の共有である。ただし、これについてはおたがいにがっかりさせられることもある。

NATO加盟国の地位を求めるあまり、ポーランドは同盟国の米国と過ちを共有した。自国内に米国の捕虜を収容し、米国の工作員に水責めをさせるために同盟を結んだわけではないのは言うまでもない。

ポーランドには弁解の余地がある。同盟の維持が死活問題だったからだ。周辺国のどこであれ同じことをしたはずだ。でなければ消滅してしまう。ポーランドは十九世紀にほとんど支援を受けられず、第二次世界大戦でも同盟国に見捨てられた。その歴史を繰り返したくなかったのだ。「われわれは同盟の熱烈な信奉者だ」と、ラドスワフ・シコルスキは言う(192)。「一度つながりができれば、ポーランドは常に忠実に行動する。こちらが同盟国にするように、相手もこちらにやってくれるという想定のもと、最後まで戦い抜く」

ＣＩＡには弁解の余地はほぼない。ＣＩＡはブラック・サイト事件では大きな犠牲を払わなければならなかった。だが、米国との盟約を最初に築いた人々に対する「法と正義」による二〇一五年の政治キャンペーンを批判しない立場をとって、ポーランドの関係者を改めて失望させた。リシャルド・ククリンスキという一人の情報員の運命をめぐって長年ポーランドを悩ませ続けた組織が、ポーランドのある世代の情報員たちが年老いて戦えなくなったときに彼らを援護する発言ができないとは、いったいどういうことなのか？

もっと視野を広げれば、ポーランド政府が司法から独立性を取り上げ、一部地域でホモセクシュアリティ規制法を制定したのに対して、米国が非難しなかったことはポーランド国民を失望させた。米国とポーランド国内の友人たちは、共産主義国家の代わりに権威主義政治体制を成立させるために冷戦に勝利したわけではないのに。

この教訓は、他の同盟国・友好国との関係についても適用できそうだ。米国は盟友の立場に合わせる必要がある。ワシントンはポーランドにはまだ的を射た対応をできるかもしれないが、相手がたとえばベトナムであればそうはいかない。ハノイの政府は米国とはまったく違う歴史を持っている。米国の政策立案者はそのギャップに気を配る必要がある。同盟国になる可能性のある国々が抱える問題はそれぞれ違いが大きい。それぞれの友情の核心には価値観の共有がなければならないとはいえ、一つが全部に適合するわけではない。

ひと言で言えば、同盟は必要不可欠である。同盟国は賢く選ばなければならない。そして、どうすればそれが長続きするかを知ることが肝要になる。こうしたことすべてをうまくやるために、米国はいつまでも最高のカバであり続けることに耐えなければならない。何と言っても、世界に存在するカバは一頭だけではないのだから。

後記

私が本書を書くまでには、輪のように最初の地点に戻ってくる経緯があった。一九九二年、ワシントン・ポスト紙は私を東欧総局の首席特派員としてワルシャワへ送り出した。仕事はおもに旧ユーゴスラヴィア崩壊後の内戦の取材だった。ところがポスト紙の東欧総局はまだワルシャワに置かれていた。ボスニアではなく、ポーランドが東欧地域の最重要記事の舞台だった頃の名残だ。

一九九四年、私はサラエヴォでの戦争取材の息抜きをワルシャワでしていた。その頃、一九九〇年にポーランドのスパイがイラクで米国人グループを救出したという噂が広まり始めていた。私は、当時イラクで仕事をしていたいくつかの建設会社の関係者なら何か知っているかもしれないという情報を手に入れた。十二人にインタビューしてみたが、収穫はゼロだった。次に十三番目の会社の管理職に会った。その人の話では、イラクから米国人を車で連れ出したという信じ難い話をする技術者を雇ったことがあるという。もっとも彼の話を真面目に聞く者はいなかったらしい。ポスト紙の疲れを知らないリサーチャー、ハリーナ・ポトカがポーランド西部の小さな町に住んでいたエウゲニウシュを発見した。彼から細かくそのときの話を聞き、私はそれを記事にして、コメントが欲しいと書き添えて、その記事をポーランドのスパイ機関UOPの広報部にファックスした。

一時間もたたないうちに、私はワルシャワの中心地の大きな監獄の向かいにある、スターリン様式のオフィス街ラコヴィエツカ二十五番地の内務省に呼び出された。長くて薄暗い廊下を延々と案内されて巨大な部屋に入ると、細い口髭を生やし、鋭いブルーの目を持つ威圧的な姿の男に紹介された。それがグロモスワフ・チェムピンスキとの最初の出会いだった。それから数週間、私とチェムピンスキはこのエピソードについてあれこれ意見を戦わせた。彼の関心は現実的だった。同僚の情報員やイラクで作戦の手伝いをした人々を守ろうとしていた。ポーランド政府の他の関係者も点と点をつなぐ助けをしてくれた。彼らはクリントン政権の動きにいらだちながら、NATO加盟の日程を早めようと努めた。一九九五年一月十七日、ポスト紙にこのエピソードの記事が掲載された。記事がNATO加盟に何らかの影響を与えたかどうかはわからない。その頃には、私は中国についての記事を発信していた。

私の書いた本の最初の二冊は中国をテーマにしたものだった。それでも心の隅では常に、イラクでのこの冒険が良いストーリーの屋台骨になるにちがいないと思い続けていた。二〇一一年に私の著書の一冊が賞の候補作になったとき（受賞はしなかったが）、チェムピンスキとまた連絡を取り合うようになった。私が本を書きたいと考えているると言うと、チェムピンスキはできるだけ手助けするとは言ってくれたが、それほど乗り気ではないように見えた。取材対象の作戦はすでに、ポーランドで『砂漠の嵐作戦《オペラツィア・サムン》』なる題名の映画のテーマになっていた。

二〇一五年のポーランド政治の急激な右転回と、かつての同僚たちに対する攻撃がチェムピンスキの気を変えさせた。彼はこのプロジェクトに前より関心を持つようになった。ＣＩＡでも同様の動きがあった。私が局の広報部に質問状を送ると、広報部は二〇一七年十二月にＣＩＡの運営する情報研究センターで歴史家との会議を設定してくれた。広報部員が言うには、私がこの特殊な情報関連のつながりができた経緯を語るつもりなら、局は喜んで力を貸す気でいるという。

ところが前日になって、ＣＩＡの広報部から会議をキャンセルするという連絡があった。あとでもう一度かかってきた電話で、広報部員は「このビルにいる公平委員会」（私は秘密作戦部のことだと解釈した）が、書籍のプロジェクトにはＣＩＡからいかなる支援も与えるべきではないと言ってきたからだと説明した。ＣＩＡはポーランドとの情報関連のパートナーシップを重視しており、アントニ・マチェレヴィチ国防大臣のような反共産主義者と、米国との実質的な同盟を最初に築いた元共産主義者の情報員たちの内輪の諍《いさか》いに介入したくないということらしい。確かにこの判断にはうなずける点もある。だが、ポーランド国内のこうした問題に何度も介入してきたＣＩＡの歴史を考えればいささか妙だ。おそらく、一部の者が示唆しているように、９・11以降にＣＩＡが直面した道徳観のゆるやかな変化と、ポーランドのブラック・サイトのごたごたが影を落としているのだろう。

ＣＩＡが組織として取材への協力をキャンセルしても、イラクでポーランド人に命を救われた二人の米軍人フレッド・ハートとジョン・フィーリーのように、退職したＣＩＡ情報員の多くが取材に応じてくれた。元ＣＩＡ情報員の取材協力者たちはみなポーランドの情報機関のメンバーから人生に良い影響を受け続けてきた。彼らはそう信じているし、その経緯が広く語られることを望んでいる。

謝辞

本を書くのは、新聞を発行するのと同じく共同作業である。大西洋の両側の多くの人々が、ほとんどの場合、まったく私心なく応援してくれた。幸いポーランドでは、リサーチのエキスパートで翻訳者でもあり、ポーランドのあらゆる事柄の説明をしてくれるアレクス・ノヴァツキとともに仕事ができ、友人にもなれた。彼は支援者としていつもそばに付き添ってくれた。ポーランド情報機関のプロたち――ほんの一部を挙げれば、ヴォイチェフ・ブロフヴィチ、グロモスワフ・チェムピンスキ、アンジェイ・デルラトカ、マレク・ドゥカチェフスキ、ヘンリク・ヤシク、ボグダン・リベラ、アレクサンデル・マコフスキ、ヴァルデマル・マルキエヴィチ、アンジェイ・マロンデ、ヴォージミエシュ・ソコウォフスキ、リシャルド・モルツィニスキ、ヤヌシュ・オミエタンスキ、ピオトル・ヴロンスキ、マリアン・ザハルスキが私のために時間を割き、忍耐力を示してくれた。全員の名前を挙げることはできないが、このプロジェクトに大変な支援を与えてくれた。ポーランドの政治家、マレク・ベルカ、アレクサンデル・クファシニェフスキ、アントニ・マチェレヴィチ、アンジェイ・ミルチャノフスキ、レシェク・ミレル、ユゼフ・ピニオル、ズビグニェフ・シェミォントコフスキ、ラドスワフ・シコルスキは私のインタビューをことわってもよかったのに、進んで受けてくれた。ポーランドの外交官と公安関係者イェジ・コジミンスキ、クシシュトフ・プロミンスキ、マレク・シヴィエツ、ボグスワフ・ヴィニドと、軍関係者、とりわけピオトル・ガスタウらもまたとても温かく受け入れてくれた。

改革派の弁護士ミコワイ・ピエチシャクはポーランドと米国のおよそありそうもない同盟の代価について、きわめて重要な見方と独特の道徳的洞察を教示してくれた。それにポーランドの有力なジャーナリストであるバルトシュ・ヴェグラルチクとトマシュ・アヴワセヴィチは詰めの段階での重要な見方やヒントを与えてくれた。

このプロジェクトは二人の世界水準の歴史家、トマシュ・コズウォフスキとプシェムィスワフ・ガシュトルドからも多大な支援をいただいた。二人とも国民記憶院の近年秘密解除された文書を入手する手伝いをしてくれ、その文書の重要性について賢明なるアドバイスをくださった。また、初期段階の本書原稿を読んで過ちを指摘してくれた。むろん、本書の内容については私がすべての責任を負っている。もう一人の歴史家ヴィトルド・バギェンスキも、気前よく時間と洞察を与えてくれた。

ポーランドでの友人関係については、幸運なことに三人の親友を持つことができた。長年の同僚であるアンナ・フサルカは本書の翻訳を読んで、ばつの悪い間違いをしでかすのを防いでくれた。ロベルト・コンスキとトッド・ケルステンはワルシャワを訪れたときにすばらしい食事や音楽、会話でもてなしてくれた。みんなでイノシシ狩りに行った一日が忘れられない。セス・フェゾン、シボン・ダロウと二人の子どもたち、サシャとラーネにも感謝を。魅力的な人物マリアン・ザハルスキに会うために行った旅で、ジュネーヴの自宅を開放してくれた。

米国では、元情報員のミルト・ビアデン、バートン・ガーバー、ビル・ノーヴィル、ジョン・パレヴィッチ、ポール・レドモンド、マイケル・スリック、クサヴェルィ・ヴィロジェムスキが気前よく時間を割いてくれた。ヴィクター・アッシュ大使、ダニエル・フリード、クリストファー・ヒル、トマス・シモンズ、ジョン・コーンブルム、それに故ジョセフ・ウィルソンが識見と重要な洞察を与えてくれた。(元)米陸軍士官ジョン・フィーリーとフレッド・ハートも大いに手助けしてくれ、二人とも本書の原稿に目を通して、私が正しく書いているかどうかをチェックしてくれた。彼らとの友情が長く続くことを希望している。アレクス・ストロジンスキと彼の書いたタデウシュ・コシチューシコのすぐれた伝記は、本書のエピグラフを思いつく源になった。メディアの同僚たち――ジュリアン・ボーガー、ロイ・ガットマン、ジョン・ランデイもまた大いに力を貸してくれた。ジョージ・ワシントン大学にある国家安全保障アーカイブのスヴェトラーナ・サヴランスカヤは米国内の記録を探すのにきわめて貴重なガイダンスをしてくれた。

ジョージ・H・W・ブッシュ、ジョージ・W・ブッシュ、ビル・クリントンの各大統領図書館のスタッフは嫌な顔一つせず文書の請求手続きを進めてくれた。おそらく私と別のリサーチャーたちが見せてほしいと請求したファイルの一部は今世紀が終わるまでには秘密解除されることだろう。リヴァーサイドの国立公文書館のティム・アンダーソンは、マリアン・ザハルスキの一件に関するファイルの場所を見つけるのを手伝ってくれた。核拡散についての専門家デヴィッド・オルブライトとオリー・ハイノネンは時間と専門知識を提供してくれた。ラジヴ・チャンドラセカランが与えてくれたイラクにおける米国の占領に関する識見に感謝を。叶娃とジョー・エシェリックはきちんとした補註を付けるよう強く勧めてくれた。

本書の執筆には予期せぬ発見も大きな役割を果たした。もし元外交官で長年の友人であるジェームズ・ネイサンを知っていなかったら、アラバマへの旅で米空軍のグラント・ハモンドと知り合うことはなかっただろう。イラクで救出されたフレッド・ハートを見つけてくれたのがそのグラントだった。共通の友人オーヴィル・シェルと亡くなった彼の妻バイファンは私にエリック・カーペルズを紹介してくれた。おかげでエリックの書いたポーランド画家ユゼフ・チャプスキのすばらしい伝記と二十一世紀のポーランドの苦悩についての深い理解を得ることができた。友人たちは盟友と同じく重要な存在である。彼らみんなに感謝を。

わが偉大なる編集者、ヘンリー・ホルト社のセレナ・ジョーンズの他に三人がストーリーを良いものにする手助けをしてくれた。真っ先にわが妻、張玫を挙げたい。彼女は常に私の作品の最初の読者だ。ストーリーに対して鋭い耳を持ち、退屈なときは率直にそう言ってくれる。ありがとう、張！　きみがいなければ、本を書くことはできなかっただろう。同級生で親友でもあるディック・バターフィールドは語りを磨き上げ、結論へ導くのを手伝ってくれた。わが妹デーナ・ポンフレットは全文を二度校正して、ポーランド人の読みにくい名前があっても、ストーリーをより明快で読みやすいものにするよう仕向けてくれた。私のエージェントであるゲイル・ロスは、いつものように専門的な手引きをしてくれた。

ホルト社では、セレナ・ジョーンズの他にモリー・ブルーム、オマール・チャパ、エイミー・アインホーン、キャロリン・オキーフ、アニタ・シー、マギー・リチャーズなどすばらしい仲間に恵まれた。

ホルト社の編集部長サラ・クリントンには、土壇場でのタイトル変更を認めてくれたことに特別な感謝を。

最後に本書を執筆するあいだずっと心のなかにあった四人——次の世代の人間で私たちの子どもであるダリ、リーヤ、ソフィーに本書を捧げる。そして、タイトルは『From Warsaw with Love』にしろとしきりにせがみ、カバーのデザインにゴーサインを出してくれた私の父ジョン・D・ポンフレットに。安らかに眠ってください、オールド・ジョン。私たちはみな、あなたを愛している。

訳者あとがき

一九八九年十一月のベルリンの壁崩壊に象徴されるソビエト連邦の解体と東欧諸国の政治変革による冷戦の終結は、おそらく二十世紀で最も大きな地政学上の変動の一つと言ってよいだろう。四十五年にわたって堅固な一枚岩と思われていたワルシャワ条約機構がほとんど一瞬のうちに瓦解したことは、世界中の人々に大変な衝撃を与えた。

当然、この事変については多くの著作が出版されており、本書もその一冊である。とはいえ本書は、ポーランドと米国の情報関係者を中心とした、大変動の渦中にいて水面下で動いていた人々の証言に基づいて書かれたものである。それだけに、これまであまり知られていなかった出来事や政治的駆け引きなどを、現場のなまなましい雰囲気とともに伝えてくれている。正統的な歴史書とはひと味違う、いわゆる「裏面史」ならではの面白さを備えた作品と言えよう。

著者のジョン・ポンフレットは報道記者として中国に長く駐在し、中国関連のノンフィクションを二作発表しているが、たまたま旧ユーゴスラヴィアの内戦を取材中にワルシャワでポーランドのスパイが活躍した作戦の噂を聞いて取材を始めたという。慣れない地域の仕事だったろうが、本書を書くにあたって取材対象の中心をスパイや元スパイたちに置くというアイディアを思いついたのは、百戦錬磨のジャーナリストならではファインプレーだった。一方、取材を受けたスパイたちのほうも多くが一線を引退し、なかにはその貢献度の割りに不遇な立場に置かれた人も少なくないという状況にあったので、普通なら口にしない事実や逸話を気前よく開陳して作品に豊かな素材を提供してくれたのではないかと想像できる。そうだとすれば、ポンフレットは運にも恵まれたことになる。

本書にはいくつか興味深いエピソードが紹介されているが、なかでも印象的な二つのエピソードについて簡単に触れておこう。

その一つ、湾岸戦争勃発直前にポーランド人スパイ、グロモスワフ・チェムピンスキが指揮をとり、米国政府の要請でバグダッドの米大使館から六人の米情報関係者を連れ出し、無事にトルコへ脱出させるまでの経緯は、スパイ小説も顔負けの手に汗握るサスペンスである。訳者は寡聞にしてこの話を知らなかったので話題のチャットGPTに訊いてみたが、そんなことは知らないとにべもなかった。ウィキペディアには本書のとおりの話が出ているが、よく読んでみると出典は本書の著者ポンフレットが書いた記事のようだから、知る人ぞ知る逸話なのかもしれない。

後記にもあるとおり、このエピソードは一九九九年にポーランドで映画化されている。タイトルは『砂漠の嵐作戦』。フィクションであるから、筋はポーランド人の元情報員がサダム・フセインの秘密警察に捕らわれた息子を救出に来るというストーリーになっているが、クレジットを見ると、きちんとグロモスワフ・チェムピンスキの名前が「コンサルタント」として載っていた。映画は未見だが、おそらく脱出シーンはチェムピンスキの体験をもとにしているのだろう。

ついでに言えば、この『砂漠の嵐作戦』を監督したヴワディスワフ・パシコフスキには二〇一四年に『ワルシャワ、二つの顔を持つ男』という作品がある。これもこの監督お得意のスパイものだが、主人公はなんと本書で何度も言及されるＣＩＡのポーランド人スパイ、リシャルド・ククリンスキだった。ソ連のチェコ侵攻をきっかけに進んで米国のスパイとなり、無報酬でワルシャワ条約機構の機密を盗み出したといわれる人物の活動を、実話をもとに描いた映画で、雪道のカーチェイスまで出てくるサービス満点の娯楽映画になっている。こちらは日本語版も出ているから興味のある方はご覧になったらいかがだろう。

もう一つの印象的なエピソードは、ＣＩＡの悪名高き秘密軍事施設「ブラック・サイト」の一件である。私事で恐縮だが、訳していて何となく既視感のようなものがあった。よく考えてみると以前企画し、編集にも関わった本の内容と一部かぶることに思い当たった。スティーヴン・グレイ『ＣＩＡ秘密飛行便――テロ容疑者移送工作の全貌』（平賀秀明訳、朝日新聞社、二〇〇七年）がそれで、長年にわたってＣＩＡがテロ容疑者を米国外に「レンディション（国家間移送）」し、現地で（拷問を含む）尋問を行い、拘禁していた事実を暴露した調査報道の本である。

中身を見直すと、本書でもお馴染みの「ガルフストリームⅤ」をＣＩＡが二十機あまり所有して秘密の輸送に使っていたと出ている。著者らは、全長十二メートル、十二名の乗客を三度の途中給油でほぼ全世界に運べるこのビジネスジェット機の一部が世界各地で不審な動きをしていることに気づき、その一万二千件にものぼる飛行記録を丹念に調べてＣＩＡの行った秘密作戦を暴いたのだ。

巻末にはガルフストリームの飛行記録の抜粋が載っており、二〇〇三年九月二十二日の項にはポーランドのシマニからルーマニアへの飛行が記されていた。本書の第十七章に出てくるアブ・ズベイダがグアンタナモに送られた日付とぴったり一致する。十数年を経て本のなかで歴史の同じ一幕に出会ったことは感慨深い体験だった。大部ではあるが、読み応えのあるノンフィクションなので、知識を深めたい方にはご一読をお勧めしたい。

本書は二〇二一年刊行のヘンリー・ホルト社版を全訳したものだが、著者の了解を得てごく一部二〇二二年のペーパーバック版の記述を採用した。第二十一章冒頭で、ロシアのウクライナ侵攻によって本書の内容が「突然今日的な意味を帯びるようになった」と書かれた部分などである。まさにその記述どおりで、今度の戦争を考えるうえで本書が何らかのヒントを与えてくれるのは間違いないだろう。

最後になったが、訳文の間違いや表記について、解説をお書きいただいた吉留公太先生から貴重なご指摘を受けた。また、ポーランド語の発音については成蹊大学の宮崎悠先生、ポーランド在住の音楽家・翻訳家の岩澤葵さんに大変お世話になった。ここに記して感謝申し上げます。

二〇二三年三月五日

染田屋茂

解説

吉留公太

ポーランドの国防相や外相を歴任したラドスワフ・シコルスキによれば、アメリカとの同盟関係は「カバと結婚するようなもの」であるという（一〇頁。以下、カッコ内のページは本書の該当箇所を示す）。それは次のような意味である。

最初は愛情豊かな、思わず抱きしめたくなるような存在だが、やがてくるりと背を向けると、相手を押しつぶし、それに気づきもしない（一〇頁）

本書が描く「カバとの結婚」の一例は、アメリカが「対テロ戦争」に伴い作った捕虜収容施設「ブラック・サイト」をポーランドが秘密裏に接受したことだ。施設ではおぞましい拷問が行われたが、ポーランド政府は知らぬふりをした。ところが、その後アメリカは一方的に施設の存在を暴露してしまい、ポーランド政府を窮地に陥れた（二八〇頁）。

アメリカとの力の差を示す例もある。冷戦期にアメリカをスパイしていたマリアン・ザハルスキが体制転換後のポーランド情報機関の長官を務めることを、アメリカはＮＡＴＯ加盟問題をちらつかせて阻んだ（二二〇頁）。一方でアメリカは、冷戦期にポーランド政府の情報をCIAに漏らしてアメリカに亡命したリシャルド・ククリンスキ元大佐の名誉回復を迫った（二三五頁）。

ポーランドとアメリカの同盟関係は、ポーランドが体制転換した一九八九年から数年のうちに形成された。本書はポーランドのスパイたちによる対米協力がその土台を作ったとみている。この裏付けとなるのが、綿密な取材をもとに描き出されたポーランドとアメリカの情報機関関係者たちの織り成す群像である。

体制転換後のポーランド政治や米・ポ関係を題材とした日本語の書籍の数は限られており、豊富な情報を持つ本書が邦訳されたことを歓迎したい。日米関係という「カバとの結婚」にしばしば戸惑うわたくしたちも本書から得ることは多いだろう。

なぜ、元スパイたちは取材に応じたのか

口が堅いはずの元スパイたちは、なぜ、本書の取材に応じたのであろうか。その動機は、彼らを利用しておきながら手のひらを返して圧迫するようになった政治状況に一矢を報いることにある。たとえば、一九九〇年に米兵をイラクから救出した「友好的なサダム」作戦（別称「シムーン（砂嵐）」作戦）を決裁したヘンリク・ヤシクや実行役グロモスワフ・チェムピンスキらは、その後、社会主義体制（以下「旧体制」）期の弾圧に関与した責任を問われて年金を減額された（二九〇頁）。「法と正義（P・i・S）」政権のマチェレヴィチ国防長官が減額を主導したのである。本書の「後記」にあるように、二〇一五年頃からチェムピンスキが取材に積極的になったことと、同じ年に「法と正義」政権の誕生したことが符合する

（三一二頁）。

本書の著者ジョン・ポンフレットも元スパイたちの処遇を憂慮している。同時にアメリカがポーランド政府に状況改善を働き掛けないことにも不満を抱いている。本書で体制転換期のポーランドとアメリカのスパイたちの活躍を詳述することで、彼らの功績の認知や旧体制関係者の包摂を呼びかけている。

ポーランド体制転換の変容と「過去の浄化」

しかし、この呼びかけに対するポーランド市民の反応は分かれている。学術用語では「移行期正義」、平たく言えば「過去の清算」を重視する人もいるからだ。実際、ポーランドでは旧体制の治安・情報機関などによる弾圧の責任追及——ポーランドでは「浄化」と呼ぶ——が大きな政治的争点になっている。[1]

当時存在していなかった罪を事後に問えないという法律の不遡及原則が存在する。だが、「浄化」に関わる「ポーランド国民に対する犯罪」はこの例外として扱われている（国民記憶院設置法第一章一条）。問題は「浄化」が政治の手段として濫用されやすいことにある。しかも、第二次世界大戦の戦勝国が主導した東京裁判やニュルンベルク裁判と異なり、ポーランド人が自国民を裁く「浄化」は一歩間違えば

（1）この問題については下記が参考になる。小森田秋夫「ポーランドにおける『過去の清算』の一断面——2007年の憲法法廷「浄化」判決をめぐって」『早稲田法学』第八七巻二号、二〇一二年、一二七～二〇八頁。梶さやか「『ポーランドとその過去——国民記憶院の活動」『カレントアウェアネス』No.318、二〇一三年一二月、二～四頁。吉岡潤「ポーランド——国民記憶院」、橋本伸也編『せめぎあう中東欧・ロシアの歴史認識問題——ナチズムと社会主義の過去をめぐる葛藤』ミネルヴァ書房、二〇一七年、五五～六七頁。

同胞どうしの魔女狩りになりかねない。それでも「浄化」を推進した政治家たちは目先の損得を重視したのだ。

ただし、「浄化」が政治争点化した原因の一端は、ポーランドの体制転換を導いた一九八九年四月の「円卓会議」の合意にも求められる。この合意は円滑な体制転換を約束した一方で、旧体制の権力を温存する欠点を抱えていた。この欠点は世論の許容範囲を超えていたのである。

円卓会議は、政府側のキシチャク内相と反体制側を代表する「連帯」のレフ・ワレサ（ヴァウェンサ）との協議をもとに発足し、政治、社会経済、労組に関する合意を形成した。円卓会議の合意は、新旧体制の指導層がしばらく共存する統治を想定していた。「連帯」は権力を握る準備が十分ではなかったため、旧体制を率いるヤルゼルスキを大統領として公職に留めてソ連の横やりを防ぎ、旧体制関係者の反動を抑えることを期待したのである[2]。しかも、非合法時代の「連帯」を支援してきたアメリカが穏健な権力移行を求めたという外圧も無視できなかったのである[3]。

こうして行われた一九八九年六月の議会選挙は限定的な自由選挙であった。上院は全議席が自由選挙であった。しかし、実質的な権限を持つ下院の自由選挙枠は一六一議席に限定されており、全四六〇議席うちの約三五％にすぎなかった。それでも第一回投票で「連帯」系の候補者は、上院の全一〇〇議席中の九二議席、下院の自由選挙枠の一六〇議席を獲得し、第二回投票でさらに議席を積み増した。抜本的な体制転換を支持する民意が明示されたのだ。

そのため、旧体制側の権力を温存する円卓会議の路線は動揺した。ヤルゼルスキの大統領選出すら危うくなったため、駐ポーランド米大使ジョン・デイヴィスらが「連帯」系議員を説得して何とか選出にこぎつけた。ところが、大統領となったヤルゼルスキは、キシチャク内相に首相を兼任させて旧体制側による権力維持の姿勢を見せた（八六頁）。

「連帯」内部では円卓会議の路線を見直す声が高まった。当時ワレサの側近であったヤロスワフ・カチンスキは統一労働者党（共産党）の排除を進言した。ワレサはこの助言を採用し、ヤルゼルスキ大統領に「連帯」出身のマゾヴィエツキを首相に指名させた。

しかし、一九八九年八月に発足したマゾヴィエツキ政権は体制転換の前と後との間に「太い線」を引くと表現して、旧体制のエリートの過去を問わない形で留任させた（八七頁）。

治安・情報機関を統轄する内務省の人事にもこの原則が適用された。新政権発足から約十カ月の間、キシチャク内相が留任して治安・情報機関を指揮しており、「連帯」出身のコズウォフスキに交代したのは一九九〇年七月のことであった。旧体制に批判的な勢力は、この間に弾圧の記録が隠滅されたことを疑った。また、情報機関の対米協力の目的は組織の生き残りにあると冷ややかにうけとめた。

マゾヴィエツキ政権は、人事だけではなく経済政策でも「連帯」支持者の神経を逆なでにした。経済の「ショック療法」（バルツェロビッチ計画）を進め、雇用の安定よりもマクロ経済の指標の改善を重視したのである。[4] ショック療法は数年後に経済成長をもたらしたが、大量の失業者も生み出した。

（2）政局の変動と憲法問題は下記に詳しい。松里公孝『ポスト社会主義の政治――ポーランド、リトアニア、アルメニア、ウクライナ、モルドヴァの準大統領制』筑摩書房、二〇二一年。

（3）ブッシュ（父）政権の動きは下記に詳しい。Gregory F. Domber, *Empowering Revolution: America, Poland, and the End of the Cold War*, Chapel Hill, NC: The University of North Carolina Press, 2014.

マゾヴィエツキ首相の出身母体である「連帯」は、労働者の生活防衛のために結成されたはずであった。当然ながら「連帯」内部に亀裂が走り、政界全体が不安定化した。議会によって大統領に選出されたヤルゼルスキは、政界を制御しうる民主主義的な権威が欠けていることを自覚して大統領の任期を返上し、国民が直接大統領を選ぶことになった。

こうしてワレサが大統領に当選したが、その在任中（一九九〇年十二月～一九九五年十二月）に「連帯」系の諸勢力は多党分裂の道をたどり、新旧体制間の緊張も高まった。多面的な権力闘争を背景として大統領と首相との権限争いが深刻化し、それと連動する形で「過去の清算」が政争の火種になったのである。

「過去の清算」が政争化したはじめの事案は、ワレサの過去に対する疑惑であった。一九九二年六月にオルシェフスキ政権は旧体制期の治安・情報機関の協力者を暴露した。その中にワレサが含まれていたのである。ワレサは疑惑を否定してオルシェフスキ首相の解任を議会に求め、不信任決議が可決されてオルシェフスキは辞任した（二〇九頁）。

協力者の暴露を主導したのは内相のアントニ・マチェレヴィチであった。先述した元スパイへの年金減額を後に主導した人物である。現在、マチェレヴィチは「法と正義」の副党首を務めており、同党を創設したヤロスワフ（兄、元首相）とレフ（弟、二〇一〇年四月、大統領在任中にロシアでの航空機事故で死去）のカチンスキ兄弟とも親しい。マチェレヴィチは、オルシェフスキやカチンスキなど「連帯」出身の右派が「浄化」やナショナリズムを強調する際の実動を担ってきたのである。マチェレヴィチは、最近もドイツによる戦時賠償を求めたり、中東からの難民受け入れを拒んだりする声を上げている。さらに、レフ・カチンスキ大統領の亡くなった航空機事故の調査委員長として、事故の背景にロシアによる暗殺の企てがあったと主張している。

大統領と首相の権限争いに戻ろう。一九九三年の議会選挙で「連帯」系諸派は議席を減らした。第一党となったのは旧統一労働者党（共産党）の後継である「民主左翼連合（SLD）」（政党連合、のちに政党化）であった。民主左翼連合は旧統一労働者党の衛星政党であった農民党と連立政権を発足させた。ワレサ大統領と首相の対立は再び鋭くなった。

一九九五年十一月の大統領選挙でワレサは再選に失敗した。当選したのは民主左翼連合のクファシニェフスキであった。この局面で、今度はワレサが「過去の清算」を用いて民主左翼連合を攻撃した。一九九五年末に大統領任期が終わる直前、ワレサは「連帯」出身のミルチャノフスキ内相（当時の暫定憲法では内務、外務、国防大臣の任命は大統領の同意事項）と連携して、民主左翼連合のオレクスィ（オレクシ）首相が旧ソ連KGBのスパイであったと糾弾した。オレクスィは疑惑を否定したが辞任に追い込まれた（二三二〜二三四頁）。

ワレサの大統領在任中に起きた一連の政争を踏まえて、ポーランド議会では大統領と首相の権限分配を整理すべきとの判断が大勢を占めるようになった。一九九二年の暫定憲法（通称「小憲法」）と一九九七年の新憲法制定により、次第に大統領側の権限が制約された。

（4）この経緯は下記が参考になる。田口雅弘『第三共和国の誕生――ポーランド体制転換　一九八九年』群像社、二〇〇一年。家本博一『ポーランド「脱社会主義」への道――体制内改革から体制転換へ』名古屋大学出版会、一九九四年。

ヤルゼルスキとワレサの偶像破壊

ところが、首相と大統領の権限争いに連動していた「過去の清算」の動きは収束しなかった。この背景には一九九〇年代後半から二〇〇〇年代前半の政界構図があった。

一九九五年末から二〇〇五年末まで大統領は民主左翼連合のクファシニェフスキであり、議会の多数派を民主左翼連合と「連帯」系の諸派が争った。そこで「連帯」系の諸派が「浄化」の法制化を推進し、旧統一労働者党（共産党）の流れをくむ民主左翼連合を牽制したのである。民主左翼連合は旧体制期との非連続性を示すため「浄化」を拒みにくかった。

一九九七年には、旧体制期の情報機関の資料維持や実態の調査等に関する一連の法律（「浄化法」）が制定された。一九九八年には、ナチ占領期や旧体制期のポーランド国民に対する弾圧について調査、記録、訴追する機関として「国民記憶院（機構）」を設置する法律が制定された。二〇〇七年には公職者の前歴調査も国民記憶院の任務に加えられた。

「浄化」法制を推進したのは、当時カチンスキ兄弟の参画していた政党連合「連帯選挙行動（AWS）」であった。AWSは一九九七年九月の議会選挙で第一党となったが、寄り合い所帯のため政権は長続きしなかった。二〇〇〇年代に入ると「連帯」系政治勢力は、カチンスキ兄弟らが結党した右派ポピュリスト寄りの「法と正義」とやや中道寄りの「市民プラットフォーム（PO）」に整理されていった。現在の政局はこの二大政党の競合を中心に展開しており、民主左翼連合の党勢は衰えていった。

「法と正義」は二〇〇五年九月の議会選挙で第一党となり、さらに翌月の大統領選挙でも勝利した。同党が首相と大統領の座をともに押さえている状況は二〇〇七年後半までつづいた。そして二〇〇七年十一月から二〇一五年十一月までの市民プラットフォーム主導の連立政権を挟んで、「法と正義」が再び大統領と首相の双方を輩出して現在に至っている。

このうち二〇〇五年秋からの「法と正義」主導の連立政権では、レフ・カチンスキが大統領、ヤロスワフ・カチンスキが首相を務める局面も出現した。この政権で再び公職に就いたマチェレヴィチ国防副大臣は、ポーランド軍情報局（ＷＳＩ）の協力者リストを暴露して組織の弱体化を図った（二八六頁）。さらに国民記憶院は、一九八一年の戒厳令の責任を問う形でヤルゼルスキ元大統領ら旧体制幹部を告発した。

一九八一年の戒厳令の責任を問われた裁判で旧体制幹部たちは、ソ連の主導するワルシャワ条約機構の軍事介入を防ぐために戒厳令を布告したと主張した。二〇一二年一月の一審判決は、カニャ元統一労働者党第一書記を無罪、健康状態を理由にヤルゼルスキを不問としたが、キシチャク元内相（在任一九八一〜一九九〇年、「円卓会議」政府側の主導者）を執行猶予付きの有罪とした。キシチャクは控訴したが二〇一五年六月に有罪が確定した。二〇一四年にヤルゼルスキは亡くなり、二〇一五年十一月にはキシチャクも生涯を閉じた。戒厳令に関する歴史解釈は定まっていないが、ヤルゼルスキ政権のイメージに傷がついたことは確かであった。

さらにワレサの過去も「浄化」の対象になっている。二〇〇〇年の前歴裁判は、当時存在した証拠をもとに、ワレサと旧体制期の内務省公安局（ＳＢ）との関係を「白」と判定した。しかし二〇一六年二月に国民記憶院は、ワレサが一九七〇年から七六年にかけてＳＢの情報提供者であったことを疑わせる証拠をキシチャク元内相の遺した文書類から見つけたと発表し、翌年には筆跡鑑定をもとにワレサがSBの協力者であったと結論づけた。ワレサは反論しており論争は現在も続いている。

体制転換から三十年あまりを経てポーランド政界の価値観は変化した。はじめは体制転換や西側への接近を導いた功労者を重用したが、いまや旧体制下で彼らのなした行為を糾弾しているのである。元スパイたちもこの価値の変化に翻弄されているのだ。

なぜ、ポーランドの情報機関は対米協力を進めたのか

本書の理解を深めるため、「過去の清算」のほかにもう二点論じておきたい。一つは、ポーランド情報機関による対米協力の実相であり、もう一つは、NATO拡大の経緯である。

ここでは対米協力の実相について考えてみよう。読者の中には、ポーランド情報機関がNATO加盟の道を拓くことを動機として活躍し、アメリカがその実績を認めてポーランドのNATO加盟が実現したとの印象を抱いた方もいるだろう。しかし、ポーランド情報機関による対米協力とNATO加盟との結びつきは直接的なものではない。そもそも本書によれば、ポーランドと同時にNATO加盟国となったハンガリーやチェコの情報機関とCIAとの連携は深まらなかったのである（九二頁、一二九頁）。

それでは、ポーランドの情報機関は何を動機にして対米協力を始めたのであろうか。本書によれば次の三つの動機があった。一つ目は、現状のポーランド国境を西ドイツに確認させる。二つ目は、情報機関の職務を維持するという組織防衛である。三つ目は、非合法時代の「連帯」がCIAに支援を受けたことによるしがらみである。

それぞれの動機について、本書が紹介している具体的な作戦を通して確認してみよう。

一つ目の動機は「統一作戦」を起案した経緯によく示されている。第一局のデルラトカが一九八八年に「統一作戦」を構想した目的は、西ドイツとソ連に水面下でドイツ統一を取引させないことにあった。西ドイツが対ソ経済支援と引き換えに東西ドイツ統一を実現すれば、西ドイツにポーランド国境を確認させる国際的な機会を失うからであった。統一したドイツはいずれ国境問題を蒸し返すであろうし、そうなればポーランドは安全をソ連に依存せざるをえなくなると恐れたのである（七八頁）。

つまり「統一作戦」の動機は国境問題にあった。ＮＡＴＯやＥＣへの加盟、アメリカへの接近を語ることは、独ソ接近を妨害する手段として構想されたにすぎない。これらの手段を通じて達成すべき目標は西ドイツにポーランド国境を認めさせることである。

ポーランド国境問題を少し整理しておこう。ポーランドは第二次世界大戦中にナチ・ドイツとソ連に分割された。終戦後もソ連は戦中に分割した旧ポーランド領の大半を返還せず、代わりに旧ドイツ帝国東部領土の多くを新たなポーランド領とした。これによりいわゆる「オーデル・ナイセ線」がポーランド西部国境となった（七二～七四頁、一〇四頁）。

ドイツは戦勝四カ国（アメリカ、イギリス、フランス、ソ連）の占領を経て東西に分裂した。このうち東ドイツは、ポーランド西部国境を両国の国境として受け入れた。西ドイツは、一九七〇年にポーランドと国交を結んだ際のワルシャワ条約で「オーデル・ナイセ線」を「ポーランド人民共和国の西部国境」として確認した（七四頁）。

しかしポーランドは安心していなかった。西ドイツは、ナチが本格的に対外侵略する前の旧ドイツ帝国の後継国家と自らを位置づけており、その領土――東西ドイツと旧東部領土を含む――の「再統一」を目指すことを建前にしていたからである。言い換えれば、ドイツを「再統一」する際には国境を交渉し直すべきという立場を捨てていなかったのである。

国境問題に関する西ドイツのかたくなな姿勢の背景には、第二次世界大戦末期から終戦後にかけて旧ドイツ帝国東部領土を含む東欧各地から膨大な数のドイツ人が追放され、そのうち約八〇〇万人が西側のドイツ占領地域（後の西ドイツ）に逃れ着いたという事情があった。これらの被追放民は、西ドイツの保守政党であるキリスト教民主同盟・社会同盟（CDU／CSU）に一定の影響を持った。[5] デルラトカが「統一作戦」を構想したときの西ドイツの首相はCDU／CSUのヘルムート・コールであった。

第一局の責任者になったヤシクが「統一作戦」の実行を認めたのは、一九八九年十一月にベルリンの壁が崩壊した直後であった。東ドイツは衰弱しており、その後ろ盾であったソ連も西側からの経済支援を欲していた。デルラトカの恐れた状況に一歩近づいたのだ。

その後、一九九〇年二月に東西ドイツと戦勝四カ国は「2＋4」（ツー・プラス・フォー）枠組みを発足させ、ドイツ統一問題を協議することになった。ポーランドは、西ドイツがポーランド西部国境の不動性を確認するようにアメリカの圧力を頼みつつ、イギリス、フランス、ソ連にはドイツ統一を牽制する材料としてポーランド西部国境問題を売り込んだ。

一九九〇年三月にマゾヴィエツキ首相が訪米した際、ソ連在住のユダヤ系市民を移送する「橋作戦」を実行する意思をアメリカに伝達した。このときマゾヴィエツキがアメリカに求めたこともポーランド国境問題に関する協力であった（一〇三頁）。結果的に、ポーランドはドイツ国境を議題とした際の「2

＋4」外相会議への参加を認められた。西ドイツも現状のポーランド西部国境が最終的なものと確認して、旧ドイツ帝国東部領土に対する主張を放棄した。この結論を一九九〇年秋に獲得するまで、ポーランド政府は総力を挙げて粘り強い外交を展開していたのである。[6]

二つ目の動機である組織防衛の論理は、本書の以下の部分によく示されている。

一九九〇年一月のワルシャワでは、第一局がハンガリーの出来事を警告と受け止めていた。そこから引き出せる結論は一つだけだった。すなわち、ポーランド情報機関の最上層部はCIAの協力要請に応じるべきであり、でないと厄介な事態に巻きこまれる。（九三頁）

「ハンガリーの出来事」とは、対米協力に慎重な内務省高官が失脚した経緯を指す。「厄介な事態」とは、ポーランドでも情報機関に対する粛清が起こることを意味している。

本書の紹介するさまざまな作戦についても、ポーランド情報機関の動きは必ずしもNATO加盟という動機と結びついていない。NATO加盟を追求せよという政府中枢の指令に情報機関が従ったのではなく、情報機関の判断で作戦を決断しているからである。

ポーランドの西側接近をほのめかす「統一作戦」やイラクでの「友好的なサダム」作戦の準備が、その具体例である（八一頁、一六二頁）。機動緊急対応作戦グループ（GROM）が旧ユーゴスラヴィア紛

（5）被追放者に関する諸問題は下記を読むと理解が深まる。佐藤成基『ナショナル・アイデンティティと領土——戦後ドイツの東方国境をめぐる論争』新曜社、二〇〇八年。
（6）この問題については下記文献の第6章に詳しい。板橋拓己『分断の克服 1989-1990——統一をめぐる西ドイツ外交の挑戦』中央公論新社、二〇二二年。

争の戦犯を捕縛する「小さな花作戦」を実行した際も、GROMのキタ少佐は「ワルシャワの指揮官にはいっさい報告しなかった」という（二四一頁）。このように、文民統制を軽視しかねない組織文化がポーランド情報機関に継承されているのである。文化の継承は組織防衛にある程度成功した証である。

三つ目の動機であるアメリカとのしがらみは、一九九〇年十月に米兵をイラクから救出した「友好的なサダム」作戦を決断した理由に明らかである。

「連帯」出身のミルチャノフスキ国家保護（擁護）庁（UOP）長官は、この作戦を決断した理由を次の三点にまとめている。（一）ポーランド国内での情報機関に対する粛清を止められる功績を必要としていた。（二）「連帯」は旧体制期にCIAから支援を受けており（CIAの作戦コードネームQRHELPFUL）、ミルチャノフスキ曰く「彼らには借りがある」状態であった。[7]（三）UOPとCIAの連携を深化させたかった（一六一頁）。

右記の（二）について、CIAは「連帯」を支援していただけでなく、その敵役であった旧体制期の情報機関にも浸透してソ連のスパイの情報まで把握していたという（一三一頁）。CIAは「連帯」出身の新政府幹部に対しても、旧体制から留任した情報機関職員に対しても優位に立っていたのである。それゆえCIAは、UOPの教育だけではなく運営方針にすら口を出すことができた。たとえば、ミルチャノフスキがUOP長官に就いた当初、旧体制関係者への報復を考えていたという。しかし、CIAのポーランド通ジョン・パレヴィッチは「やんわりと圧力をかけて」、ミルチャノフスキを「正しい方向に導いた」という（一三三頁）。しかも「友好的なサダム」作戦の準備開始は、CIAの依頼を受けたその日のうちに、ミルチャノフスキ長官が内相や首相に相談せずに認めたのである（一六二頁）。

どうりでポーランドのナショナリストは情報機関に冷たいはずである。彼らは、かつてポーランドを併合したドイツやロシア（ソ連）とつながる国内勢力を警戒するだけでなく、アメリカ、ＥＵ、ＮＡＴＯに同化しかねない勢力にも猜疑心を抱いているのだ。

ＮＡＴＯ東方拡大を規定した要因

それではＮＡＴＯ拡大の経緯に移ろう。ＮＡＴＯ東方拡大と加盟希望国の動きの間に関係がなかったわけではない。しかし、拡大の時期や規模をより強く規定したのは米欧関係、米ロ関係、やや限定的だがアメリカ国内政治という三つの要因であった。ＮＡＴＯは一九九七年七月のマドリード首脳会議でポーランド、チェコ、ハンガリーを対象国として拡大をすすめる方針を決定した。この決定のタイミングと三つの要因の関係を考えてみよう。

アメリカがＮＡＴＯ東方拡大の検討をはじめたのは、ブッシュ（父）共和党政権期の一九九〇年二月であった。その後一九九二年六月のＮＡＴＯオスロ外相会議でイーグルバーガー国務副長官が東方拡大する意思を公にした。主な動機は、市場統合とともに安全保障面の対米自立傾向も見せていたヨーロッパ諸国を牽制することにあった[8]。当時のロシアは西側の経済支援を命綱にしており、冷戦期のソ連のような脅威とは見なされていなかった。

（7）ＣＩＡの「連帯」支援作戦は下記に詳しい。Seth G. Jones, *A Covert Action: Reagan, the CIA, and the Cold War Struggle in Poland*, New York: W.W. Norton & Company, 2018.

米欧対立は一九九〇年代はじめのアメリカ外交の懸案事項であった。一九九一年に旧ユーゴ連邦が崩壊して各地で紛争が起こると、ヨーロッパ諸国は国連とともに和平を斡旋した。しかもヨーロッパの高官の中には、旧ユーゴ問題への関与を対米自立の足掛かりにする意図を隠さないものもいたのである。[9]一九九二年に旧ユーゴのボスニア・ヘルツェゴビナ紛争が本格化すると、ヨーロッパ側はさらに関与を深めていった。これに対してアメリカは、NATO拡大の意思を表明することで在欧米軍とNATOの重要性を強調したのである。

一九九三年一月に民主党のクリントン政権が誕生すると、アメリカはヨーロッパと国連の斡旋したボスニア和平案よりもNATOによる空爆と武器支援による戦況の操作を重視するようになり、米欧対立はさらに深刻になった。[10]旧ユーゴのボスニア紛争についての米欧対立を解決しない限り、NATO拡大に関する既存加盟国の合意を形成することは困難であった。

同じ頃、中東欧諸国はNATOの対ロ抑止機能に期待を高めていた。一九九三年九月のロシア議会砲撃事件、同年十二月のロシア下院選でジリノフスキー党首率いる極右政党「自由民主党」と共産党が躍進したことなど、ロシアの政情に中東欧諸国はおびえていた。

しかし、アメリカはNATO拡大を支持しつつも、ロシアも含む旧東側諸国との間で「平和のためのパートナーシップ」（PfP）による信頼醸成を優先した。[11]先述した米欧対立に加え、ロシアを懐柔しなければ欧州安全保障の不安定性が高まると計算したのである。このように、NATO東方拡大のあり方を規定したもう一つの要因は米ロ関係であった。[12]

米ロ関係の懸案の一つは、一九九〇年のドイツ統一交渉でベイカー（べーカー）国務長官の行った発言であった。それは、統一ドイツのNATO帰属と引き換えにNATOの管轄を一インチも東に拡大しないというものであった（二一一頁）。この発言の拘束力についてはさまざまな議論がある。しかし外交の実務においては、この発言を含むドイツ統一交渉の経緯をロシアに都合よく利用させないため、NATO東方拡大の前に米ロ間で利害調整をすることが得策であった。また、ウクライナなどロシア以外の旧ソ連構成国に配備された核兵器の撤廃や、旧東ドイツを含む東欧駐留旧ソ連軍の撤退完了も重要であった。一九九四年末にロシア軍が武力行使を本格化したチェチェン紛争の収束も望まれた。

新規NATO加盟国の選別については、アメリカ議会上院の動向も重要であった。NATO拡大を含む条約を批准する権限を有しているからである。コジミンスキ駐米ポーランド大使が一九九四年春に任命されたときの見立てでは、アメリカ上院はNATO拡大に消極的であった。この状況を克服するために情報機関の活動に着目したという（二二六頁）。

（8）最新の史料を反映した研究論文として下記がある。Joshua R. Shifrinson, "NATO Enlargement and US Foreign Policy: The Origins, Durability, and Impact of an Idea," *International Politics*, Volume.57, Issue 3, 2020, pp.342-370.

（9）旧ユーゴ崩壊前後の米欧対立は下記に詳しい。Josip Glaurdić, *The Hour of Europe: Western Powers and the Breakup of Yugoslavia*, New Haven, CT: Yale University Press, 2011.

（10）対立の様相は下記で概観した。吉留公太「メイジャー政権の国際秩序構想とその挫折―ボスニア紛争への国連関与をめぐる英米対立」、『国際政治』一七三号、二〇一三年、七一～八三頁。

（11）NATO東方拡大の経緯は下記に詳しい。Ronald D. Asmus, *Opening NATO's Door: How the Alliance Remade Itself for A New Era*, New York: Columbia University Press, 2002.

（12）米ロ関係の展開は下記に詳しい。Mary Elise Sarotte, *Not One Inch: America, Russia, and the Making of Post-Cold War Stalemate*, New Haven, CT: Yale University Press: 2021.

ただし、すでに一九九四年十一月の中間選挙以降、ポーランドを含むNATO東方拡大はアメリカ政界のコンセンサスになっていた。この選挙で共和党が上下両院の多数を制し、その選挙公約集「アメリカとの契約」はポーランドを含むNATO拡大を支持したのである。一九九六年十一月の大統領選挙で共和党のドール候補は、ポーランドを含むNATO拡大を訴えてポーランド系アメリカ人の集票を試みた。再選を目指していたクリントン陣営もこれを看過できなかった。[13] クリントン政権の国家安全保障会議に勤めていたダニエル・フリードによれば、ポーランド情報機関の活動を知ってNATO拡大支持に転じた上院議員が「何人かいた」という（二二六頁）。ポーランド情報機関の及ぼした影響は限られていたのだ。

米欧対立の争点であった旧ユーゴのボスニア紛争は、NATOの空爆を伴って一九九五年末に終結した。在欧米軍とNATOの重要性を再確認して米欧対立はひとまず収束し、NATO加盟国は東方拡大に向けての検討を進めることで一致した。

ロシアと旧ソ連については、一九九四年に在欧旧ソ連軍の撤退が完了し、同年末にはウクライナを非核化する「ブダペスト覚書」を交した。一九九六年八月にはチェチェン紛争の停戦合意が成立した。NATO拡大に関する米ロの利害調整は、ロシア国内の反NATO感情に配慮して一九九六年夏の大統領選挙でエリツィンが再選されるまで先送りされた。エリツィンが再選されると交渉は加速し、一九九七年五月に「NATOロシア基本文書（議定書）」がまとまった。ロシアはNATO拡大を容認し、NATOは新規加盟国に核兵器を配備しない方針を示した。この合意と並行して西側はロシアに経済支援を提供した。

こうして一九九七年七月のＮＡＴＯ首脳会議で東方拡大を進める方針と対象国を決定し、加盟国予定国との交渉やアメリカを含む各国での批准手続きを経て、一九九九年三月にポーランド、チェコ、ハンガリーのＮＡＴＯ加盟が実現したのである。

本書に登場する元スパイたちの人生は起伏に富み、冒険譚は魅力にあふれている。だが、秘密工作や情報戦の修羅場をくぐり抜けてきたツワモノたちの言動には裏があるはずだ。元スパイたちは自らに好印象を抱かせるために取材に応じている。読者は、元スパイたちの証言の真意や背後関係を見定める情報分析力を試されているのだ。本書は夢中でページを繰る没入感だけでなく、行間を読む愉しみも与えてくれる。

二〇二三年三月

（神奈川大学教授）

（13）ＮＡＴＯ拡大と米国内政治の連関は下記を参照。James M. Goldgeier, *Not Whether but When: the U.S. Decision to Enlarge NATO*, Washington D.C.: The Brookings Institution Press, 1999.

原註

第1章　虚飾の街の諜報活動

(1)　マリアン・ザハルスキへのインタビュー。ヴヴェイ、スイス。2018年11月11日。

(2)　ジェラルド・R・フォードとジミー・カーターの大統領選挙討論会、1976年10月6日、https://www.fordlibrarymuseum.gov/library/speeches/760854.asp.

(3)　IPN BU 2333/2: エージェント「ペイ」(マリアン・ザハルスキ)の機密解除ケースファイル――Marian Zacharski, Archives of the Institute of National Remembrance, Warsaw.

(4)　Marian Zacharski, *Nazywam się Zacharski. Marian Zacharski. Wbrew regułom* (Poznań: ZYSK I S-KA, 2009).

(5)　Mirosław Sikora, "Cooperating with Moscow, Stealing in California: Poland's Legal and Illicit Acquisition of Microelectronics Knowhow from 1960 to 1990," in *Histories of Computing in Eastern Europe*, ed. Christopher Leslie and Martin Schmitt (New York: Springer, 2019), 165–95.

(6)　Piotr Pytlakowski, *Szkoła Szpiegów (Spy School)* (Warsaw: Czerwone i Czarne, 2011).

(7)　*Time* magazine, February 6, 1978, 16.

(8)　マリアン・ザハルスキへのインタビュー。ヴヴェイ、スイス。2017年10月9日。

第2章　誰かテニスを？

(9)　IPN BU 2333/2:エージェント「ペイ」(マリアン・ザハルスキ)の機密解除ケースファイル。Marian, Zacharski, Archives of the Institute of National Remembrance, Warsaw.

(10)　Penelope McMillan and Evan Maxwell, "L.A. Spy Suspect Caught in Web of Debt," *Los Angeles Times*, July 9, 1981.

(11)　*Meeting the Espionage Challenge: A Review of United States Counterintelligence and Security Programs*, Report of the Select Committee on Intelligence, US Senate, Report 99–522 (Washington, DC: US Government Printing Office, 1986).

(12)　Marian Zacharski, *Nazywam się Zacharski. Marian Zacharski. Wbrew regułom* (Poznań: ZYSK I S-KA, 2009).

(13)　IPN BU 2333/2: エージェント「ペイ」(マリアン・ザハルスキ)の機密解除ケースファイル。Marian, Zacharski, Archives of the Institute of

National Remembrance, Warsaw.
(14) マリアン・ザハルスキへのインタビュー。ヴヴェイ、スイス。2017年10月9日。
(15) "A Modern American Tragedy," *60 Minutes*, CBS, March 14, 1982, https://vimeo.com/74330429.
(16) *Soviet Acquisition of Western Technology*, Central Intelligence Agency, Washington, DC, April 1982; declassified May 15, 2006.
(17) *Security Awareness in the 1980s: Feature Articles from the Security Awareness Bulletin, 1981 to 1989*, Security Awareness Division, Educational Programs Department, Department of Defense Security Institute, Richmond, Virginia, 1989.
(18) マリアン・ザハルスキへのインタビュー。ヴヴェイ、スイス。2017年10月9日。
(19) IPN BU 01824/139: マリアン・ザハルスキ放免のための活動の機密解除ケースファイル。Archives of the Institute of National Remembrance, Warsaw.
(20) IPN BU 2333/2: エージェント「ペイ」(マリアン・ザハルスキ)の機密解除ケースファイル。Marian, Zacharski, Archives of the Institute of National Remembrance, Warsaw.
(21) Witold Bereś and Jerzy Skoczylas, *Generał Kiszczak Mówi . . . Prawie Wszystko (General Kiszczak Tells . . . Almost All)* (Warsaw: BGW, 1991), 188.
(22) IPN BU 3246/535:「ユーコン」作戦の機密解除ケースファイル。Archives of the Institute of National Remembrance, Warsaw.

第3章　米国の熊

(23) ジョン・パレヴィッチへのインタビュー。ベルヴュー、ワシントン州。2018年7月3日。
(24) IPN BU 01903/2: ジョン・パレヴィッチの個人ファイル。Archives of the Institute of National Remembrance, Warsaw.
(25) "Halberstam of the Times Marries Polish Actress," *New York Times*, June 14, 1965, 44.
(26) Philip Agee and Louis Wolf, eds., *Dirty Work: The CIA in Western Europe* (New York: Dorset Press, 1978), 162.
(27) バートン・ガーバーへのインタビュー。ワシントンDC。2018年3月30日。
(28) Leszek Szymowski, "Deserters in a Risky Game," *Onet Wiadomści*, August 3, 2010, https://wiadomosci.onet.pl/na-tropie/dezerterzy-w-ryzykownej-grze/0wfgk.
(29) "Favors from a Cold War," *Time*, February 20, 1995, 30.

(30) トマシュ・アヴワセヴィチへの電話インタビュー。2021年3月15日。John Darnton, "Poles Describes 9 as Agents of C.I.A.," *New York Times*, January 29, 1982, A10, https://www.nytimes.com/1982/01/29/world/poles-describe-9-as-agents-of-cia.html.

(31) クサヴェルィ・ヴィロジェムスキの父親（同名）もCIAの局員で、1967年にコンゴでの任務で命を落とし、2016年5月28日にラングレーのCIA本部に、星付きで正式な局員として名前が掲示された。

(32) ヴァルデマル・マルキエヴィチとクサヴェルィ・ヴィロジェムスキへのインタビュー。ワルシャワ、ポーランド。2019年5月8日。

(33) IPN BU 2333/2: エージェント「ペイ」（マリアン・ザハルスキ）の機密解除ケースファイル。Marian Zacharski, Archives of the Institute of National Remembrance, Warsaw.

(34) Marian Zacharski, *Nazywam się Zacharski. Marian Zacharski. Wbrew regułom* (Poznań: ZYSK I S-KA, 2009).

第4章　告白

(35) 犯罪事件ファイル　1907－1993、カリフォルニア中部地区連邦地方裁判所、フォルダータイトル81－679、ボックス№129。Criminal Case Files, 1907–1993, US District Court for the Central District of California, Folder Title, 81–679, Box No. 129, National Archives and Record Administration, The National Archives at Riverside.

(36) "A Modern American Tragedy," *60 Minutes*, March 14, 1982, https://vimeo.com/74330429.

(37) Scott Winokur, "Obstacles at Every Turn in Bringing Spy to Justice," *San Francisco Examiner*, September 1, 1987, A1.

(38) 同前、A4.

(39) Blaine Harden, "Jaruzelski to Resign, Urges Prompt Vote," *Washington Post*, September 20, 1990, https://www.washingtonpost.com/archive/politics/1990/09/20/jaruzelski-to-resign-urges-prompt-vote/8c65e598-4d4d-4dfe-a6a6-fe5f5ac41775/.

(40) 犯罪事件ファイル　1907－1993、カリフォルニア中部地区連邦地方裁判所、フォルダータイトル81－679、ボックス№4。Criminal Case Files, 1907–1993, US District Court for the Central District of California, Folder Title, 81–679, Box No. 4, National Archives and Record Administration, The National Archives at Riverside.

(41) エドワード・スターダムへのインタビュー。サンフランシスコ。2019年12月5日。

(42) William Overend, "3 Deny Guilt in Sale to Soviets of FBI Secrets," *Los Angeles Times*, October 23, 1984, 1.

(43) *Meeting the Espionage Challenge: A Review of United States*

Counterintelligence and Security Programs, Report of the Select Committee on Intelligence, US Senate, Report 99–522 (Washington, DC: US Government Printing Office, 1986).
(44) 同前。
(45) ジョン・パレヴィッチへのインタビュー。ベルヴュー、ワシントン州。2017年11月30日。

第5章　スパイの橋

(46) ザハルスキの案件の処理を手伝ったリシャルド・トマシェフスキへのインタビュー。2017年10月10日。
(47) Tomasz Awłasewicz, *Łowcy szpiegów: Polskie służby kontra CIA (Spy Hunters: Polish Services vs. the CIA)* (Warsaw: Czerwone i Czarne, 2018), 135–36.
(48) ジョン・コーンブルムへのインタビュー。ベルリン、ドイツ。2019年5月4日。
(49) 同前。
(50) George E. Curry, "US Swaps 4 Spies for 25 Prisoners," *Chicago Tribune*, June 12, 1985.
(51) 同前。
(52) IPN BU 01824/139: マリアン・ザハルスキ放免のための活動の機密解除ケースファイル。Archives of the Institute of National Remembrance, Warsaw.
(53) Lech Wałęsa, *The Struggle and the Triumph: An Autobiography* (New York: Arcade Publishing, 1992), 108.
(54) Przemysław Gasztold, "Polish Military Intelligence and Its Secret Relationship with the Abu Nidal Organization," in *Terrorism in the Cold War: State Support in Eastern Europe and the Soviet Sphere of Influence*, eds. Adrian Hänni, Thomas Riegler, and Przemysław Gasztold (London: I. B. Tauris, 2020), 85–106.
(55) Elaine Sciolino, "US Says Poland Aided Terrorists," *New York Times*, January 25, 1988, https://www.nytimes.com/1988/01/25/world/us-says-poland-aided-terrorists.html.
(56) 米国対外評価センター長官の覚書、中央情報局（CIA）長官より。1987年5月4日。MEMORANDUM FOR: Director, National Foreign Assessment Center, FROM: Director of Central Intelligence, May 4, 1987, Doc. No. CIA-RDP95M00249R000801120044–2.
(57) Tadeusz Witkowski, "Arithmetic of the K Division," *Nasz Dziennik*, December 9, 2013, http://www.rodaknet.com/rp_witkowski32.htm.
(58) IPN BU 003175/1128: クシシュトフ・スモレンスキの個人ファイル。Archives of the Institute of National Remembrance, Warsaw.

(59) クシシュトフ・スモレンスキへのインタビュー。ワルシャワ、ポーランド。2017年5月20日。

第6章 密通

(60) アンジェイ・デルラトカへのインタビュー。ワルシャワ、ポーランド。2018年11月12日。
(61) ヘンリク・ヤシクへのインタビュー（ワルシャワ、ポーランド。2017年10月13日）およびメール通信。
(62) IPN BU 003175/96: アンジェイ・デルラトカの個人ファイル。Archives of the Institute of National Remembrance, Warsaw.
(63) 同前。
(64) George H. W. Bush and Brent Scowcroft, *A World Transformed* (New York: Alfred A. Knopf, 1998), Kindle edition, 214.
(65) 同前、208.
(66) ヴォイチェフ・ブロフヴィチへのインタビュー。ワルシャワ、ポーランド。2016年5月17日。
(67) John Daniszewski, "Mazowiecki Meets Head of KGB; Walesa Urges U.S. Aid; Rail Strike Ends," *Associated Press*, August 27, 1989, https://apnews.com/article/87e6ff914a7d931e86f455f77e75b688.
(68) Milt Bearden and James Risen, *The Main Enemy: The Inside Story of the CIA's Final Showdown with the KGB* (New York: Random House, 2003), 418.
(69) トマシュ・コズウォフスキの好意で次の未発表の記事からこのテーマの部分を見せてもらった。"'Why Can't We Be Friends?': Establishing a Relationship Between Polish and American Intelligence Agencies in the Context of 1989 Political Transformation."
(70) 暗号文 №47、1990年1月25日、シート153以下参照。Cryptogram No. 47, January 25, 1990, sheet 153 *et seq.*, Institute of National Remembrance, 003171/230, vol. 1.
(71) アルコール依存症になったハワードは、2002年にロシアの菜園付き別荘で転落して首の骨を折って死亡した。
(72) 暗号文 №47、1990年1月25日、シート153以下参照。Cryptogram No. 47, January 25, 1990, sheet 153 *et seq.*, Institute of National Remembrance, 003171/230, vol. 1.
(73) IPN BU 0449/8/6:ポーランドと米国の情報機関の接触を確立する米国のプロジェクトに関する機密解除ファイル。Archives of the Institute of National Remembrance, Warsaw.

第7章 熊がドアを叩きにくる

(74) このエピソードは最近機密解除されたトマシェフスキの報告書に基

づいている。IPN BU 3246/535:「対話」作戦に関する機密解除ケースファイル Document 20, "Lisbon, 01.03.1990, Report re. Attempt by CIA to establish contact with R. Tomaszewski," Archives of the Institute of National Remembrance, Warsaw.

(75) 同前。

(76) パレヴィッチは1976年に出版されたKGBのプロパガンダ作戦と関連した書籍のなかでCIA局員であると特定された。以下の書籍でも改めてCIA局員と特定されている。Philip Agee and Louis Wolf, eds., *Dirty Work: The CIA in Western Europe* (Secaucus, NJ: L. Stuart, 1978), 162.

(77) IPN BU 3246/535:「対話」作戦に関する機密解除ケースファイル Doc. 33, "Cryptogram no. 0655, accepted at the Codes Section on 17.03.90 at 17:00," Institute of National Remembrance, Warsaw.

(78) ヘンリク・ヤシクとのメール通信。

(79) Timothy Snyder, *The Reconstruction of Nations: Poland, Ukraine, Lithuania, Belarus, 1569–1999* (New Haven, CT: Yale University Press, 2003), 234.

(80) 1990年3月21日、タデウシュ・マゾヴィエツキ・ポーランド首相との非公式会談。MemCon Meeting with Prime Minister Tadeusz Mazowiecki of Poland, March 21, 1990, 1990–03–21—Mazowiecki.pdf, George H. W. Bush Presidential Library, National Archives and Records Administration.

(81) Antoni Dudek, *Od Mazowieckiego do Suchockiej (From Mazowiecki to Suchocka)* (Kraków: Znak Horyzont, 2019), 106.

(82) BU 0449/1/DVD, vol. 21, Information note regarding the President's official visit Council of Ministers of the Republic of Poland . . ., 51–52, 62, Institute of National Remembrance, Warsaw.

(83) Tomasz Kozłowski, "Odbudowa relacji polsko-izraelskich i operacja 'Most' (The Reconstruction of the Polish-Israeli Relations and Operation Bridge)," *Studia Polityczne*, no. 40 (2015): 35–53.

(84) Jan Gross, *Neighbors: The Destruction of the Jewish Community in Jedwabne, Poland* (Princeton, NJ: Princeton University Press, 2001), Kindle edition, Location 1209 of 2453.

(85) セイムのアーカイブ。Archives of the Sejm, Bulletin No. 670/X, Committee on Foreign Economic Relations and Maritime Economy and the Committee on Foreign Affairs—meeting of September 15, 1990, 16–24.

(86) ポール・レドモンドへのインタビュー。マーブルヘッド、マサチューセッツ州。2018年4月3日。

第8章　踊りませんか？

(87)　CIAの代表者たちとの会議に関するヘンリク・ヤシクの報告書、1990年5月8日。sheets 2–11, Institute of National Remembrance, 3558/89, vol. 2.

(88)　クシシュトフ・スモレンスキへのインタビュー。ワルシャワ、ポーランド。2017年5月20日。

(89)　Alison Smale, "Soviets Expel Five Americans, U.S. Vows Retaliation," AP News, October 20, 1986, https://apnews.com/a78ce880a27047564b371fbb1ffc33cd.

(90)　Alex Storozynski, *The Peasant Prince: Thaddeus Kosciuszko and the Age of Revolution* (New York: St. Martin's Press, 2009), 113.

(91)　キタはこのコメントを英国のジャナーナリスト、ジュリアン・ボーガーによるインタビューのなかで語っている。ボーガーがメモを貸してくれた。ワルシャワ、ポーランド。2014年2月7日。

(92)　アンジェイ・ミルチャノフスキへのインタビュー。シュチェチン、ポーランド。2018年5月16日。

第9章　ヘマをするな

(93)　このエピソードはIPNのトマシュ・コズウォフスキに教えてもらった。

(94)　Andrzej Rzeplinski, "Security Services in Poland and Their Oversight," in Brodeur, Gill, and Tollborg, *Democracy, Law and Security: Internal Security Services in Contemporary Europe*, edited by Jean-Paul Brodeur, Peter Gill, and Dennis Tollborg (Burlington, VT: Ashgate, 2003).

(95)　ヴォイチェフ・ブロフヴィチへのインタビュー。ワルシャワ、ポーランド。2016年5月17日。

(96)　Andrzej Rzeplinski, "Security Services in Poland and Their Oversight," in Brodeur, Gill, and Tollborg, *Democracy, Law, and Security*. 100 "They were people sophisticated": "Children of General Szlachcic," *Onet Wiadomści*, June 26, 2012, https://wiadomosci.onet.pl/kiosk/dzieci-generala-szlachcica/jmvbp.

(97)　"Children of General Szlachcic", "*Onet Wiadomści*, June 26, 2012, https://wiadomosci.onet.pl/kiosk/dzieci-generala-szlachcica/jmvbp.

(98)　ミルト・ビアデンへのインタビュー。オースティン、テキサス州。2018年2月7日。

(99)　Antoni Dudek, *Od Mazowieckiego do Suchockiej (From Mazowiecki to Suchocka)* (Kraków: Znak Horyzont, 2019), 106.

(100)　グロモスワフ・チェムピンスキへのインタビュー。ワルシャワ、ポーランド。2016年5月16日。

(101)　"Gromosław Czempiński on raising his son with Down syndrome: "He taught me great tolerance," *Newsweek Polska*, April 8, 2014, https://

www.newsweek.pl/polska/gromoslaw-Czempiński-rodzina-syn-piotr-iepelnosprawne-dzieci-zespol-downa-choroby/1873c3n.

(102) Piotr Pytlakowski, *Szkoła szpiegów (Spy School)* (Warsaw: Czerwone i Czarne, 2014).

第10章　バグダッドの不意打ち

(103) ジョン・フィーリーへのインタビュー。モントレー、カリフォルニア州。2018年1月10日。

(104) Fred Hart, "The Iraqi Invasion of Kuwait: An Eyewitness Account," USAWC Personal Experience Monograph, US Army War College, Carlisle Barracks, Pennsylvania, May 1, 1998, 39.

(105) ジョセフ・ウィルソンへの電話インタビュー。2017年2月17日。

(106) クシシュトフ・スモレンスキへのインタビュー（ワルシャワ、ポーランド。2017年5月20日）とビル・ノーヴィルへのインタビュー（ラザフォード、ニュージャージー州。2018年2月5日）。

(107) IPN BU 003175/271: ヘンリク・ヤシクの個人ファイル。Archives of the Institute of National Remembrance, Warsaw.

(108) アンジェイ・ミルチャノフスキへのインタビュー。シュチェチン、ポーランド。2018年5月16日。

(109) ビル・ノーヴィルへのインタビュー。ラザフォード、ニュージャージー州。2018年2月5日。

第11章　出口なし

(110) フレッド・ハートへのインタビュー。フォート・ミッチェル、アラバマ州。2017年6月12日。

(111) "U.S. Diplomats Tied to Russian Spy Ring," *New York Times*, March 4, 1964, https://www.nytimes.com/1964/03/04/archives/us-diplomats-tied-to-russian-spy-ring.html.

(112) ハンター・ダウンズはインタビューの要請をことわった。

(113) グロモスワフ・チェムピンスキへのインタビュー。ワルシャワ、ポーランド。2016年5月16日。

第12章　まさかそんなこととは

(114) Fred Hart, "The Iraqi Invasion of Kuwait: An Eyewitness Account," 51.

(115) ウェブスターは東欧を初めて訪問した米国情報機関の長ではない。国防情報局長のハリー・E・ソイスター将軍が1990年9月14日から19日までポーランドを訪問、ポーランド軍情報局とヨーロッパの安全保障について会談を行った。

(116) ジョン・パレヴィッチへのインタビュー（ベルヴュー、ワシントン。2018年7月3日）とグロモスワフ・チェムピンスキ（ワルシャワ、

ポーランド。2016年5月16日）へのインタビュー。

第13章　堰が切られる

（117）　Marek Hańderek, “Poland and North Korea in the 1980s—From Partnership to Stagnancy,” in *Korean Society Today: Proceedings of the International Conference on Korean Studies*, ed. A. Fedotoff and Kim So Young (Sofia: St. Kliment Ohridski University Press, 2018), 25–40.

（118）　この施設を撮影したグーグル・マップの衛星写真は修正されているように見える。https://www.google.com/maps/place/12–100+Stare+Kiejkuty,+Poland/@53.6307514,21.0768597,365m/data=!3m1!1e3!4m5!3m4!1s0x46e2081c9e8fa2ad:0x8cb1da445ffe6881!8m2!3d53.624332!4d21.0693747 を参照。

（119）　ピオトル・ヴロンスキへのインタビュー。ワルシャワ、ポーランド。2019年5月8日。

（120）　“Poland Expels Russian ‘Spies,’ ” BBC, January 20, 2000, http://news.bbc.co.uk/2/hi/europe/612154.stm.

（121）　このエピソードはトマシュ・コズウォフスキに教わった。K. Kozłowski and M. Komar, *Historia z konsekwencjami (History with Consequences)* (Warsaw: Świat Książki, 2009), 272.

（122）　Steven Greenhouse, “Poland Is Granted Large Cut in Debt,” *New York Times*, March 16, 1991, https://www.nytimes.com/1991/03/16/business/poland-is-granted-large-cut-in-debt.html.

（123）「新任の国防副大臣——ヴィニドが仕事に着手する一方で、マチェレヴィチが議論を呼び起こす」米国大使館、ワルシャワ、2006年8月26日。“New Deputy DefMins: Macierewicz Stirs Up Controversy, While Winid Gets to Work,” US embassy, Warsaw, August 26, 2006, *Public Library of US Diplomacy*, WikiLeaks, https://wikileaks.org/plusd/cables/06WARSAW1798_a.html.

（124）　Mary Battiata, “Polish Police Files Provoke Political Mud-slinging,” *Washington Post*, July 9, 1992, https://www.washingtonpost.com/archive/politics/1992/07/09/polish-police-files-provoke-political-mud-slinging/6a04e051-e744-4ceb-93c1-507385de2610/.

（125）　同前。

第14章　ＮＡＴＯへのすり寄り

（126）　ジェームズ・ベイカーとミハイル・ゴルバチョフのモスクワにおける会談の覚書、米国務省、1990年2月9日。Memorandum of Conversation Between Mikhail Gorbachev and James Baker in Moscow, US Department of State, February 9, 1990, National Security Archive, George Washington University, https://nsarchive.gwu.edu/dc.

html?doc=4325679-Document-05-Memorandum-of-conversation-between.

(127) Svetlana Savranskaya and Tom Blanton, "NATO Expansion: What Gorbachev Heard," *Briefing Book* no. 613, National Security Archive, George Washington University, December 12, 2017, https://nsarchive.gwu.edu/briefing-book/russia-programs/2017-12-12/nato-expansion-what-gorbachev-heard-western-leaders-early.

(128) トマス・シモンズへのインタビュー。ケンブリッジ、マサチューセッツ州。2018年4月3日。

(129) Zbigniew Brzeziński, "The West Adrift: Vision in Search of a Strategy," *Washington Post*, March 1, 1992, https://www.washingtonpost.com/archive/opinions/1992/03/01/the-west-adrift-vision-in-search-of-a-strategy/22e316b6-8e54-4ef0-aba7-979f471d91fb/.

(130) Jack F. Matlock Jr., "Who Is the Bully?," *Washington Post*, March 14, 2014, https://www.washingtonpost.com/opinions/who-is-the-bully-the-united-states-has-treated-russia-like-a-loser-since-the-cold-war/2014/03/14/b0868882-aa06-11e3-8599-ce7295b6851c_story.html?utmterm=.ca4a7c5314b9.

(131) Michael J. Sulick, "As the USSR Collapsed: A CIA Officer in Lithuania," *Studies in Intelligence* 50, no. 2 (2006).

(132) Stephen Engleberg, "The Spy Who Went into Retailing," *New York Times*, January 22, 1991, https://www.nytimes.com/1991/01/22/business/the-spy-who-went-into-retailing.html.

(133) 「ニコラス・A・レイ大使へのインタビュー。聞き手：チャールズ・スチュアート・ケネディ」外交問題歴史記録プロジェクト、2002年9月5日。"AMBASSADOR NICHOLAS A. REY, Interviewed by: Charles Stuart Kennedy," Foreign Affairs Oral History Project, Association for Diplomatic Studies and Training, Initial interview date: September 5, 2002.

(134) ボグダン・リベラへのインタビュー。ピアセチュノ、ポーランド。2019年11月19日。

(135) スポークスマンを通して、ジョージ・テネットはインタビューの申し入れをことわってきた。

(136) 「ニコラス・A・レイ大使へのインタビュー。聞き手：チャールズ・スチュアート・ケネディ」外交問題歴史記録プロジェクト、2002年9月5日。"AMBASSADOR NICHOLAS A. REY, Interviewed by: Charles Stuart Kennedy," Foreign Affairs Oral History Project, Association for Diplomatic Studies and Training, Initial interview date: September 5, 2002.

(137) ダニエル・フリードへのインタビュー。ワシントンDC、2018年

10月1日。

第15章　首相がスパイだ！

(138)　アルバニアの元共産党指導者ラミズ・アリアは1991年に議会によって大統領に選出された。
(139)　イェジ・コジミンスキへのインタビュー。ワルシャワ、ポーランド。2018年5月15日。
(140)　「ニコラス・A・レイ大使へのインタビュー。聞き手：チャールズ・スチュアート・ケネディ」外交問題歴史記録プロジェクト、2002年9月5日。"AMBASSADOR NICHOLAS A. REY, Interviewed by: Charles Stuart Kennedy," Foreign Affairs Oral History Project, Association for Diplomatic Studies and Training, Initial interview date: September 5, 2002.
(141)　John Pomfret, "Poles Ponder Patriotism After Spy's Appointment, Firing," *Washington Post*, September 3, 1994.
(142)　イェジ・コジミンスキへのインタビュー。ワルシャワ、ポーランド。2018年5月14日。
(143)　Julian Borger, *The Butcher's Trail: How the Search for Balkan War Criminals Became the World's Most Successful Manhunt* (New York: Other Press, 2016), chapter 5.
(144)　イェジ・コジミンスキへのインタビュー。ワルシャワ、ポーランド。2018年5月14日。

第16章　消えたビンラディン

(145)　アレクサンデル・マコフスキへのインタビュー。ワルシャワ、ポーランド。2018年11月12日。
(146)　"Massive UVF Arms Supply Is Found on Polish Vessel," *Herald* [Scotland], November 25, 1993, https://www.heraldscotland.com/news/12710021.massive-uvf-arms-supply-is-found-on-polish-vessel/.
(147)　Aleksander Makowski, *Tropiąc bin Ladena; w Afgańskiej Matni 1997–2007 (Tracking bin Laden: The Afghan Quagmire 1997–2007)* (Warsaw: Czarna Owca, 2012)。それとマコフスキへのインタビュー。ワルシャワ、ポーランド。2018年11月12日。
(148)　マコフスキによるこの会談の経緯は元CIA局員クサヴェルィ・ヴィロジェムスキとUOP局員ヴォージミエシュ・ソコウォフスキによって確認されている。
(149)　Roy Gutman, *How We Missed the Story: Osama bin Laden, the Taliban, and the Hijacking of Afghanistan* (Washington, DC: United States Institute of Peace Press, 2008), 225–31.
(150)　Roy Gutman, "CIA Balked at Chance to Kill bin Laden in '99,"

McClatchy Newspapers, August 28, 2012, https://www.mcclatchydc.com/news/nation-world/world/article24735439.html.

(151) Aleksander Makowski, *Tropiąc bin Ladena; w Afgańskiej Matni 1997–2007 (Tracking bin Laden: The Afghan Quagmire 1997–2007)* (Warsaw: Czarna Owca, 2012).

第17章　テロ容疑者収容所協約

(152) 中央情報局の勾留と尋問プログラムの研究、上院情報委員会の報告、2014年12月9日。*Study of the Central Intelligence Agency's Detention and Interrogation Program*, Report of the Senate Select Committee on Intelligence, US Senate, December 9, 2014, 11.

(153) 同前、xviii.

(154) クリストファー・ヒルへのインタビュー。デンヴァー、コロラド州。2019年1月25日。

(155) 同前。

(156) *Study of the Central Intelligence Agency's Detention and Interrogation Program*, Report of the Senate Select Committee on Intelligence, US Senate, December 9, 2014, 74.

(157) アレクサンデル・クファシニェフスキへのインタビュー。ワルシャワ、ポーランド。2019年5月9日。ブッシュ前大統領はスポークスマンを通してインタビューの申し入れをことわった。

(158) 「法を超越するCIA：ヨーロッパにおける機密の勾留と不法な勾留者の国家間移動」欧州評議会、ストラスブール、フランス、2008年6月1日。"CIA Above the Law: Secret Detentions and Unlawful Inter-State Transfers of Detainees in Europe," Council of Europe, Strasbourg, France, June 1, 2008, 192.

(159) コネチカット州共和党委員会の昼食会における大統領の挨拶、報道官オフィス、ホワイトハウス、2002年4月9日。Remarks by the President at Connecticut Republican Committee Luncheon, Office of the Press Secretary, The White House, April 9, 2002, https://georgewbush-whitehouse.archives.gov/news/releases/2002/04/20020409-8.html.

(160) *Study of the Central Intelligence Agency's Detention and Interrogation Program*, Report of the Senate Select Committee on Intelligence, US Senate, December 9, 2014, 76.

(161) ユゼフ・ピニオルへのインタビュー。ヴロツワフ、ポーランド。2018年5月19日。

(162) アンジェイ・デルラトカへのインタビュー。ワルシャワ、ポーランド。2009年11月12日。

(163) *Study of the Central Intelligence Agency's Detention and Interrogation*

Program, Report of the Senate Select Committee on Intelligence, US Senate, December 9, 2014, 74.
(164) 同前、85.
(165) アンジェイ・デルラトカへのインタビュー。ワルシャワ、ポーランド。2009年11月12日。

第18章　裏切り

(166) David E. Sanger, "Threats and Responses: The Continent; To Some in Europe, the Major Problem Is Bush the Cowboy," *New York Times*, January 24, 2003, https://www.nytimes.com/2003/01/24/world/threats-responses-continent-some-europe-major-problem-bush-cowboy.html.
(167) Naval, "GROM and SEAL Joint Operation: Umm Qasr Offshore Oil Terminal," SOFREP, March 26, 2014, https://sofrep.com/news/grom-seal-joint-operation-umm-qasr-offshore-oil-terminal/.
(168) クリス・カイルとGROMのメンバー。https://www.pinterest.com/pin/466474473903816016/?nicv2=1a27lDElx.
(169) マレク・ベルカへのインタビュー。ウッチ、ポーランド。2019年5月7日。
(170) "Dick Cheney on Meet the Press," NBC News, Sep. 14, 2003, https://www.nbcnews.com/id/wbna3080244.
(171) Radosław Sikorski, *Polska Może Być Lepsza (Poland Can Be Better)* (Warsaw: Znak, 2018).
(172) Dana Priest, "CIA Holds Terror Suspects in Secret Prisons," *Washington Post*, November 2, 2005, https://www.washingtonpost.com/archive/politics/2005/11/02/cia-holds-terror-suspects-in-secret-prisons/767f0160-cde4-41f2-a691-ba989990039c/.
(173) Daniel McLaughlin, "Poland Denies Permitting Secret CIA Prisons," *Irish Times*, December 8, 2005, https://www.irishtimes.com/news/poland-denies-permitting-secret-cia-prisons-1.1172899.
(174) ポーランドの外務大臣ミレルのワシントン訪問、米国大使館、ワルシャワ、2005年12月13日。"Polish Foreign Minister Miller's Visit to Washington," US Embassy Warsaw, December 13, 2005, *Public Library of US Diplomacy*, WikiLeaks, https://wikileaks.org/plusd/cables/05WARSAW4030_a.html.
(175) *Study of the Central Intelligence Agency's Detention and Interrogation Program*, 75.
(176) Scott Shane, "Inside a 9/11 Mastermind's Interrogation," *New York Times*, June 22, 2008, https://www.nytimes.com/2008/06/22/washington/22ksm.html.
(177) マイケル・スリックへのインタビュー。ローリー、ノースカロラ

イナ州。2018年11月21日。他にスリックとのメール通信も。

第19章　仲間を犠牲にして

(178)　"New Deputy DefMins: Macierewicz Stirs Up Controversy, While Winid Gets to Work," US embassy, Warsaw, August 26, 2006, *Public Library of US Diplomacy*, WikiLeaks, https://wikileaks.org/plusd/cables/06WARSAW1798_a.html.

(179)　マレク・ドゥカチェフスキへのインタビュー。ワルシャワ、ポーランド。2019年11月14日。

(180)　Zoltán Dujisin, "Poland: Washing the Dirty Laundry," *IPS News*, June 11, 2008, http://www.ipsnews.net/2008/06/poland-washing-the-dirty-laundry/.

(181)　"Macierewicz: I Destroyed Post-Communist Military Intelligence," *TMCNET News*, February 28, 2007, https://www.tmcnet.com/usubmit/2007/02/28/2376831.htm.

(182)　アントニ・マチェレヴィチへのインタビュー。ワルシャワ、ポーランド。2018年5月18日。

(183)　"The Sikorski-Rostowski Interview. 'You Can Charge PiS with a Special Committee on Macierewicz,' " *WProst*, June 22, 2014, https://www.wprost.pl/453226/rozmowa-sikorssaki-rostowski-mozna-zac-pis-komisja-specjalna-ws-macierewicza.html.

(184)　アントニ・マチェレヴィチへのインタビュー。ワルシャワ、ポーランド。2018年5月18日。

(185)　"The Sikorski-Rostowski Interview."

(186)　A.C., "Polish-American Relations: Not So Chummy Anymore," *Economist*, July 19, 2012, https://www.economist.com/eastern-approaches/2012/07/19/not-so-chummy-any-more.

第20章　同床異夢

(187)　Włodzimierz Sokołowski's Order of Merit, https://www.facebook.com/436743046393355/photos/pb.100044224279704.-2207520000./716973985036925/?type=3.

(188)　"The mysterious death of a Polish spy in Iran. 'I began to suspect it was murder,' " TVN24, November 21, 2020, https://tvn24.pl/polska/tajemnicza-smierc-polskiego-szpiega-w-iranie-zaczalem-podejrzewac-ze-to-jest-morderstwo-4756788.

(189)　Radosław Sikorski, *Polska Może Być Lepsza* (Warsaw: Znak, 2018), 134.

(190)　ジョン・パレヴィッチへのインタビュー。ベルヴュー、ワシントン州。2017年11月30日。

第21章　何をなすべきか？

（191）　Peter Hartcher, “Trump Goes with His Gut, Even If the World Beyond the US Goes Belly-Up,” *Sydney Morning Herald*, October 27, 2020, https://www.smh.com.au/world/north-america/trump-goes-with-his-gut-even-if-the-world-beyond-the-us-goes-belly-up-20201026-p568kv.html.

（192）　Sikorski, *Polska Może Być Lepsza*, 130.

参考文献

政府関係の文書と報告書

"Ambassador Nicholas A. Rey, Interviewed by: Charles Stuart Kennedy," Foreign Affairs Oral History Project, Association for Diplomatic Studies and Training, Initial interview date: September 5, 2002.

"Caught Unawares: William Bell and Marian Zacharski," Security Awareness in the 1980s, Feature articles from the Security Awareness Bulletin, 1981 to 1989, Security Awareness Division, Educational Programs Department, Department of Defense Security Institute, Richmond, VA, 1989.

Federal Government Security Clearance Programs, Hearings Before the Permanent Subcommittee on Investigations of the Committee on Governmental Affairs, United States Senate, Ninety-ninth Congress, First Session, April 16, 17, 18, and 25, 1985—United States. Congress. Senate. Committee on Governmental Affairs. Permanent Subcommittee on Investigations.

"Meeting the Espionage Challenge: A Review of United States Counterintelligence and Security Programs," Report of the Select Committee on Intelligence, Report 99–522, US Government Printing Office, Washington, DC, 1986.

MemCon Meeting with Prime Minister Tadeusz Mazowiecki of Poland, March 21, 1990, 1990–03–21—Mazowiecki. pdf, George H. W. Bush Presidential Library, National Archives and Records Administration.

MEMORANDUM FOR: Director, National Foreign Assessment Center, FROM: Director of Central Intelligence May 4, 1987 Doc. No. CIA-RDP95M00249R000801120044–2.

Memorandum of Conversation between Mikhail Gorbachev and James Baker in Moscow, US Department of State, February 9, 1990, National Security Archive, George Washington University, https://nsarchive.gwu.edu/dc.html?doc=4325679-Document-05-Memorandum-of-conversation-between.

Soviet Acquisition of Western Technology, April 1982, Declassified May 15,2006, Central Intelligence Agency.

"Study of the Central Intelligence Agency's Detention and Interrogation Program," Report of the Senate Select Committee on Intelligence, US Senate, December 9, 2014.

"The Miroslav Medvid Incident" Report, Findings, Conclusions and

Recommendations, Submitted to the Commission on Security and Cooperation in Europe, Washington, DC: US Government Printing Office, 1987.

US v. Zacharski, US District Court for the Central District of California, Case 81-679, 021-1986-0075, National Archives and Record Administration, The National Archives at Riverside.

報道関連

以下のオンライン・アーカイブス

Chicago Tribune
Gazeta Wyborcza
Herald (Scotland)
Irish Times
Los Angeles Times
McClatchy Newspapers
NBC News
Newsweek
New York Times
Onet Wiadomości
Rzeczpospolita
San Francisco Examiner
60 Minutes
Sydney Morning Herald
Time
TVN24
Wall Street Journal
Washington Post
Wprost

書籍と論文

Agee, Philip, and Louis Wolf, eds. *Dirty Work: The CIA in Western Europe.* New York: Dorset Press, 1978.

Awłasewicz, Tomasz. *Łowcy szpiegów: Polskie służby kontra CIA* [Spy hunters: Polish services vs. the CIA]. Warsaw: Czerwone i Czarne, 2018.

Bearden, Milt, and James Risen. *The Main Enemy: The Inside Story of the CIA's Final Showdown with the KGB*. New York: Random House, 2003.『ザ・メイン・エネミー：CIA対KGB最後の死闘』（上下巻、安原和見・花田知恵訳、ランダムハウス講談社、2003年）

Bereś, Witold, and Jerzy Skoczylas. *Generał Kiszczak Mówi . . . Prawie Wszystko* [General Kiszczak tells . . . almost all]. Warsaw: BGW, 1991.

Borger, Julian. *The Butcher's Trail: How the Search for Balkan War Criminals Became the World's Most Successful Manhunt*. New York: Other Press, 2016.

Bremer, L. Paul, III. *My Year in Iraq: The Struggle to Build a Future of Hope*. New York and London: Simon & Schuster, 2006.

Bury, Jan. "Operation 'Zachod': Sex, Lies, and Ciphers." *Cryptologia* 40, no. 2 (2016): 113–40.

Bury, Jan. "Finding Needles in a Haystack: The Eastern Bloc's Counterintelligence Capabilities." *International Journal of Intelligence and CounterIntelligence* 25, no. 4 (2012): 727–70.

Bush, George H. W., and Brent Scowcroft. *A World Transformed*. New York: Alfred A. Knopf, 1998. Kindle edition.

Cienski, Jan. *Start-Up Poland: The People Who Transformed an Economy*. Chicago and London: University of Chicago Press, 2018.

Craig, James. *Shemlan: A History of the Middle East Centre for Arab Studies*. London: Macmillan, 1998.

Dudek, Antoni. *Od Mazowieckiego do Suchockiej* [From Mazowiecki to Suchocka]. Kraków: Znak Horyzont, 2019.

Dzuro, Vladimír. *The Investigator: Demons of the Balkan War*. Lincoln: Potomac Books, University of Nebraska Press, 2019.

Furst, Alan. *The Polish Officer*. New York: Random House Trade Paperbacks, 1995.

Gasztold, Przemysław. "Polish Military Intelligence and Its Secret Relationship with the Abu Nidal Organization." In *Terrorism in the Cold War: State Support in Eastern Europe and the Soviet Sphere of Influence*, edited by Adrian Hänni, Thomas Riegler, and Przemysław Gasztold, 85–106. London: I. B. Tauris, 2020.

Gross, Jan. T. *Neighbors: The Destruction of the Jewish Community in Jedwabne, Poland*. Princeton and Oxford: Princeton University Press, 2001.

Gruszczak, Artur. "The Polish Intelligence Services." In *Geheimdienste in Europa*, edited by Anna Daun and Thomas Jäger. Wiesbaden: VS Verlag, 2009.

Gutman, Roy. *How We Missed the Story: Osama bin Laden, the Taliban, and the Hijacking of Afghanistan*. Washington, DC: United States Institute of Peace Press, 2008.

Hańderek, Marek. "Poland and North Korea in the 1980s—From Partnership to Stagnancy." In *Korean Society Today*, edited by A. Fedotoff and Kim So Young. Sofia: St. Kliment Ohridski University Press, 2018.

Hart, Fred. "The Iraqi Invasion of Kuwait: An Eyewitness Account, USAWC Personal Experience Monograph." Carlisle, PA: US Army War College, May 1, 1998.

Hill, Christopher R. *Outpost: Life on the Frontlines of American Diplomacy*. New York: Simon & Schuster, 2014.

Hoffman, David E. *The Dead Hand: The Untold Story of the Cold War Arms Race and Its Dangerous Legacy*. New York: Doubleday, 2009.『死神の報復：レーガンとゴルバチョフの軍拡競争』（上下巻、平賀秀明訳、白水社、2016年）

Hutchings, Robert L. *American Diplomacy and the End of the Cold War*. Washington, DC: Woodrow Wilson Center Press, 1997.

Jones, Seth G. *A Covert Action: Reagan, the CIA, and the Cold War Struggle in Poland*. New York: W. W. Norton, 2018.

Karpeles, Eric. *Almost Nothing: The 20th Century Art and Life of Józef Czapski*. New York: New York Review of Books, 2018.

Koskodan, Kenneth K. *No Greater Ally: The Untold Story of Poland's Forces in World War II*. New York and Oxford: Osprey Publishing, 2009.

Kozłowski, Krzysztof, and Michal Komar. *Historia z konsekwencjami* [History with Consequences]. Warsaw: Świat Ksiazki, 2009.

Kozłowski, Tomasz. " 'Why Can't We Be Friends?' Establishing a Relationship Between Polish and American Intelligence Agencies in the Context of 1989 Political Transformation." Unpublished article.

Kozłowski, Tomasz. "Odbudowa relacji polsko-izraelskich i operacja 'Most' " [The Reconstruction of the Polish-Israeli Relations and Operation Bridge]. *Studia Polityczne* 40, 2015.

Kyle, Chris. *American Sniper: The Autobiography of the Most Lethal Sniper in U.S. Military History*. New York: William Morrow, 2012.『アメリカン・スナイパー』（田口俊樹ほか訳、早川書房、2015年）

Macintyre, Ben. *The Spy and the Traitor: The Greatest Espionage Story of the Cold War.* New York: Crown, 2018.『KGBの男：冷戦史上最大の二重スパイ』（小林朋則訳、中央公論新社、2020年）

Makowski, Aleksander. *Tropiąc Bin Ladena: w Afgańskiej Matni 1997–2007* [Tracking Bin Laden: The Afghan Quagmire. 1997–2007]. Warsaw: Czarna Owca, 2012.

Mitchell, James E. *Enhanced Interrogation: Inside the Minds and Motives of the Islamic Terrorists Trying to Destroy America*. New York: Crown Forum, 2016.

Naftali, Timothy. "US Counterterrorism Before Bin Laden." *International Journal* 60, no. 1 (Winter 2004/2005): 25–34.

Nalepa, Monika. *Skeletons in the Closet: Transitional Justice in Post-Communist Europe*. Cambridge and New York: Cambridge University Press, 2010.

Packer, George. *Our Man: Richard Holbrooke and the End of the American Century*. New York: Alfred A. Knopf, 2019.

Paczkowski, Andrzej. "Civilian Intelligence in Communist Poland, 1945–1989: An Attempt at a General Outline." Unpublished manuscript. Warsaw: Institute of Political Studies and Collegium Civitas.

Polak, Wojciech, and Sylwia Galij-Skarbińska. "A Polish Model of the Intelligence Service Reform in 1990." *Zapiski Historyczne* 2 (2017): 141–58.

Pytlakowski, Piotr. *Szkoła Szpiegów* [Spy school]. Warsaw: Czerwone i Czarne, 2011.

Rzeplinski, Andrzej. "Security Services in Poland and Their Oversight." In *Democracy, Law and Security: Internal Security Services in Contemporary Europe*, edited by Jean-Paul Brodeur, Peter Gill, and Dennis Tollborg. Burlington, VT: Ashgate, 2003.

Savranskaya, Svetlana, and Tom Blanton. "NATO Expansion: What Gorbachev Heard." *Briefing Book*, no. 613, National Security Archive, George Washington University, December 12, 2017, https://nsarchive.gwu.edu/briefing-book/russia-programs/2017-12-12 /nato-expansion-what-gorbachev-heard-western-leaders-early.

Schwarzkopf, Norman. *It Doesn't Take a Hero: The Autobiography*. New York: Bantam Books, 1992.『シュワーツコフ回想録：少年時代・ヴェトナム最前線・湾岸戦争』（沼澤洽治訳、新潮社、1994年）

Sikora, Mirosław. "Cooperating with Moscow, Stealing in California: Poland's Legal and Illicit Acquisition of Microelectronics Knowhow from 1960 to 1990." In *Histories of Computing in Eastern Europe*, edited by Christopher Leslie and Martin Schmitt. New York: Springer, 2019.

Sikorski, Radosław. *Polska Może Być Lepsza* [Poland Can Be Better]. Warsaw: Znak, 2018.

Snyder, Timothy. *Bloodlands: Europe Between Hitler and Stalin*. New York: Basic Books, 2010.『ブラッドランド：ヒトラーとスターリン大虐殺の真実』（上下巻、布施由紀子訳、筑摩書房、2015年）

Snyder, Timothy. *The Reconstruction of Nations: Poland, Ukraine, Lithuania, Belarus, 1569–1999*. New Haven and London: Yale University Press, 2003.

Stanton, Martin. *Road to Baghdad: Behind Enemy Lines, The Adventures of an American Soldier in the Gulf War*. New York: Ballantine Books, 2003.

Storozynski, Alex. *The Peasant Prince: Thaddeus Kosciuszko and the Age of Revolution*. New York: St. Martin's Press, 2009.

Sulick, Michael J. *American Spies: Espionage Against the United States from the Cold War to the Present*. Washington, DC: Georgetown University Press, 2013.

Sulick, Michael J. "As the USSR Collapsed: A CIA Officer in Lithuania." *Studies*

in Intelligence 50, no. 2 (2006).

Talbott, Strobe. *The Russia Hand: A Memoir of Presidential Diplomacy*. New York: Random House Trade Paperbacks, 2002.

Taras, Ray. "Poland's Diplomatic Misadventure in Iraq: With Us or Against Us." *Problems of Post-Communism* 51, no. 1 (2004): 3–17.

Wałęsa, Lech. *The Struggle and the Triumph: An Autobiography*. New York: Arcade Publishing, 1992.

Watts, Larry L. "Intelligence Reform in Europe's Emerging Democracies." *Studies in Intelligence* 48, no. 1 (2001).

Weiner, Tim. *Legacy of Ashes: The History of the CIA*. New York: Doubleday, 2007.『CIA秘録：その誕生から今日まで』（上下巻、藤田博司・山田侑平・佐藤信行訳、文藝春秋、2008年）

Wilson, Joseph. *The Politics of Truth: Inside the Lies That Led to War and Betrayal My Wife's CIA Identity*. New York: Carroll and Graf, 2004.

Zacharski, Marian. *Rosyjska ruletka* [Russian roulette]. Poznań: ZYSK I S-KA, 2010.

Zacharski, Marian. *Nazywam się Zacharski. Marian Zacharski* [The name's Zacharski, Marian Zacharski]. Poznań: ZYSK I S-KA, 2009.

著者紹介

ジョン・ポンフレット　John Pomfret
ニューヨーク市で生まれ育ち、スタンフォード大学と南京大学で学ぶ。ジャーナリストで、作家、ピューリッツァー賞最終候補作の著者。ワシントン・ポスト紙で20年間外国特派員として働き、アフガニスタン、ボスニア、コンゴ、スリランカ、イラクなどを取材。二度、中国駐在となり、一度は天安門事件のあった1980年代末に勤務、もう一度は1997年から2003年までポスト紙の北京支局長を務める。東欧諸国にも４年駐在し、うち３年はワルシャワ勤務。
著書には、ベストセラーになったChinese Lessons: Five Classmates and the Story of the New China（2006）があり、The Beautiful Country and the Middle Kingdom: America and China, 1776 to the Present（2016）は外交問題評議会のアーサー・ロス賞を受賞した。
パリでバーテンダーとして働き、日本で柔道を学んだ。現在は妻の張玫、三人の子どもとカリフォルニア州バークレーに住んでいる。

訳者紹介

染田屋茂　そめたや・しげる
1950年東京都生まれ。翻訳者、編集者。おもな訳書に、スティーヴン・ハンター『極大射程』（扶桑社ミステリー、2013）、トーヴェ・アルステルダール『忘れたとは言わせない』（KADOKAWA、2022）、ガリル・カスパロフ『DEEP THINKING　人工知能の思考を読む』（日経ＢＰ社、2017）、ウィリアム・ジンサー『誰よりも、うまく書く――心をつかむプロの文章術』（慶應義塾大学出版会、2021）、共訳にボブ・ウッドワード『司令官たち――湾岸戦争突入にいたる“決断”のプロセス』（文藝春秋、1991）などがある。

解説者紹介

吉留公太　よしとめ・こうた
1974年愛知県生まれ。神奈川大学経営学部教授。リーズ大学大学院政治国際学研究科博士課程修了、PhD。一橋大学大学院COE研究員、関西外国語大学講師、ジョージタウン大学客員研究員などを経て現職。専攻は国際関係論、国際政治史、冷戦終結期の米欧関係。著書に『ドイツ統一とアメリカ外交』（晃洋書房、2021）、『危機の国際政治史1878-2012』（共著、亜紀書房、2013）などがある。

鉄《てつ》のカーテンをこじあけろ
NATO拡大《かくだい》に奔走《ほんそう》した米《べい》・ポーランドのスパイたち

2023年4月30日　第1刷発行

著　　者　ジョン・ポンフレット
訳　　者　染田屋茂
発 行 者　宇都宮健太朗
発 行 所　朝日新聞出版
〒104-8011　東京都中央区築地5-3-2
電話　03-5541-8832（編集）
03-5540-7793（販売）

印刷製本　株式会社 加藤文明社

ISBN978-4-02-251887-3
定価はカバーに表示してあります。

落丁・乱丁の場合は弊社業務部（電話03-5540-7800）へご連絡ください。
送料弊社負担にてお取り替えいたします。